全国机械行业职业教育优质规划教材（高职高专）
经全国机械职业教育教学指导委员会审定

汽车车身修复技术

主　编　和豪涛
副主编　程建忠　李　扬
参　编　袁留奎　张　涛　常书战
　　　　吾普尔　赵孝国
主　审　吴笑伟

机械工业出版社

本书为全国机械行业职业教育优质规划教材。

本书是为满足教学和生产实际的需要，在各高等职业院校积极践行和创新先进职业教育思想和理念，深入推进"校企合作、工学结合"模式的大背景下组织编写的。

本书以汽车维修企业事故车维修流程作为教学载体进行教学设计，共分为8个模块，分别是车身维修安全知识、汽车车身结构、撞击效应、车身材料、钢板维修、钢板更换、车身测量与校正、钣金工具和设备。对钢板维修、钢板更换等重点模块，在讲述基本知识的基础上，又介绍了每个模块维修的工艺流程，对汽车车身维修技术的规范化起到很好的指导作用。本书内容图文并茂、条理清晰、简单易学、注重实用，有较强的实用性和可读性。

本书可作为高职高专院校、成人高校、中等职业技术学校汽车类专业的教材，也可作为车身修复人员的岗位培训或自学用书，并可供相关工程技术人员参考使用。

本书配有电子课件试卷及答案、试题库、二维码视频资源等，凡使用本书作为教材的教师可登录机械工业出版社教育服务网 www.cmpedu.com 注册后免费下载。咨询电话：010-88379375。

图书在版编目（CIP）数据

汽车车身修复技术/和豪涛主编. —北京：机械工业出版社，2017.6
（2025.1重印）
高职高专汽车整形技术专业规划教材
ISBN 978-7-111-57227-5

Ⅰ.①汽⋯ Ⅱ.①和⋯ Ⅲ.①汽车-车体-车辆修理-高等职业教育-教材 Ⅳ.①U472.4

中国版本图书馆 CIP 数据核字（2017）第 146842 号

机械工业出版社（北京市百万庄大街22号　邮政编码100037）
策划编辑：葛晓慧　责任编辑：葛晓慧　责任校对：张　薇
封面设计：陈　沛　责任印制：单爱军
北京中科印刷有限公司印刷
2025年1月第1版第11次印刷
184mm×260mm・14印张・337千字
标准书号：ISBN 978-7-111-57227-5
定价：35.00元

电话服务　　　　　　　　　网络服务
客服电话：010-88361066　　机 工 官 网：www.cmpbook.com
　　　　　010-88379833　　机 工 官 博：weibo.com/cmp1952
　　　　　010-68326294　　金 书 网：www.golden-book.com
封底无防伪标均为盗版　　机工教育服务网：www.cmpedu.com

前言

随着汽车工业的高速发展以及人们物质生活水平的不断提高，国内汽车保有量大幅度增加，汽车维修业务量也随之快速增长。汽车车身修复是车辆维修的主要工种，是事故车维修中利润最高的作业项目。随着汽车维修业务量的急剧增加，汽车维修企业对车身修复技术人员的需求量呈明显上升态势，因此培养一大批懂得现代汽车车身修复技术的人才越来越成为社会的迫切需求。这种需求给高职高专院校的汽车整形技术专业学生的培养带来了新的机遇，提出了新的要求。本书正是从这个角度出发，为迎接挑战，适应新形势下的汽车车身修复技术高职高专人才培养需要而编写的。

本书是在工作岗位调研的基础上，进行工作任务分析开发、与行业企业专家共同编写的，采用符合课程内容特点和高职高专学生知识与技能养成规律的教学模式和方法，所选内容具有很强的针对性和适应性，充分考虑汽车车身修复工作岗位所需要的知识、能力和素质，为学生走上工作岗位奠定良好的基础。本书以事故车维修流程作为教学载体，分为几个相对独立又递进发展的技能模块，使教学接近实际工作，较好地实现教学与就业的零距离对接。

本书图文并茂，理论知识适用、够用，专业技能实用、管用，维修步骤密切联系实际，维修工艺过程清晰明确，便于学生学习掌握。尤其是针对钢板维修、钢板更换、车身测量与校正等重点模块，在讲述基本知识的基础上，又介绍了每个模块维修的工艺流程，对汽车车身维修技术的规范化起到很好的指导作用。

本书由河南交通职业技术学院的和豪涛担任主编，吴笑伟担任主审。参加本书编写工作的有：河南交通职业技术学院和豪涛（编写模块七）、李扬（编写模块二）、袁留奎（编写模块六）、张涛（编写模块一、模块五中的单元四）、常书战（编写模块五中的单元一、单元二和单元三）、程建忠（编写模块三），德州交通学校赵孝国（编写模块八），新疆交通职业技术学院吾普尔（编写模块四）。

本书在编写过程中，得到了有关省市教育部门、人力资源和社会保障部门、T-TEP事务局以及一批高等职业技术院校的大力支持，在此表示衷心的感谢！

由于编者经历和水平所限，书中难免存在疏漏和不妥之处，敬请业内同行和广大读者对教材提出宝贵的意见和建议，以便修订时不断完善和提高。

编　者

二维码索引

序号	名称	图形	页码	序号	名称	图形	页码
1	汽车举升机操作流程		14	10	车身线变形太深的维修		116
2	车辆结构认识		38	11	如何拆卸钢板		126
3	弹性变形		48	12	铆钉结合部位的安装和拆卸		128
4	塑性变形		48	13	车门内饰的拆装		136
5	镀锌涂层的种类		70	14	Schill Gmbh 测距尺的使用		160
6	对比区域		103	15	奔腾 SHARK 电子测量系统的使用		163
7	垫圈焊接维修简单表面钢板作业流程		106	16	多点拉拔作业		185
8	碳棒缩火维修钢板		110	17	气动钻		198
9	如何维修车身线		114	18	气动锤		201

目录

前言
二维码索引
- 模块一 车身维修安全知识 ………… 1
  - 单元一 车身维修车间的布置及安全 …… 1
  - 单元二 个人安全与防护 ……………… 7
  - 单元三 工具设备的安全使用 ………… 12
  - 单元四 车辆安全 ……………………… 15
- 模块二 汽车车身结构 …………………… 18
  - 单元一 车身的发展及分类 …………… 18
  - 单元二 汽车车身的组成 ……………… 26
  - 单元三 前置发动机前轮驱动（FF）轿车车身结构 …………………………… 30
  - 单元四 前置发动机后轮驱动（FR）轿车车身结构 …………………………… 37
- 模块三 撞击效应 ………………………… 42
  - 单元一 撞击力和损伤 ………………… 42
  - 单元二 钢板的特性 …………………… 48
  - 单元三 撞击吸收 ……………………… 51
  - 单元四 波纹效应 ……………………… 55
- 模块四 车身材料 ………………………… 60
  - 单元一 金属材料 ……………………… 60
  - 单元二 车身钢板 ……………………… 64
- 单元三 特殊钢板在车身中的应用 …… 69
- 单元四 汽车非金属材料 ……………… 73
- 模块五 钢板维修 ………………………… 81
  - 单元一 车身板件损坏的类型 ………… 81
  - 单元二 钢板维修方法 ………………… 86
  - 单元三 车身钢板维修的工艺流程 …… 100
  - 单元四 复杂表面钢板的维修方法 …… 112
- 模块六 钢板更换 ………………………… 122
  - 单元一 钢板更换基础知识 …………… 122
  - 单元二 钢板更换的作业程序 ………… 125
  - 单元三 车身钢板更换实例 …………… 137
- 模块七 车身测量与校正 ………………… 147
  - 单元一 大损伤及损伤评估 …………… 147
  - 单元二 车身测量 ……………………… 153
  - 单元三 液压校正设备 ………………… 167
  - 单元四 车身校正 ……………………… 171
  - 单元五 前后车身损伤修理 …………… 187
- 模块八 钣金工具和设备 ………………… 196
  - 单元一 气动工具 ……………………… 196
  - 单元二 电动工具 ……………………… 206
  - 单元三 动力起重机和校正装置 ……… 210
- 参考文献 …………………………………… 216

模块一

车身维修安全知识

📝 学习目标

安全问题是任何生产操作的首要问题。汽车维修行业内对车辆的维修操作也涉及生产安全，其中既包括操作者自身的安全，也包括维修设备和车辆的安全。汽车维修人员必须严格按照企业的安全生产制度和设备操作规范进行操作；汽车维修企业也需要全面考虑维修人员的身体安全，对操作者的身体进行全面的保护。劳动保护需要考虑突发性的身体伤害，也要考虑操作环境对身体的慢性伤害。

通过本模块的学习应该能够：
➢ 列出维修车间内常见的危险和事故类型。
➢ 说明如何防止车间事故。
➢ 掌握5S标准及其内涵。
➢ 掌握对有害物质进行作业时应当采取的控制措施。
➢ 说明防火和防爆的安全措施。
➢ 总结使用手动工具和动力工具的注意事项。
➢ 初步掌握车辆的安全。

🌐 学习任务

大多数汽车维修伤害事故都是因为忽视安全规定造成的，有些事故是在瞬间发生的，而有些事故则经过相当长的时间才产生危害。例如，在车身部位切割与更换过程中，车身部件或切割工件可能破碎飞出伤及身体；如果在焊接时不戴好皮手套，手可能立即就会被烧伤；如果在打磨填料时不穿戴防尘口罩或呼吸器，可能不会立即出现伤害症状，但在长时间积累后会导致肺癌；对钢板进行敲击维修时产生的噪声长时间会对听力造成损伤等。通过本模块的学习应该学会维修人员身体安全与防护知识以及工具设备安全操作等知识。

单元一　车身维修车间的布置及安全

知识点：事故类型；车间布局和安全；5S标准；消防安全。
能力点：掌握车间布局和安全；掌握5S标准及内涵；能进行紧急情况处理；掌握车间防火和防爆措施。

一、事故类型

事故指造成人身伤害、工具损坏、车辆损伤或对维修厂的生产经营及其员工带来负面影响的意外事件。由于车身维修车间中潜在的危险源太多,所以安全必须放在第一位。

在维修过程中必须采取措施预防几种事故发生:窒息、化学品灼伤、触电、火灾和爆炸。

窒息是指所有无法正常呼吸的情况。在车身维修车间中存在大量可以损害肺部和影响呼吸能力的烟雾、气体和烟尘。

化学品灼伤指具有腐蚀性的化学品接触到皮肤或眼睛时导致的伤害。

触电指电流穿过人体导致的伤害。触电可引起严重的伤害甚至致死。

火灾是由易燃材料燃烧引起的。车身维修车间中存在大量的易燃物(油漆、溶剂、稀释剂、汽油和脏抹布),这些物品都有可能在瞬间引起火灾。

爆炸指由于非常快的燃烧引起的空气冲击波。例如:如果在汽车燃油箱附近焊接燃油箱,燃油箱内的油雾可能会被点燃,从而发生爆炸。

身体伤害是伤害的一个大类,包括割伤、骨折、背部拉伤及其他类似的伤害。为了避免这些伤害,每步维修操作都要经过深思熟虑和细致判断。任何行为都要仔细思考,才能确保安全。

二、车间布局和安全

1. 车间安全概要

真正的车间安全首先要看维修技师是如何执行接到的维修任务的。作为一名专业技师,应当了解维修厂中一直存在的危险,并尽力防止危险性的错误行为发生。

维修时可能会用到气动和电动工具、焊机、切割设备、液压车架校正设备和有害材料,如果不知道或不遵守正确的处置方法,则可能会使自己或他人受到严重的伤害。

事故的影响是深远的,不仅会给受害者本人带来影响,而且会给受害人的家庭和朋友带来影响。因此,维修厂的雇主和所有雇员都有义务遵守安全规范。安全规范指车间内用来保护员工和客户的身体和健康的书面政策,包括从设备使用到有害化学品处置的所有规定。

2. 车间布局

车间布局指工位的总体组织和安排。全面了解所在车间的布局,可以帮助了解紧急出口的路线、灭火器的位置、仓库的位置以及其他有用信息。图 1-1 所示为车身维修车间的典型布局。

车身维修车间主要完成车身

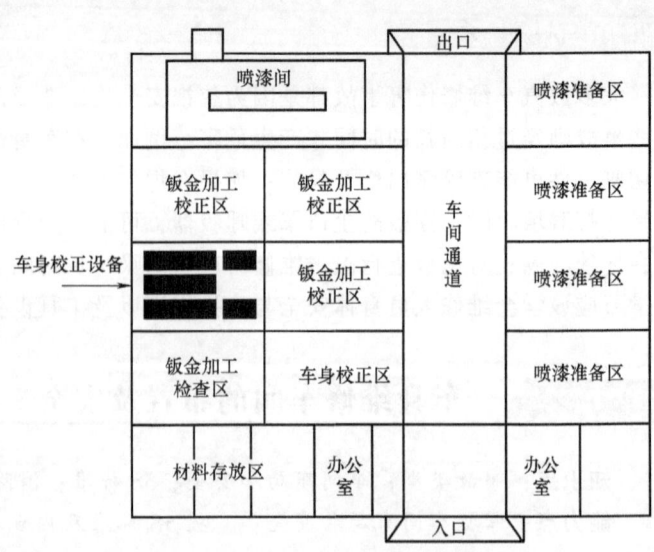

图 1-1 车身维修车间的典型布局

修复和涂装两项主要工作，工作区域分为车身修复工作区（钣金工作区）和涂装工作区（喷漆工作区）。

车身修复工作区一般分为钣金加工检查工位、钣金加工校正工位、车身校正工位和材料存放工位等。

在车身修复工作区要完成事故车辆的检查、车辆零部件拆卸、板件修理、车身测量与校正、车身板件更换和车身装配调整等工作。

车身测量与校正、车身焊接、车身装配调整工作一般在一个固定的工位进行，即在车身校正工位上完成这些工作。车身校正工位是车身修复工作区最重要的工位，同时也是完成工作最多的工位。此工位要放置一台车身校正仪，车身校正仪平台的长度一般为6~7m，宽度一般为2~2.5m。为了保证足够的安全操作空间，在车身校正平台外围至少要有距离为1.5~2m的操作空间，车身校正工位的长度一般为8~10m，宽度一般为5~7m。

3. 气路、电路布置

车身修复工作区的工作要使用压缩空气和电，所以气路和电路的布置是否合理非常重要。修理车间内压缩空气的压强一般为0.5~0.8MPa。一般车间使用一个压缩空气站，各个工位都有压缩空气接口。管路沿着墙壁布置，也可以布置在靠近车间顶板的位置，压缩空气接口布置高度应不超过1m。在每个工位至少要留出两个接口，在每个接口上安装有开关，然后安装1~2个快换接头。从主气管路分流到各工位的分管路的连接要通过一个三通阀完成。三通阀分流出的气路要朝上布置，防止主管路冷凝的油、水流入分管路。车身修复工作中使用的压缩空气要求干燥、干净，在各个出气口要安装有油水分离器，分离压缩空气中的水、油及其他杂质。油水分离器在使用前要进行排水，滤芯要定期更换。使用不清洁的空气不仅会导致气动工具和设备过快磨损、老化，而且会使其故障率升高、使用寿命缩短。

车身修复的焊接工作用电量很大，特别是气体保护焊和电阻点焊焊接用电，气体保护焊焊接时的电流不能小于15A，而大功率的电阻点焊机焊接时的电流为30~40A。在车身校正工位附近应该设置一个专用的配电箱供车身修复焊接用电，配电箱位置距离车身校正仪不能超过10m，否则焊机接线过长会引起线路过热。

在每个车身修复工位要留出至少2个三孔的插座（不小于15A）。每个插座要保证搭铁良好。

4. 维修场地基本要求

1）设计完好、照明充分的工作场地。
2）制订良好的作业流程。
3）钣金、喷漆工位以及仓库分离。
4）有良好的通风系统提供过滤过的清洁空气，以保证呼吸的需要。
5）砂纸、打磨砂轮、油漆、稀释剂以及其他消耗品保存在防火的房间或者橱柜内。
6）在喷漆工位严禁吸烟。
7）良好的室内环境，保持工作场地洁净。
8）在工作区附近有一定数量的插座和压缩空气接头，以减少车间混乱。
9）做好防火措施。
10）车间应有安全规则，并严格遵守执行。

三、倡导5S标准

1. 5S标准

5S标准可保持安全、清洁的作业环境,为维修人员提供支持,从而顺利、有效地完成工作。5S标准见表1-1。

表1-1　5S标准

项目	内容
Seiri(整理)	将所需物品和非必需品分开,丢弃非必需品
Seiton(整顿)	整理工具,无需寻找即可取到所需物品
Seiso(清扫)	保持作业环境清洁
Seiketsu(清理)	将以上3点贯彻保持
Shitsuke(素养)	遵守纪律、互相尊重、帮助等

工作区保持安全是十分重要的,是所有车间成员共同的责任。

所有表面都应保持清洁、干燥和有序。地板上的所有润滑油、冷却液或润滑脂都应当擦洗干净,否则可能会使人滑倒而造成伤害。

工具不使用时应将其挂起或存放到工具箱内,空气软管不使用时应当盘起。地板千斤顶、保险杠千斤顶、支撑架以及车辆底板都应放在指定的位置,远离走廊和过道。

2. 贯彻5S带来的成果

贯彻5S带来的成果见表1-2。

表1-2　贯彻5S带来的成果

5S	实施效果
1. 整理（归类） 分清什么物品是必要的,什么物品是不必要的。不必要的物品要予以清除	通过清除不必要的物品,可以获得更多的可利用空间
2. 整顿（井然有序摆放） 将必需的物品摆放整齐。做到任何人在需要时都可以轻松地找到所需物品	不需要在找东西上花费大量的时间
3. 清扫（打扫） 经常打扫工作场所并保持好	可以创造出一个舒适的工作环境

（续）

5S		实施效果	
4. 清洁（保持清洁）落实好前面的整理、整顿、清扫并保持		工作环境从整体上得到提高	
5. 素养（遵守规章制度）养成遵守各种规章制度的习惯，互相尊重、帮助等		大家在一起遵守规则的同时还可以建立起良好的人际关系	

四、消防安全

1. 防火

1）汽油和柴油要保存在经过认证的安全容器中，不要用它们洗手或清洗工具。

2）沾满了润滑油、润滑脂或油漆的抹布应当存放在经过认证的带盖金属容器中，这些抹布如果不妥善放置，可能会自燃。

3）在危险的地点只能使用经过认证的防爆炸设备。所有溶剂的容器在不用时都必须关闭好。溶剂及其他液体应当小心处置，以防泼洒。

4）油漆、溶剂、压力容器以及其他易燃材料要存放在指定的经过认证的储存柜或库房内。库房必须有良好的通风。

5）在喷漆区绝对不能点火或抽烟，油漆、烟雾极易爆炸。

6）车辆蓄电池容易爆炸，必须在通风良好的地方对蓄电池进行充电。

7）不要在调漆台或喷漆区使用焊接设备。

8）车用油漆绝不能用在家庭物品上，如玩具或家具。摄入这种油漆会对身体健康产生危害。

9）垃圾和废弃物品应定期从车间内清走，否则它们可能会造成严重的火灾或危险。

10）在断开燃油管接头时一定要用抹布将其包住。

11）燃油喷射发动机的燃油系统中有一定的保持压力，在进行该系统作业前，一定要泄掉油压。在燃油系统进行工作之前，应先断开蓄电池电缆。

12）气瓶应当远离炉子或房间加热器等热源。

13）绝对不能摔气瓶，否则会导致气瓶头部断裂而产生严重伤害。气瓶在使用后要关掉主阀门，防止气管漏气而导致爆炸。

2. 电气火灾

电气火灾是因过电流导致电线过热、熔化和燃烧而引起的。常见的原因有：在进行电气维修时一条或多条导线搭铁短路，或者导线的绝缘层破裂。为防止电气火灾，在进行电气作业或怀疑导线绝缘层可能破裂时，一定要先断开蓄电池电缆或车身电源。

3. 灭火器

在车间一般都要配备水龙头、灭火器等灭火材料。灭火器的主要类型有二氧化碳灭火器、泡沫灭火器和干粉灭火器。对于不同的火灾，要正确地选用灭火器。图1-2所示为干粉灭火器。

必须了解车内所有灭火器的位置，因为在火灾发生时，几秒可能就决定生与死。在维修车间对车辆或机器进行操作时，绝对不能吸烟，因为易燃物很多，吸烟很容易引发火灾。若汽油着火，不要用水扑灭，因为水会使火扩散，应当使用灭火器。除非迫不得已，不要打开房门或窗户，因为新鲜空气会加大火势。

发生火灾时，最好先打火警电话，然后尝试用灭火器灭火。灭火时，应站在离火2m之外的地方，按照要求牢牢握住灭火器，将喷嘴对准火焰的底部，并左右摆动，将火焰全部扑灭。在发生火灾时，应将身体尽量贴近地面，以避免吸入烟气。如果房间内太热或烟气太大，应想办法冲出房间。记住：绝不要因为任何物品而回到正在燃烧的建筑物中。

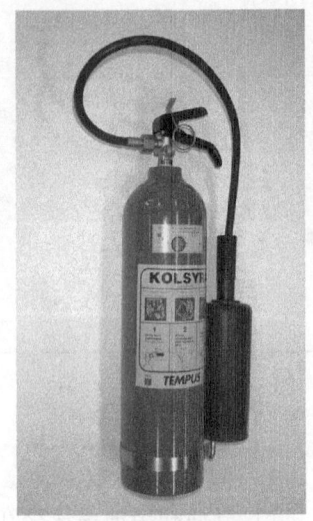

图1-2 干粉灭火器

五、其他安全事项

1. 防止摔倒

车间地板上的沟渠盖子必须都紧密地盖好，否则可能会造成脚趾、脚踝和腿部伤害。清洗油脂要用油脂清洗剂。先将清洗剂洒到溅出的油脂上，用拖布擦干净（用画圆的动作进行擦拭），然后撒一些锯末，用拖布将清洗剂擦干净。

所有通道和走道都应该足够清洁和宽敞，可以满足安全行走的需要，而且可以为所有机器提供足够的操作空间。混乱的走道中可能有多种杂物，容易造成伤害，不要将工具或车底躺板遗留在地板上。

2. 防止触电

水能导电，故应保持地面无水。如果带电的导线落入水坑中，那么站在水中的人就会遭受严重的电击。因此，在使用电动工具时，必须保持地面干燥。

电击指一定时间内一定量的电流流过人体时发生的伤害。电击可能会影响心脏和大脑的功能，甚至致伤或致死。在对机器或工具进行任何维修之前，一定要断开电源。

一些新型车辆带有加热风窗玻璃，为了快速融化风窗玻璃上的冰雪，加在风窗玻璃上的电压有100V（交流电）以上。这个电压和电流足以对人造成严重的伤害。混合动力汽车也装有高电压/大电流用电设备，操作不当时会对人产生电击。

3. 防止窒息

某些工作区域必须有良好的照明和通风。发动机排气管会排出一氧化碳（CO）气体，它是一种无色、无味而可以致命的气体。因此，在车间内运转的所有发动机都必须在尾管上连接一根车间通风软管。至少每6个月检修一次车间内的锅炉和热水器。

石棉可以用来制造老式的制动器和离合器总成，石棉灰尘中含有致癌物质，这种灰尘绝不可吹入车间。清理石棉灰尘时，应当戴上带过滤器的面罩，然后用吸尘器将石棉灰尘安全地吸干净。

在使用腐蚀剂、除脂剂底漆和面漆的区域，保持良好的通风也非常重要。通风的方式有多种，可以用充气系统、抽风地板或者中央吸尘系统。

4. 紧急情况的处理

将急救电话号码表贴在车间的显眼位置，其中应包括医生、医院、火警和派出所的电话。

急救箱中有许多医疗用品，应该有消毒纱布、绷带、剪刀、杀菌药水和其他急救工具，用这些物品可以处理轻微的划伤和烧伤。急救包中应当存放足够的急救用品，并放在随手可以取到的地方，通常在靠近办公室和休息室的区域。

单元二　个人安全与防护

知识点：个人安全准则；有机溶剂；粉尘、弧光；防护器具。

能力点：认识有机溶剂的危害性与危险性，认识粉尘、弧光等对身体的危害，针对这些危害能采取正确的安全防护。

一、个人安全

正确的个人穿着和行为可以防止伤害事故的发生，应注意以下事项：

1）一定要穿戴规定的连裤工作服，裤腿的长度应当能够遮住鞋面。

2）在喷漆区应当穿防静电工作服。脏衣服会将灰尘带到新喷的漆面上。

3）在发动机或机器运转时，一定要让衣服远离运转的零部件。松垮或悬垂的衣服（如衬衫后摆、领带、袖口和围巾等）可能会缠到车辆或机器上的转动零部件中，从而导致严重的人身伤害。所有饰物都要在作业前取下来。

4）穿带有防滑鞋底的厚鞋子，以防止摔跤和脚部受伤。好的工作鞋能够为长期站立提供舒适的支撑。不要在车间内穿凉鞋，否则如果重物掉落可能会砸伤脚趾。

5）长头发要在开始作业之前在脑后扎好。如果长头发被搅进运动的零件或气动工具中，可能会导致严重的伤害。在进行磨砂、打磨和其他操作时，一定要戴上帽子。在喷漆房中要穿戴防静电服。在发动机舱盖下面或车辆下面作业时，应当戴上防撞帽。

6）在黑暗的地方（如汽车底部）作业时，要使用便携式车间照明灯，这样可以提高作业速度、质量和安全性。

7）在抬起和搬运物品时，应弯曲膝盖而不是腰、背部。重物的搬运应当借助合适的设备，或者请人帮忙。

8）手脚不要伸出过长。在工作中要保持平稳的姿势，防止滑倒。

9）在使用车间的机器设备时，一定要先查看相关的使用说明。

10）使用钣金空气锤和打磨时发出的刺耳噪声以及收音机发出的噪声都有可能让人没法听到其他的声音，有些车间的噪声很大，足以造成永久失聪，应注意防护（使用耳塞、耳罩等）。

11）为防止严重烫伤，不得触摸热金属件，如散热器、排气歧管、排气管、催化转化器和消声器等。

12）在钣金作业时，注意不要被旋转的砂轮上锋利的锯齿状金属件割伤。

13）在将车辆开进车间时，应注意其他车辆和人员，最好请人引导一下，同时打开车窗、关闭收音机，以便能够听见向导的指挥。

二、有机溶剂

1. 有机溶剂的危害性

原子灰、涂料和稀释剂含有有毒的有机溶剂。

氨基涂料（面漆和中涂底漆）固化剂含有异氰酸盐，对黏膜有严重的刺激作用。人体接触有机溶剂的途径如图1-3所示，人体接触有机溶剂后出现的症状如图1-4所示。

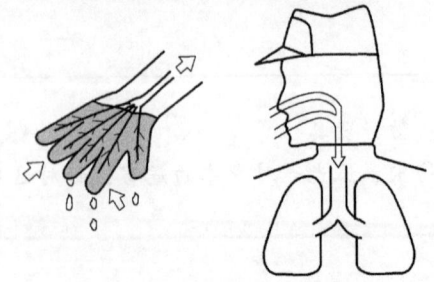

图1-3 人体接触有机溶剂的途径　　　　　　图1-4 人体接触有机溶剂后出现的症状

如果有机溶剂通过呼吸系统或皮肤进入人体，则可能导致头疼、炎症、贫血或昏厥。如果有机溶剂在体内长期聚积，则可能伤害肝脏或肾脏。

异氰酸盐可能导致眼睛酸痛、喉咙酸痛、皮疹、呼吸困难、头晕目眩或哮喘等症状。即使是少量的异氰酸盐，也可能使具有过敏倾向的人感到眼睛酸痛或喉咙酸痛。

针对有机溶剂的危害，操作人员要戴上适当的防护器具，并使用排风通气设备。维修车间常用的通风措施有局部排气通风和吹吸式排气通风，如图1-5和图1-6所示。

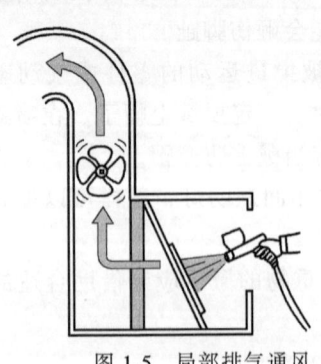
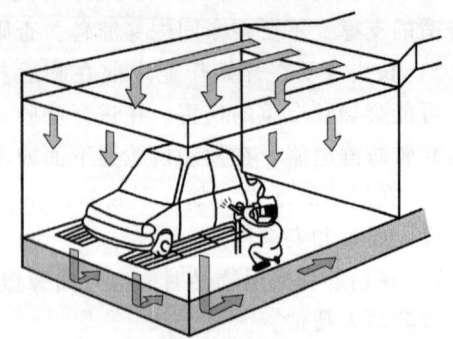

图1-5 局部排气通风　　　　　　图1-6 吹吸式排气通风

2. 有机溶剂的危险性

有机溶剂蒸气通常比空气重，所以蒸气会向下沉并停留在下方。维修人员靠近地板作业时会有危险，因为可能吸入有机溶剂蒸气。应在地板上安装通风装置，保持通风良好，如图1-7所示。

有机溶剂使用完毕后，务必盖上涂料和稀释剂容器的盖子，如图1-8所示。烟火、吸烟或静电可能导致有机溶剂爆炸或火灾，必须使有机溶剂远离烟火，如图1-9所示。有机溶剂务必远离易燃物品并连接搭铁电缆，如图1-10所示。

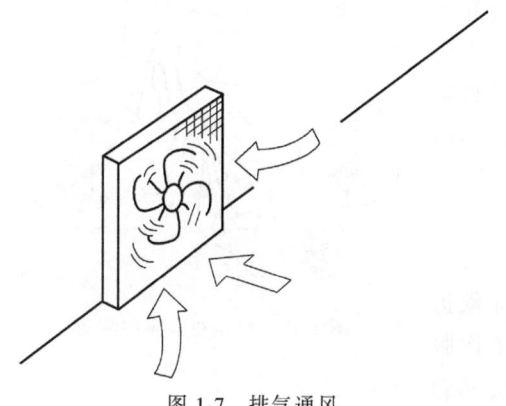

图1-7　排气通风

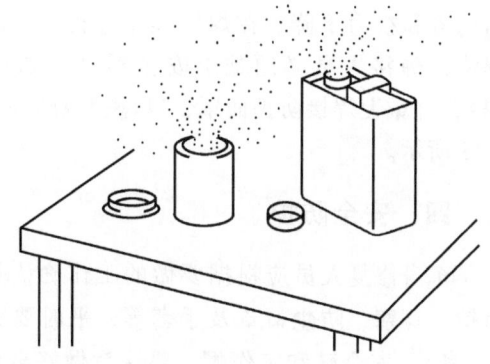

图1-8　盖上涂料和稀释剂容器的盖子

图1-9　远离烟火

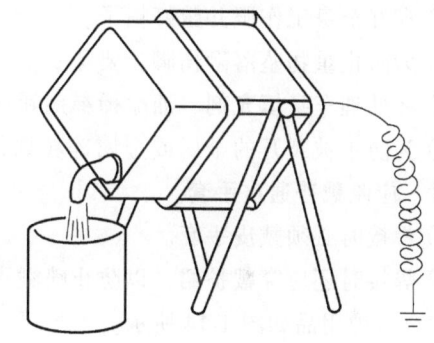

图1-10　连接搭铁电缆

三、粉尘与弧光

1. 粉尘

打磨颗粒及研磨或者焊接操作中产生的烟尘称为粉尘。

如果粉尘在人体内长期聚积，则可能导致肺炎或中毒。粉尘大小如图1-11所示，其中A为焊接烟雾，B为病毒，C为香烟烟雾，D为霉菌，E为人体毛发，F为花粉。

大小在$0.1\sim5\mu m$的粉尘最容易粘附到肺壁上。$1\mu m$（微米）$=0.001mm$。焊接烟雾是金属熔化时由于热量的快速增加而产生的金属氧化物烟雾。

吸入的粉尘可以从身体中排出，例如吸入的粉尘可能粘附到鼻子或喉部，并通过痰排出，如图1-12所示。

通常粉尘是通过呼吸系统进入人体的，所以作业时应戴上防尘口罩。

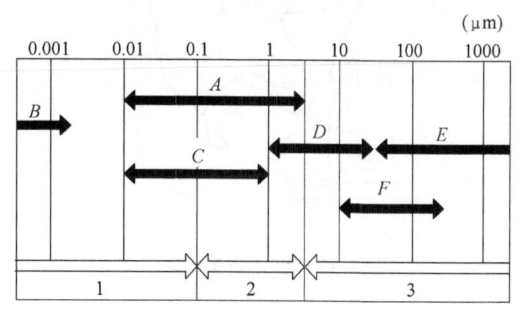

图1-11　粉尘大小

2. 弧光

电弧焊接产生的强光包含紫外线和红外线。强光会刺激视神经,并导致眼睛疲劳;紫外线会伤害结膜和角膜,并导致剧烈疼痛;强红外线会导致白内障和视力下降。在焊接操作过程中,由于会产生焊渣,焊接人员必须戴上安全器具(如皮手套和护腿),并戴上焊接防护面罩,以保护眼睛和面部,如图1-13 所示。

四、安全防护

车身修复人员应根据要做的工作确认是否穿戴护目镜、耳塞、防尘口罩及手套等,平时要穿好工作服(全身)、安全鞋和工作帽,要注意做好身体、头部和呼吸系统的防护:

① 穿好全身工作服并戴好帽子。

② 为防止重物坠落砸伤脚,要穿安全鞋。

③ 在处理车身填充剂、油漆稀释剂和油漆时,应佩戴特殊防溶剂手套。

④ 为防止被裂开的金属或金属碎粒划伤手,在使用扳手、千斤顶、锤子、锉刀及打磨工具时,应佩戴普通皮手套。

⑤ 焊接时必须戴皮手套。

⑥ 焊接时还应穿戴护裙,以防止喷溅火花的伤害。

安全防护用品如图1-14 所示。

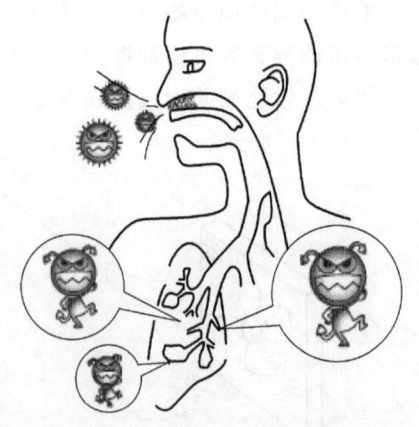

图1-12 粉尘在人体内流通

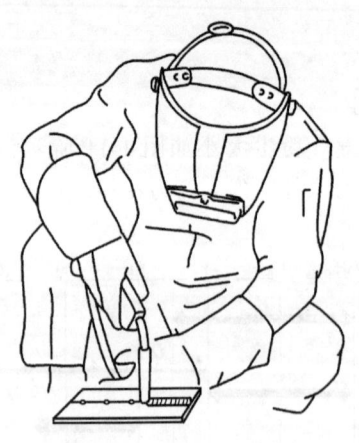

图1-13 焊接防护

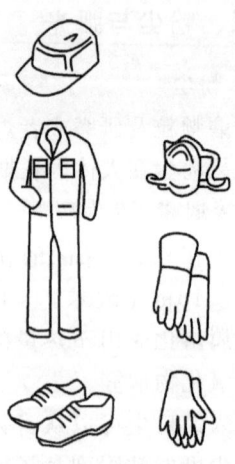

图1-14 安全防护用品

防护用品及其作用见表1-3。

表 1-3　防护用品及其作用

防护用品	防护作用	未佩戴可能造成的危害	备注
护目镜	保护眼睛免于研磨粉尘、火花和有机溶剂的伤害；在车下进行修理时，护目镜可保护眼睛免受掉落物的伤害	可能会导致碎片、灰尘或有机溶剂进入眼中，从而对眼睛造成损害	
防护面罩	保护眼睛和面部免受研磨粉尘和火花的伤害	同上	
耳塞/耳罩	保护耳朵免受敲击声和作业时产生的噪声的伤害	长时间在噪声大的环境中工作时，可能会导致耳朵听力严重受损	还有包覆式的
防尘口罩	保护呼吸系统免受焊接和研磨时产生的粉尘的伤害	在焊接和研磨时，可能导致头晕眼花，并损害呼吸系统	遵照规定的使用年限
棉手套	保护手免受锋利的钢板边缘和毛边的伤害	可能划伤手	手握锤子时不要戴棉手套
过滤式防护口罩	防止吸入有机溶剂烟雾	有机溶剂吸入人体，可能导致头疼、炎症、贫血或昏厥。如果有机溶剂在体内长期存在，可能损伤肝脏或者肾脏	有过滤式和送风气防护口罩
皮手套	保护手免受锋利钢板边缘和毛边的伤害	一些零件在切割后，其边缘可能非常的锋利，极易造成划伤	使用高速旋转工具时一定戴皮手套

（续）

防护用品	防护作用	未佩戴可能造成的危害	备注
 焊接面罩与手套	焊接面罩保护眼睛和面部免受强光、紫外线和火花的伤害；焊接手套保护手免受火花或焊渣的伤害	可能或灼伤眼睛和皮肤	
 防溶剂手套	防止有机溶剂接触皮肤，进入身体	人体接触有机溶剂可能导致皮肤瘙痒	
 焊接围裙	焊接时，保护身体免受焊渣的伤害	灼伤皮肤	
 安全鞋	保护脚趾免受掉落物的伤害	落物伤害脚	有绝缘鞋和防静电鞋两种

单元三　工具设备的安全使用

知识点：工具安全基本准则；常用的工具操作规范。

能力点：掌握工具安全基本准则，掌握气动工具的安全使用方法，掌握电动工具的安全使用方法，掌握手工工具的正确使用方法，掌握协同作业的要求。

一、工具安全基本准则

如果不遵守基本安全规定，车身维修工具和设备可能会对维修人员造成严重的伤害。通用的工具安全规定包括：

1）工具应保持清洁和良好的工作状况。布满润滑脂的工具容易从手中滑脱，从而造成伤害。

2）在使用锋利或带尖的工具时应特别当心，以免造成伤害。

3）不要将旋具、冲子或其他尖锐的工具放在口袋里，这样可能会伤害自己或损坏车辆。

4）在使用电动工具时，一定要确保它的良好搭铁。如果电动工具或机器上的安全保护装置缺失，就需要进行检修。使用电动工具时，为了防止电击，不要站在潮湿或有水的地板上。

5）在进行电动打磨、切割或磨光，或者在进行类似的作业时，一定要戴上护目镜。

6）电动工具在插电前，其电源开关应当是关闭的，这样可防止受伤。在电动工具用完后，应当将其电源开关关闭，以备他人使用。

7）只要在车底作业，就一定要用支撑架将车辆支撑住，绝对不能只用千斤顶支撑车辆。千斤顶是用来举升而不是支撑车辆的。

8）机器或工具接通电源时，双手要远离运转的零部件。在机器通电的情况下不要清扫其上面的碎屑，也不能使用双手清扫碎屑。

9）在用压缩空气进行清扫时，空气压力不能超过 0.5MPa。

10）不要用压缩空气来清洁衣物。即使气压较低，也可能使颗粒嵌入皮肤，造成感染，空气进入动脉还会致人死亡。

11）零件和工具都应当干净利落地存放好。这样不仅可以减少被割伤的危险，而且可以节省寻找工具的时间。

二、工具操作规范

（1）压缩空气及气动工具的使用　压缩空气及气动工具的使用注意事项：要使用洁净、干燥的气体，不能让外部异物进入进气管；在使用压缩空气进行作业时，要戴好护目镜；不要让压缩空气吹皮肤；根据用户手册说明，定期地进行润滑保养，按正确的方法对工具进行更换、清洁、维修及保养。图 1-15 所示为气动研磨机。

（2）电动砂轮机的使用　电动工具插头和工具本身应有接地线，以免产生电击。应经常检查工具的附属机构及电源线，以确保其性能可靠。用砂轮机进行作业时，要站在砂轮碎片飞溅后打不到的位置。砂轮片要保证表面平滑，装夹到位。电动砂轮机的使用如图 1-16 所示。

图 1-15　气动研磨机

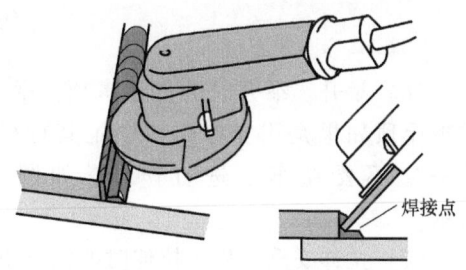
图 1-16　电动砂轮机的使用

（3）手动工具的使用　手动工具的使用注意事项：对于每一个不同的钣金工序，都要选用合适的作业工具。锉刀不能用来撬东西或者当作锤子来使用。为了能获得准确的敲击力，在使用前应调整好锤子。确保锤子、垫铁、匙形刀的作业面有良好的平整度。图 1-17 所示为锤子与顶铁的使用。

(4) 协同作业时的交流　协同作业的要点：工作中保持精神专注，当两个人或两个人以上共同作业时，应尽可能多地保持交流。除非车间的通风非常良好，否则尽量不要在车间内发动汽车。

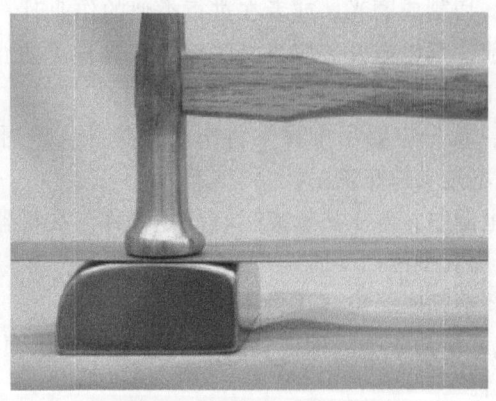

图1-17　锤子与顶铁的使用

(5) 焊丝处理　在切断焊丝末端时，应保持枪口朝下，否则可能伤到眼睛。

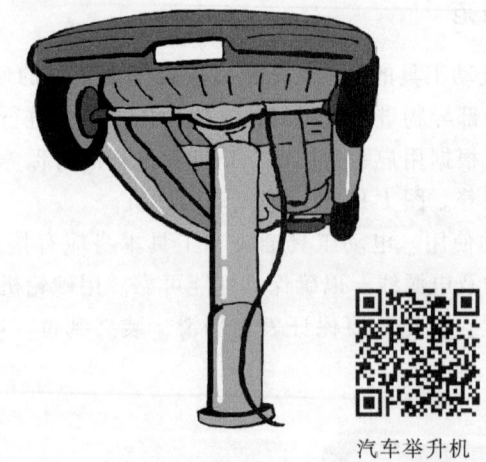

图1-18　举升

汽车举升机操作流程

(6) 举升　举升时的注意事项：举升机或千斤顶如果是用支撑阻块锁定其行程的，就一定不要在车下进行作业，如图1-18所示。

(7) 拉伸安全　校正拉伸时的注意事项：在拉伸时不要站在拉塔的正后方；为防止在拉伸时夹头脱开，一定要使用安全绳，如图1-19所示。确认夹头、拉索、车身及安全绳正确连接。

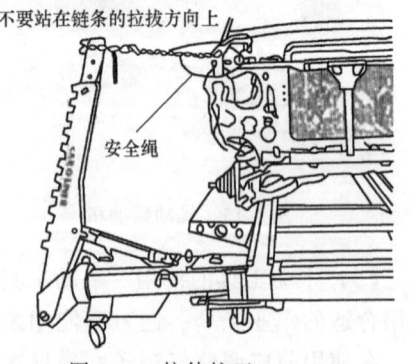

图1-19　拉伸校正

单元四　车辆安全

> 知识点：车体保护；板件切割处理；安全气囊（SRS）维修；高强度氙气前照灯维修。
> 能力点：掌握车辆维修时车体保护措施；掌握板件切割更换注意事项；掌握安全气囊（SRS）维修安全事项；掌握高强度氙气前照灯维修安全事项。

一、车体的保护

车辆遮蔽的注意事项：遮蔽好车内物品（如地毯、仪表板、座椅等）。在进行焊接之前，务必用防火布遮蔽好座椅、仪表板、地毯、玻璃及漆膜，这种保护十分必要，尤其是在焊接和打磨作业时，如图1-20所示。车身附件的遮蔽要点：当拆卸车身外部零件（如嵌条、装饰条）时，为防止划伤，要用布或者是胶条贴在关键部位，如图1-21所示。

图1-20　车辆遮蔽

图1-21　车身附件遮蔽

二、板件切割处理

板件切割更换的注意事项：漆膜和密封胶在被火加热或燃烧时会产生大量的有毒气体。为防止这种情况出现，不采用气焊加热切除受损部件的方法，而应使用气动锯或者是气动凿来切除钢板，在去旧漆膜时应使用带式打磨机或黑金刚。

三、安全气囊（SRS）维修

安全气囊在膨开时会产生巨大的力。气囊膨开时的速度可高达161km/h，如果意外膨开，则可能会对附近的人造成伤害。车身安全气囊如图1-22所示。

操作安全气囊（SRS）时的注意事项：

1）必须以正确方式操作安全气囊和预紧系统，否则作业期间可能因安全气囊膨开而导致严重事故。如果修理不当，则需要时安全气囊可能无法正常工作。

2）修理作业（拆卸/安装、检查或更换）期间，仔细阅读维修手册并按照正确方法以正确顺序进行作业。

3）开始作业前，将点火开关置于OFF位置，断开蓄电池负极电缆并等待90s。安全气囊和预紧系统配备有备用电源，如果在断开蓄电池负极电缆后90s内开始作业，则安全气囊

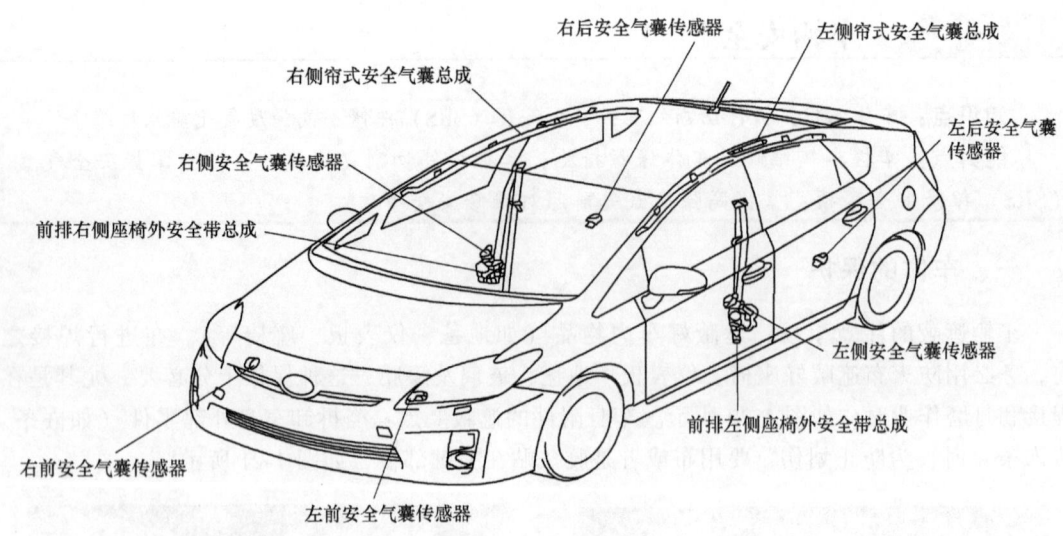

图 1-22 车身安全气囊

仍有可能膨开。断开蓄电池负极电缆时，ECU 记忆会被清除。因此，开始作业前应先记录各系统的设定，并在完成作业后重新设定。

四、高强度氙气前照灯维修

高强度氙气（HID）前照灯具有高压装置，操作 HID 前照灯的注意事项如下：

1）如果将前照灯变光开关总成置于 HEAD 时触碰 HID 前照灯高压灯座，则由于会在瞬间产生约 20000V 的电压，可能发生严重事故。

2）如果在高压灯座连接至检测仪时测量 HID 前照灯的电压，可能因高压而导致严重事故。

3）在 HID 前照灯不易受潮的地方执行作业。关闭前照灯变光开关总成，断开蓄电池负极电缆，并从前照灯总成上断开 3 芯插接器。

4）仅在完成装配后给 HID 前照灯供电。

5）不要使用本车以外的电源给 HID 前照灯供电。

归纳总结

必须注意防止多种事故，包括窒息、化学灼伤、触电、火灾和爆炸。

安全规范是维修车间内的书面政策，用来保护员工和客户的身体和健康，包括从设备使用到有害化学品处置的所有规定。

深刻了解 5S 标准的内容，以及贯彻落实好 5S 能带来的成果。

认识有机溶剂的危害性与危险性，认识粉尘、弧光等对身体的危害，针对这些危害应该采取怎样的安全防护。

掌握基本工具、设备的操作规范，如气动研磨机、焊丝修剪等。初步掌握汽车修复的安全规程，如车体的保护、板件切割处理。维修时需小心处理的零件有安全气囊（SRS）和高强度氙气前照灯等。

为防止发生紧急事故，以下项目必须具备并且要明显可见：急救电话号码、急救箱、指示火警安全出口的安全标志、灭火器、危险化学品信息。

复习题

1. 进行气体保护焊焊接操作时，要注意哪些安全事项？
2. 进行金属打磨操作时，要佩戴什么防护用品？
3. 如何安全地举升车辆？
4. 在进行一些维修操作时，一般采用哪种通风方式？
5. 汽油着火时应该采用什么灭火方式？
6. 车间内的烟尘可以直接排放到车间外面吗？为什么？
7. 焊接头盔的主要作用是什么？
8. 气动工具的使用安全事项有哪些？

模块二

汽车车身结构

 **学习目标**

汽车车身既是驾驶人的工作场所，也是容纳乘客和货物的场所，车身应保护驾驶人免受汽车行驶时振动、噪声和废气的侵袭以及外界恶劣气候的影响，并保证完好无损地运载货物且装卸方便。汽车车身上的一些结构措施和设备，还有助于安全行车和减轻事故。车身应保证汽车具有合理的外部形状，在汽车行驶时能有效地引导周围的气流，以减少空气阻力和燃料消耗。此外，车身还应有助于提高汽车行驶稳定性和改善发动机的冷却条件，并保证车身内部良好的通风。在汽车发生碰撞之后，需要将汽车恢复到事故前的状态，因此，车身维修人员必须充分了解汽车是如何设计和制造的，必须准确地识别所有损毁的部件，了解不同部位零部件在车身构造中所起的作用，并对它们的修理或更换作出恰当的选择。

通过本模块的学习，应该能够：
- 掌握汽车按照车身结构的分类。
- 正确理解汽车车身结构的基础知识。
- 掌握承载式车身结构的特征。
- 掌握非承载式车身结构的特征。
- 掌握 FF 车辆的特征。
- 掌握 FR 车辆的特征。

 **学习任务**

车身维修人员要充分了解车身结构的分类，掌握承载式车身和非承载式车身的结构特征，掌握车身结构对车身安全的影响，掌握承载式车身 FF 车辆和 FR 车辆的特征，能识别所有损毁的部件，了解不同部位零部件在车身构造中所起的作用，并对它们的修理或更换做出恰当的选择。

单元一　车身的发展及分类

知识点： *车身的发展；车身结构的分类。*
能力点： *了解汽车按照车身形状的分类；掌握汽车按照车身结构的分类；掌握承载式车身的特征；了解非承载式车身结构。*

一、车身的发展

1885年,德国工程师卡尔·本茨在曼海姆制成了第一辆本茨专利机动车,该车为三轮汽车,采用一台二冲程单缸0.9马力[○]的汽油机。此车具备了现代汽车的一些基本特点,如火花点火、水冷循环、钢管车架、钢板弹簧悬架、后轮驱动、前轮转向和制动手把等,如图2-1所示。1886年,戈特利布·戴姆勒在斯图加特巴特坎施塔特制成了世界上第一辆"无马之车"。该车是在买来的一辆四轮"美国马车"上装用了他们制造的发动机,世界上第一辆汽油机驱动的四轮汽车就此诞生,如图2-2所示。当时研究发明者把全部的精力用在新的动力机构、传动装置以及机械操纵方面,这些汽车几乎没有车身。

图2-1 卡尔·本茨发明的三轮汽车,1885年　　图2-2 戴姆勒发明的四轮汽车,1886年

进入20世纪,设计人员日益重视车身设计。这一时期的汽车车身基本沿用了马车车身结构,所不同的是去掉了车辕,而且制造得更加豪华,车身多为木结构。真正确立完整汽车车身概念的是1915年生产的福特T型车,该车是典型的箱型汽车,它确立了以后汽车的基本车身造型,其车身覆盖件开始采用薄钢板冲压成形,如图2-3所示。

20世纪20年代,由于材料和冶炼、成形、焊接等方面技术的进步,汽车车身出现了承载式车身结构的

图2-3 箱型汽车

设计思想,即用薄壁结构制成硬壳式金属整体式车身。汽车车身由以敞篷为主转变为以封闭的箱式车身为主。随着工业技术的进一步发展,承载式车身得以大力发展,车身由钢板冲压成形的金属结构件和覆盖件组成,这种金属结构的车身一直沿用到现在。

○ 1马力=735.499W。

20世纪50年代~70年代是轿车车身发展的黄金时期，承载式车身得到了广泛的应用，并出现了"车身力学"这一新概念，为汽车车身设计开发研究建立了较为完整的框架。很多新型材料用于车身，诸如复合材料、铝合金材料以及工程塑料等。车身内装饰已广泛采用人造材料，车身外表涂料则采用具有弹性和高度光泽的合成涂料。随着高速公路的发展，车身空气动力学试验逐渐成为汽车车身设计的必要程序，汽车车身的安全性和人体防护问题也提上了议事日程。

20世纪80年代以后，汽车车身各分支技术更深入、更系统。在车身材料方面，就金属材料而言，应用汽车车身高韧性的超高强度钢正在不断被研发，并大量采用良好的防腐蚀性镀锌钢板。这种钢板制作工艺简单，价格仅比普通钢板高10%左右，但耐蚀性能却大为提高。大量的非金属材料已广泛应用于汽车车身，所占整个车身材料的比例也逐年增加，出现了全铝车身和全塑料复合材料车身等。相关的加工艺方法（如冷冲压、特种材料成型加工、各种形式的焊接、喷漆、电镀、塑料成型等）也日新月异，且不断完善。汽车主动安全性和被动安全性的试验与计算机仿真、汽车车身虚拟造型与图形显示、空气动力学试验与计算模拟、车身电子化设施与装备、汽车车身刚度、强度、车身结构优化以及试验技术与装备等领域都取得长足的进步，技术的发展与应用使得现代汽车身在各方面发生了飞跃。

二、车身结构的分类

汽车车身主要有承载式和非承载式两类。非承载式车身结构有100年的历史，现已基本被承载式车身取代。目前部分越野汽车和大多数大型货车上应用非承载式车身结构。承载式车身在设计理念上与非承载式车身完全不同，它需要新的装配技术、新的材料和完全不同的碰撞修理方法。承载式车身采用了轻型、高强度合金钢和新的处理、矫正与焊接技术；悬架系统和操纵系统的位置对准和平稳操纵，要靠承载式车身部件的正确定位来保证，这就需要在修理中保证整个车身的形状与状态。

1. 按车身形状分类

汽车车身按形状分类，可分为普通轿车、轿跑车、硬顶式、掀背式、厢型车与旅行车5类。

（1）普通轿车　普通轿车有前、后两排座椅，能乘坐4~6人，如图2-4所示。轿车由发动机舱、座舱和行李箱构成，通常称为三厢车。由于车前、后柱倾斜度较大，所以能够提供较大的头部空间及宽敞的室内空间。按照车门数的不同，可分为2门式和4门式两种形式。

（2）轿跑车　轿跑车具有跑车的动力性、轿车的舒适性和优美的外形，它的后座较狭窄，不像轿车一样有较宽敞的空间，如图2-5所示。车体流线型，风阻系数较小，普遍加装尾翼，降低风阻。通常大部分轿跑车为2门形式。

图2-4　普通轿车

图2-5　轿跑车

（3）硬顶式　硬顶轿车的设计、维修要求较高，此类轿车的设计只为了系列的完整性。硬顶轿车有两种形式：一种轿车的中柱连接到车顶，但车门没有窗框，如图2-6所示，此车最大的特点是中柱连接到车顶，车门也没有门框；另一种轿车的中柱未连接到车顶，车门没有窗框，如图2-7所示，这类车顶钢板被额外加强，车顶抗压性好，侧向抗撞性好，维修时修复精确度较高。

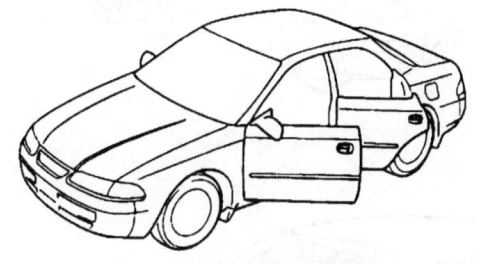

图2-6　有中柱的硬顶轿车

图2-7　无中柱的硬顶轿车

（4）掀背式　掀背式汽车的尾门倾斜角度大且可掀起，而且乘客室和行李箱空间结合在一起。掀背式轿车根据尾门倾斜角度的大小，可分为仓背式和斜背式；根据车门数量可分为跑车型的3门掀背式（见图2-8）和实用型的5门掀背式（见图2-9）。5门掀背式如丰田普锐斯轿车。

图2-8　3门掀背式轿车

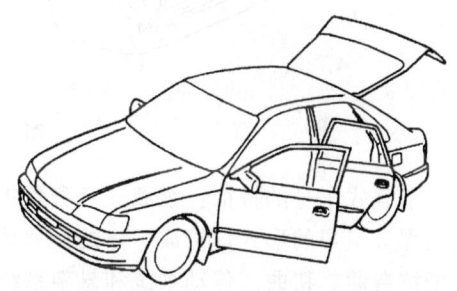

图2-9　5门掀背式轿车

（5）厢型车和旅行车　对于上述介绍的汽车形式，其车顶钢板仅延伸至后座。厢型车和旅行车的车顶钢板延伸至车辆的尾端，属于多用途车辆（MPV）。这种车型加大了行李箱空间，增加了尾门以供装载货物。旅行车比较注重乘坐的空间，如图2-10所示；厢型车比较注重货物装载的空间，如图2-11所示。

2. 按车身结构分类

汽车车身按结构分类，分为承载式车身和非承载式车身两种。

（1）承载式车身结构　承载式车身的构想源于飞机的设计，在力学上称为"应力外壳结构"。用此结构可以抑制外力的冲击，因为撞击力没有集中在某一个地方，而是平均分散到车身整体，但是车身上并不能完全采用应力外壳结构。承载式车身为目前汽车车身的主流，其最大的特征是将乘客室和车架焊接成一体，成为整体式车身结构，如图2-12所示。承载式车身结构多采用高强度合金钢钢板或铝合金板。

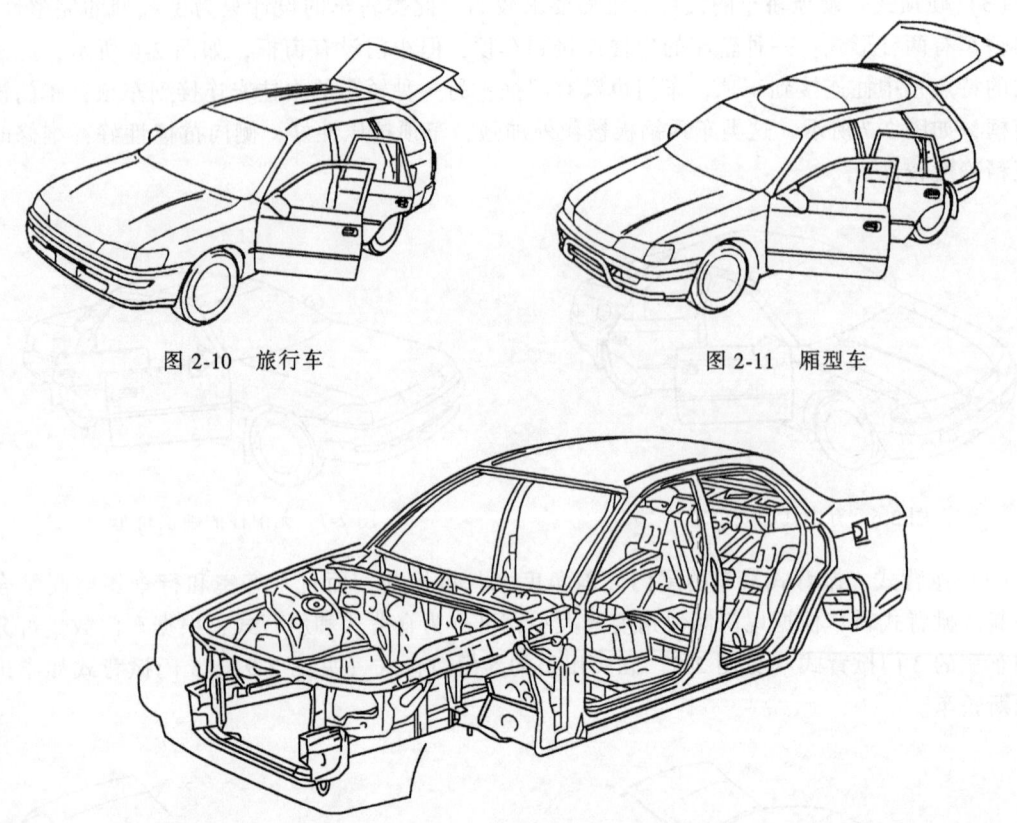

图 2-10 旅行车　　图 2-11 厢型车

图 2-12 承载式车身

承载式车身的特征：承载式车身是将高强度钢板冲压成各种形状后，用点焊、保护焊和激光焊等组焊的形式焊接成一体的。承载式车身的重量比其他类型车身更轻，但有足够的强度抵抗弯曲、扭曲。传动系统和悬架系统产生的振动与噪声很容易传到乘客室，乘客室能将声音和振动放大。因此，在修理时需实施防振和隔声措施。因为广泛使用薄钢板，所以车身修理后必须实施防锈措施，特别是位于下车身部位的钢板。因为承载式车身是由冲压成各种复杂形状的钢板制成的，所以车身损伤后，修理时间较长。

采用承载式车身的轿车发动机布置和驱动形式有 FF 形式、FR 形式、MR 形式，如图 2-13 所示。采用非承载式车身的轿车只有 FR 形式和四轮驱动。

承载式车身的"应力外壳结构"可以抑制外力的冲击，因为撞击力没有集中在某一个地方，而是平均分散到车身整体。在车身的前部和后部有各种为吸收冲击力而做的设计。车身中部是刚性结构，强度与刚度很大，在碰撞发生时能有效地抵制车身变形以保护乘员，如图 2-14 所示。

(2) 非承载式车身结构　早期的汽车大多采用非承载式车身结构，后来车身设计逐步发展，现今使用非承载式车身结构的汽车主要是一些 SUV、高级大排量汽车、货运汽车（包括皮卡）以及部分大型客车。图 2-15 所示为典型的非承载式车身的车架，起主要的承载作用，前、后悬架和动力总成直接安装在车架上。

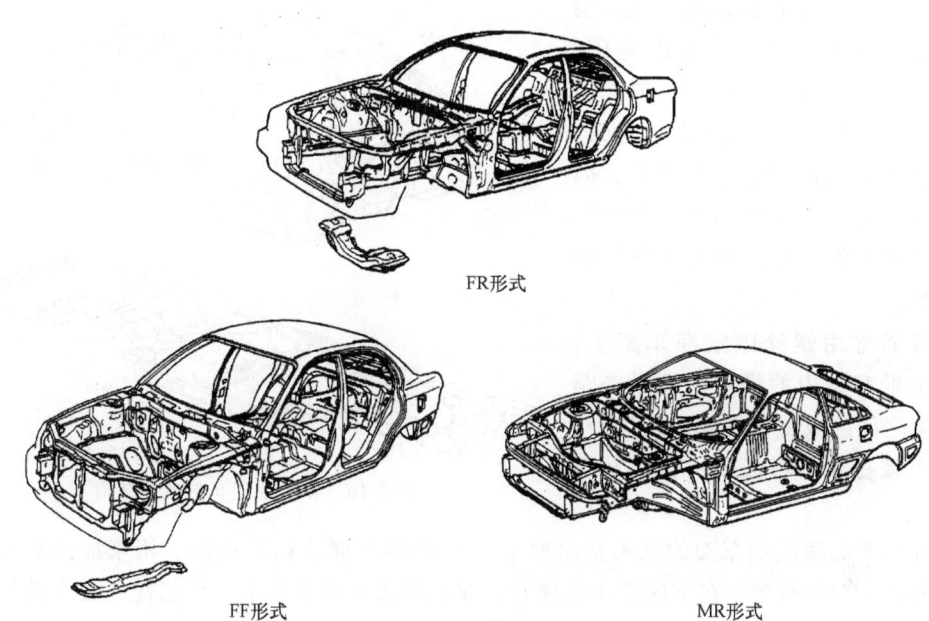

图 2-13 采用承载式车身的轿车发动机放置与驱动形式

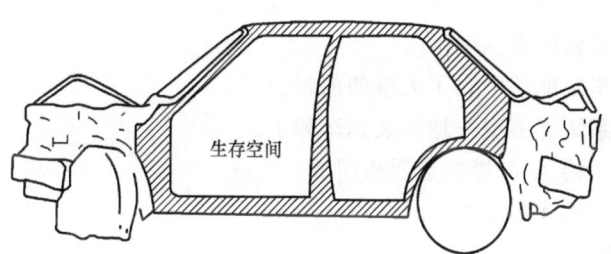

图 2-14 承载式车身安全性

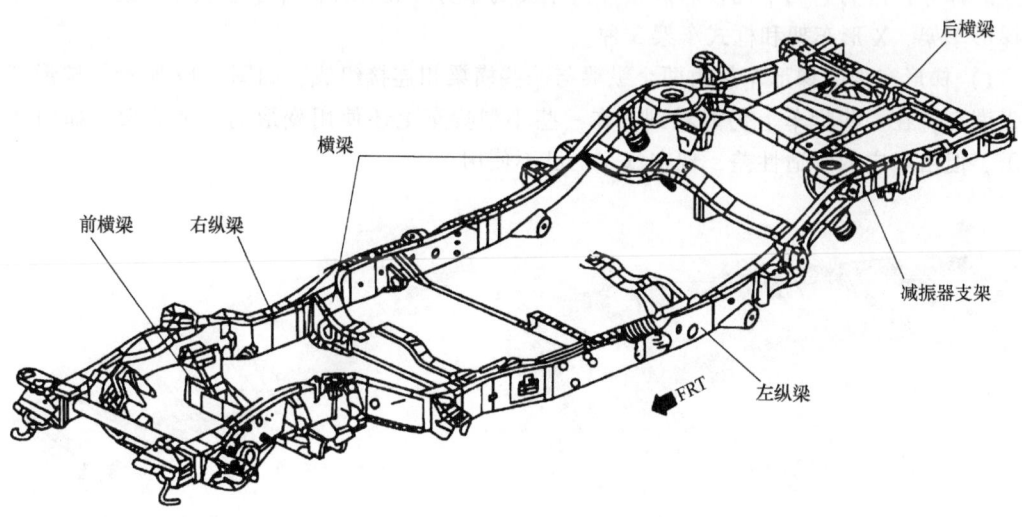

图 2-15 非承载式车身的车架

图 2-16 所示为非承载式车身典型结构。车架是非承载式车身的基础，它是一个高强度构架，是一个独立的部件，车身和发动机、变速器、悬架、转向机构等总成都固定在车架上，因此要求车架有足够的坚固度，以保证在发生碰撞时能保持汽车其他部件的正常位置。

车身通常用螺栓固定在车架上，为了减少乘客室内的噪声和振动，车身与车架之间除放置特制橡胶垫块外，还安装了减振器，将振动、噪声减至最小。

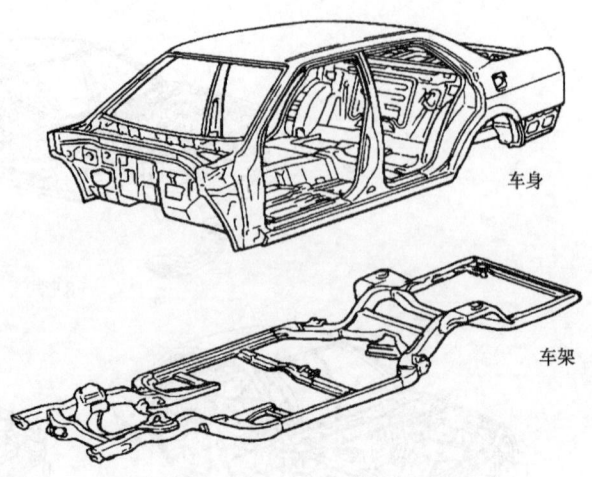

图 2-16 非承载式车身典型结构

现代汽车高强度钢车架的纵梁截面通常是 U 形槽截面或箱形截面，用来加强车架，碰撞时能吸收大量的能量。在车辆发生碰撞时，非承载式车身变形小，平稳性和安全性好，而且车身内的噪声低；但非承载式车身比较笨重，汽车重心高，高速行驶稳定性较差。

为了便于汽车转向，并为汽车提供较好的支撑，车架都做成前部窄、后部宽。

非承载式车身的特点：

1）全车架汽车质量较大。
2）碰撞过程中车架能够吸收了大量的能量。
3）悬架和传动系统能够很快地安装到车架上。
4）沉重的车架由约 3mm 厚的金属板组成。
5）汽车的最小离地间隙较大。

3. 非承载式车身结构

（1）非承载式车身车架的形式　车架纵梁是在两侧贯穿汽车的长钢梁。典型的车架是独立的部分，因为它的上面没有焊接任何主要的车身外壳元件。非承载式车身的车架常见的有梯形车架、X 形车架和框式车架 3 种。

1）梯形车架。梯形车架由两个纵梁与一些横梁相连接组成，如图 2-17 所示。梯形车架的强度高，在一些货车上仍能看到。在一些小型货车上还使用变形的梯形车架，如图 2-18 所示，但由于它的舒适性差，现在汽车上已不使用。

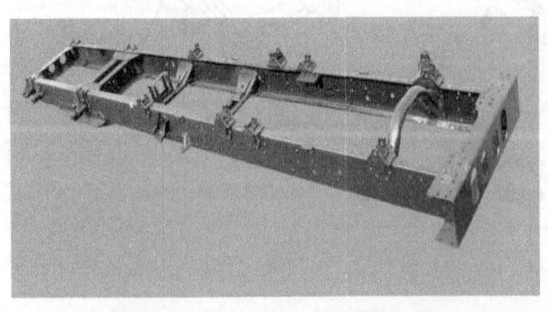

图 2-17　中大型货车用梯形车架

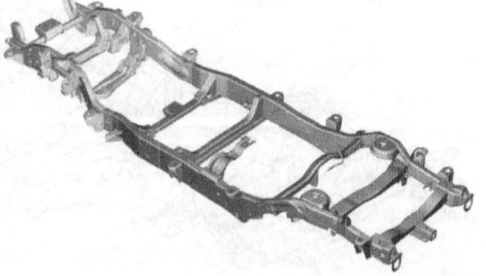

图 2-18　小型货车用梯形车架

2）X形车架（脊梁式车架）。X形车架（见图2-19）中间窄，刚性好，能较好地承受扭曲变形。由于这种车架侧面保护性不强，从20世纪60年代后期起不再使用。

3）框式车架。框式车架的纵梁在其最大宽度处支撑着车身，在车身受到侧向冲击时可为乘员提供保护。在前车轮后面和后车轮前面的区域形成扭力箱结构（见图2-20）。在正面碰撞中，分段区域可吸收大部分的能量。在侧向碰撞中，由于中心横梁靠近前面地板边侧构件，使乘客室受到保护；同时，因乘客室地板低，使得重心降低、空间加大。在后尾碰撞中，由后横梁和后车架吸收冲击振动。由于关键区域有横梁加强，避免了车架过大的扭曲和弯曲。目前所使用的大多数车架都是框式车架。

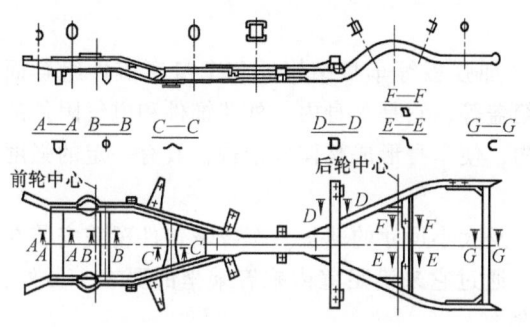

图2-19 X形车架

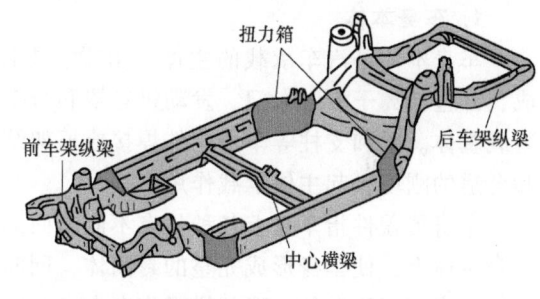

图2-20 框式车架

（2）非承载式的主车身 乘客室和行李箱焊接在一起构成主车身，它们由围板、地板、车顶板和后盖板等组成，如图2-21所示。围板由车身左右前立柱、内板、外板和盖板侧外板等构成。传动轴槽纵贯地板中间。横梁与地板前部焊接在一起，并安装到车架上。当乘客室受到侧向冲击碰撞时，中部宽的车架纵梁可使乘客室得到保护。地板的四周边缘用压花工艺做成褶皱，以增加地板的刚度，减少振动。

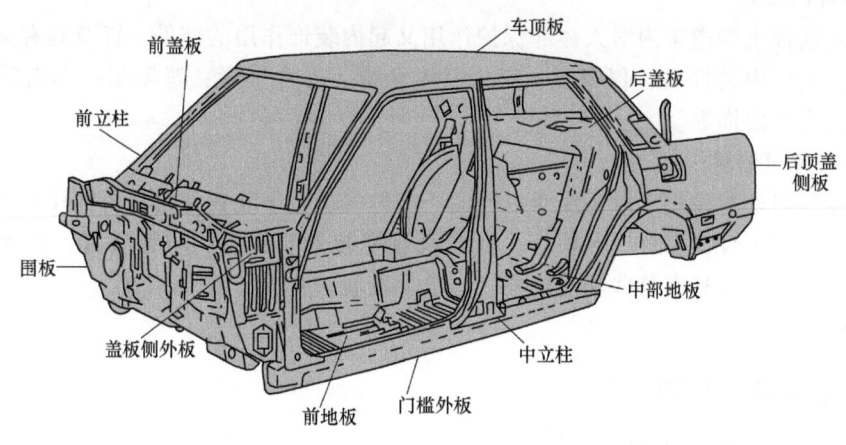

图2-21 车架式车身的主车身结构

单元二　汽车车身的组成

> **知识点**：车身主体；车身外装件；车身内装件；发动机舱罩结构；车柱结构。
> **能力点**：掌握用螺栓安装的外部零件的特征，掌握发动机舱罩结构和车柱结构；掌握内板和车架零件特征。

一、车身的组成

汽车车身由车身本体（俗称白车身）、车身外装件、内装件和车身电气附件 4 部分组成。

1. 车身本体

车身本体是汽车承载的主体，由梁、支柱、加强板等车身结构件和车身覆盖件组合而成，并包括翼子板、车门、发动机舱罩和行李箱盖等，它是车身内、外装饰件和电气附件的装载基体。梁和支柱等车身构件焊接成框架结构，使车身形成整体式结构，具有一定的强度和合适的刚度，起主体承载作用。

车身覆盖件指车身上各种具有不同曲面形状及大小尺寸的薄板。车身覆盖件覆盖安装在车身主体上，使车身形成完整的封闭体，同时，通过它来满足室内乘客乘坐的要求。另外，通过它来体现汽车的外形并增强汽车车身的刚度。

2. 车身外装件

车身外装件指车身外部起保护或装饰作用的一些部件，以及具有某种功能的车外附件。主要外装件有：前、后保险杠；各种车身外部装饰条；密封条；车外后视镜；散热器罩；车门机构及附件等。

前、后保险杠的作用：一是当汽车发生纵向碰撞时起保护作用，减轻汽车的被破坏程度；二是起装饰作用。因此，汽车前、后保险杠的外部造型与汽车的整体造型协调一致。

密封条除了起密封作用外，其外露部分的形状与颜色应与整车相匹配，起装饰作用。

其他外装件除了完成车身应具有的功能外，都应对整车起装饰作用。

3. 车身内装件

车身内装件主要指车内对人体起保护作用又起内装饰作用的部件，以及具有某种功能的车内附件。主要内装件有：仪表板；座椅及安全带、安全气囊；遮阳板；车内后视镜；车门、地板及汽车内饰等。

4. 车身电气附件

车身电气附件指除用于汽车底盘以外的所有电气、电子装置；包括各种仪表及开关，前照灯、尾灯、指示灯、雾灯、照明灯，音响及收视装置及设备，空调装置，刮水器，洗涤器，除霜装置，以及只有某些功能的电气、电子装置，如全球定位系统（GPS）、集成安全系统（ISS）等。

二、车身结构基础知识

1. 用螺栓安装的外部零件

发动机舱盖、翼子板、前门、后门和行李箱盖是外部零件。这些零件的受损频率高，为了便于更换,这些零件是用螺栓安装到车身上的,如图 2-22 所示。

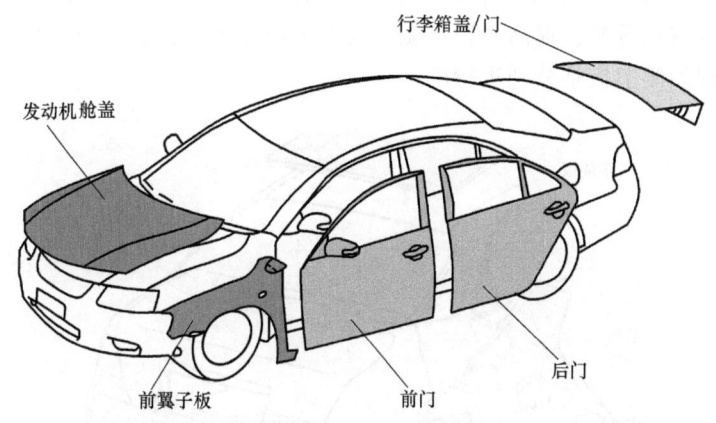

图 2-22　车身外部零件

发动机舱盖是通过发动机舱盖铰链安装的,如图 2-23 所示。

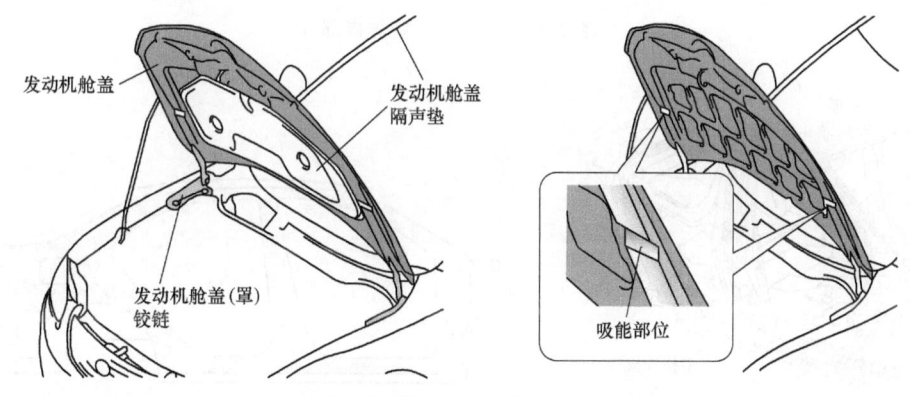

图 2-23　发动机舱盖结构

1)发动机舱盖内板的作用是使发动机舱盖向上弯曲以吸收正面碰撞冲击力,防止发动机舱盖凸入车辆内部。

2)发动机舱盖上使用的铰链可防止发动机舱盖向后移动。

3)某些车型安装了发动机舱盖隔声垫以减少噪声。

加强件和侧防撞梁安装在前门和后门上,可以强化侧面碰撞时的刚度,保护车辆乘员,如图 2-24 所示。

2. 通过焊接安装的外部零件

车顶板、前柱上外板、车顶外纵梁、中柱外板、侧围板和车身后

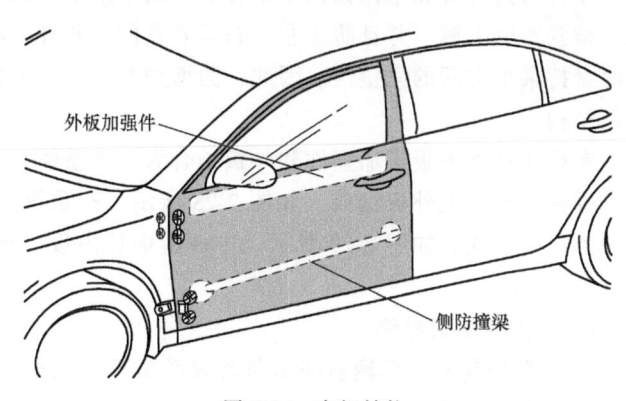

图 2-24　车门结构

下围板等零件是通过焊接安装的外部零件，如图 2-25 所示。车柱结构如图 2-26 所示。

大多数车型使用的钣金件均将前柱、中柱和侧围板结合为一个整体，如图 2-27 所示。使用一体式外板可减轻重量、提高防锈性能、改善车辆外观，但是在修理时，为了提高维修效率，前柱、中柱和侧围板是分别进行的。

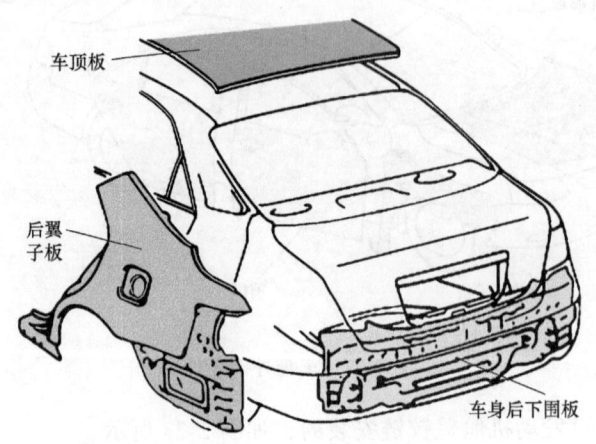

图 2-25 车身的一些焊接部件

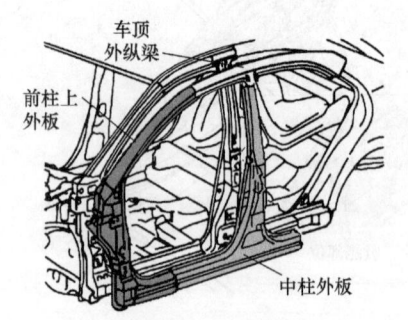

图 2-26 车柱结构

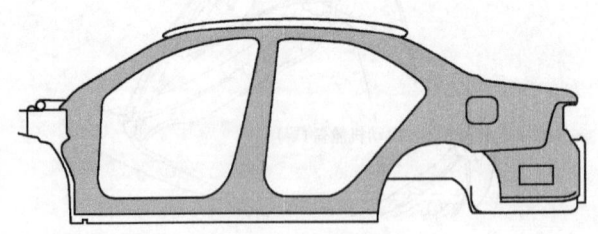

图 2-27 组合外板

3. 车柱结构

车柱与前车身和车顶钢板相结合而形成了乘坐空间。在行驶中这些钢板分散来自下车身的负荷到车辆上侧，并且防止左、右两侧弯曲。此外，车柱可以提供车门支撑，并在车辆翻覆时维持乘坐空间的完整性。因此，为增加刚性，一般将外板、加强梁和内板组合而成一个厢形结构。

车柱通过将内板、加强件和外板结合为一个整体，确保强度。前柱由前柱上内板、前柱下加强件和前柱上外板组成，如图 2-28 所示。车顶纵梁由车顶内纵梁、车顶纵梁加强件和车顶外纵梁组成，如图 2-29 所示。中柱由中柱内板、车身中柱加强件和中柱外板组成，如图 2-30 所示。

4. 内板和车架零件

（1）车身前部　车辆前部由包含发动机舱在内的以下零件组成：散热器支架、发动机舱盖锁支架、前横梁、前纵梁和前翼子板隔板，如图 2-31 所示。

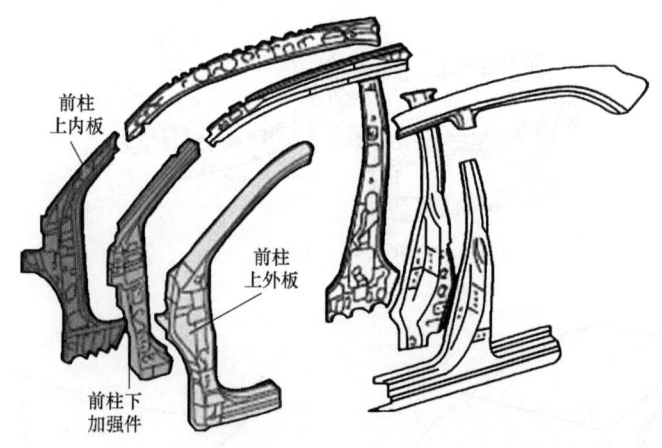

图 2-28　前柱结构

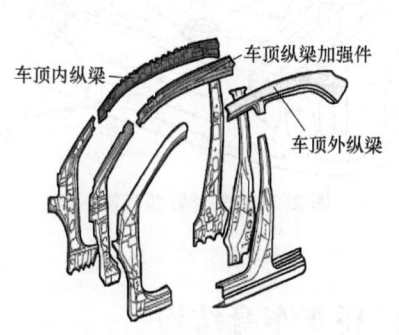

图 2-29　车顶纵梁结构

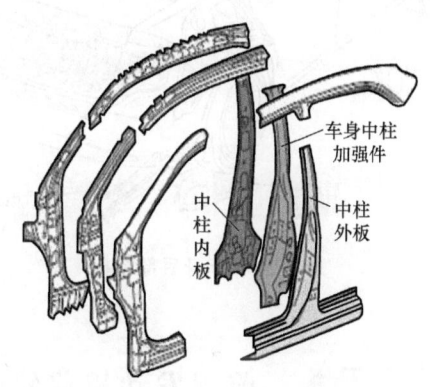

图 2-30　中柱结构

前纵梁前端的波纹区域可吸收前侧碰撞冲击力，如图 2-32 所示。为了便于修理，某些车型的压溃箱安装在前纵梁的端部，如图 2-33 所示。

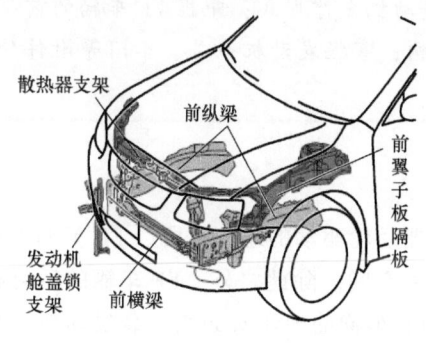

图 2-31　车身前部结构

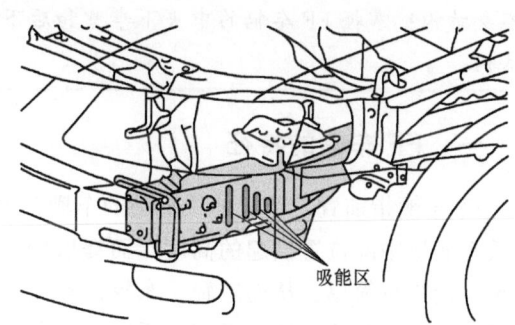

图 2-32　车身前部吸能区域

（2）车身后部　车辆后部由包含行李箱在内的以下零件组成：后地板底板、后地板侧板、后地板侧梁和侧围板轮罩外板，如图 2-34 所示。后地板侧梁上有波纹区域可吸收来自后面的碰撞冲击力，如图 2-35 所示。

汽车车身修复技术

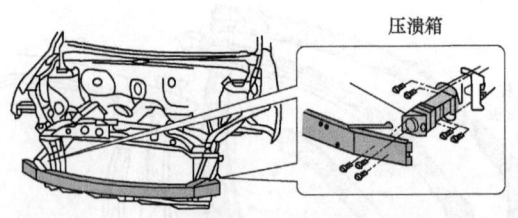

图 2-33 压溃箱

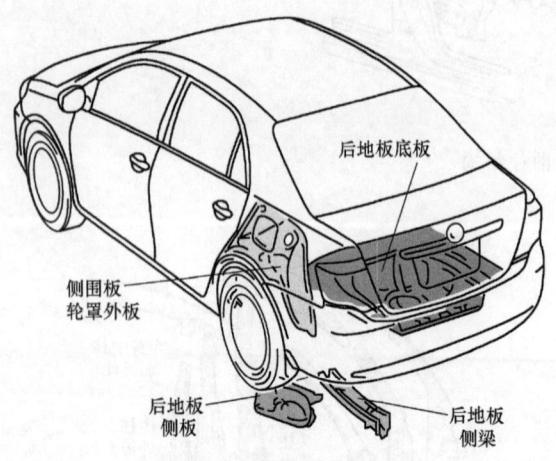

图 2-34 车身后部结构

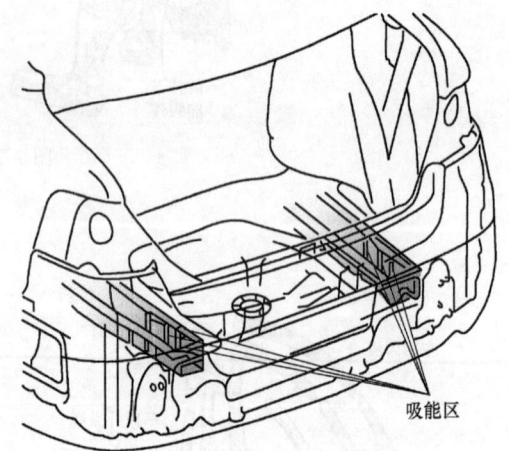

图 2-35 车身后部吸能区域

单元三　前置发动机前轮驱动（FF）轿车车身结构

知识点：FF 车辆的特征；FF 车辆的前车身结构；FF 车辆的下车身结构；其他附件结构。

能力点：掌握 FF 车辆的特征；掌握 FF 车辆的发动机支撑形式；掌握 FF 车辆的前下车身结构；掌握 FF 车辆的中央下车身和后下车身结构；掌握发动机舱盖、车门等附件的结构。

一、FF 车辆的特征

FF 车辆指前置发动机前轮驱动的车辆，由于不需要后轮驱动的组件，所以 FF 车辆可以降低车底板中间位置拱起的高度，而提供较大的乘客室空间。除此之外，FF 车辆的后悬架系统构造比较简单，从而减轻了车辆的重量。然而，FF 车辆的前车身必须承载发动机、传动桥、前悬架系统、转向系统，所以车身为了承受这些负荷必须采取某些额外的措施，例如为了达到足够的强度和刚度，必须增大接合面积或者采用加强梁。

FF 车辆有下列特征：

1) 由于不需要后轮驱动组件，并且变速器和差速器已结合成一个传动桥，故全车的重量可以减轻。

2) FF 车辆的前轴重量大于 FR 车辆，而且前轮既是驱动轮也是转向轮，所以前悬架和轮胎的负荷较高。

3) 由于不需要后轮驱动组件，所以能有较宽的腿部活动空间。

4) 因为燃油箱可放置于车辆的中央部位下方，所以行李箱能有较宽敞的空间。

5) 对于来自前方的撞击，发动机部分（包括传动桥）的惯性大于 FR 车辆，因此比较容易受损。

6) 发动机的固定方式依车辆的大小而有所不同，紧凑型车辆用前侧梁来承受发动机的重量，中型车用中间梁和前侧梁承受发动机的重量，大型车用副梁及翼子板隔板来承受发动机的重量。

二、FF 车辆的前车身结构

1. 发动机的支撑形式

(1) 副梁式　副梁不是和车身焊接成一体，而是用螺栓固定于车身上。因为发动机悬架系统、传动桥、转向系统固定于副梁上，所以上述机构所产生的振动不会直接传递到车身。因此，这种方式的静谧性优于其他固定方式。目前，副梁式支撑大多使用于大型车辆。丰田凯美瑞轿车的副梁式支撑如图 2-36 所示。

(2) 中间梁式　中间梁安装于发动机中央的下方，和发动机成垂直角，用来固定发动机前、后方向的支座，而发动机的左、右方向则是以前侧梁来固定。目前一般中小型车辆采用的是中间梁式支撑，丰田卡罗拉（AE100 系列）轿车的中间梁式支撑如图 2-37 所示。

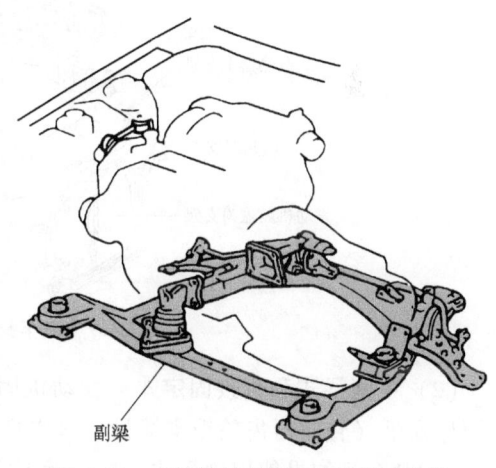

图 2-36　丰田凯美瑞轿车的副梁式支撑

(3) 直接固定式　直接固定式将发动机直接固定于加强梁上，如前横梁、前侧梁和转向器齿轮箱支撑梁。丰田小福星轿车的直接固定式支撑如图 2-38 所示。

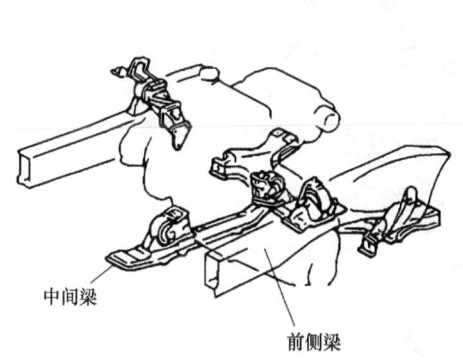

图 2-37　丰田卡罗拉轿车的中间梁式支撑

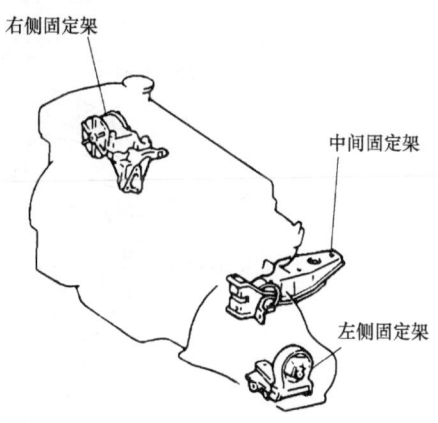

图 2-38　丰田小福星轿车的直接固定式支撑

2. 前车身钢板结构

（1）副梁式　前车身由发动机舱盖和前翼子板（由螺栓固定）以及散热器上支架、散热器侧支架、前横梁、前侧梁、前翼子板隔板、下隔板、前罩板（全部由点焊焊接固定）组成，如图 2-39 所示。

前横梁和前侧梁通过加大横截面积和使用加强件来增加刚度。FF 车辆的前悬架大都是采用支柱式独立悬架系统，这些组件直接固定于车身上，因此车身尺寸的准确与否对于前轮定位有很大影响。

副梁由螺栓固定于前侧梁上，除了支撑发动机、传动桥、转向器齿轮箱的重量外，副梁形成的井字形构造可以提高前车身的刚性。

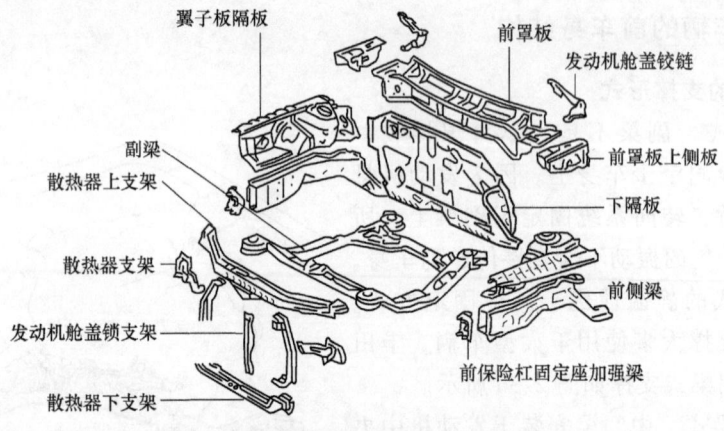

图 2-39　前车身钢板结构（副梁式）

（2）中间梁式和直接固定式　发动机固定方式采用中间梁式和直接固定式的车辆，是使用加强梁（转向器齿轮箱支撑梁）来支撑发动机和转向器齿轮箱的，如图 2-40 所示。FR 车辆或 FF 车辆如果使用副梁式支撑，就不具备此加强梁。然而，某些车型也没有转向器齿轮箱支撑梁。这些车型如丰田卡瑞娜（Carina Ⅱ），转向器齿轮箱固定于悬架横梁上。目前有些车型于前侧梁的后方冲压成一个孔口，以插入转向连杆。

虽然中间梁式与直接固定式的车身结构并没有明显的差别，但是支撑悬架系统的方法却

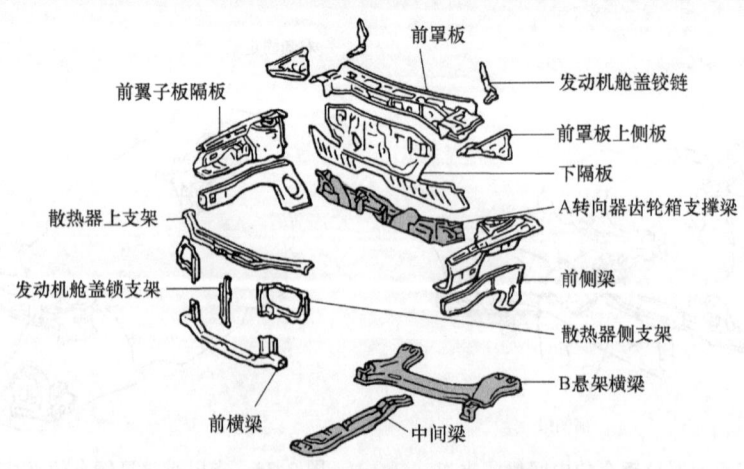

图 2-40　前车身钢板结构（中间梁式）

不同。使用中间梁式支撑的车辆，加装悬架横梁以连接左、右两侧前侧梁，悬架横梁的设计可以增加支撑悬架系统的刚性、提高全车的刚性以及减少噪声和振动；而直接固定式的设计则是利用车身来承载悬架负荷。

如图 2-41 所示，转向器齿轮箱支撑梁连接左、右两侧车门槛板内板，是连接前车身的各种加强梁之一。

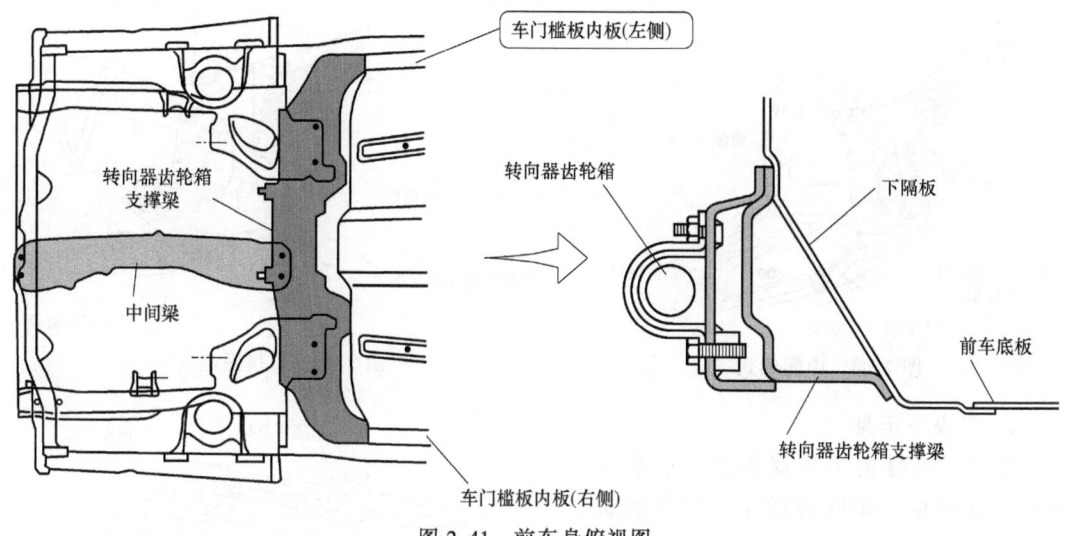

图 2-41　前车身俯视图

三、FF 车辆的下车身结构

1. 前下车身

前下车身是由前侧梁、前横梁、转向器齿轮箱支撑梁（有的车型没有）等加强梁所构成的，以确保足够的强度和刚性，如图 2-42 所示。前侧梁与车底板加强梁及主车底板侧梁相连接，以利于撞击时将撞击力分散至车身的各个部位。

下面说明前侧梁构造范例。

（1）副梁式　由于没有转向器齿轮箱支撑梁，故前侧梁是直接焊接于主车底板侧梁和下加强梁上；为了确保接合区域的刚性，此种方式的点焊点数共有 67 个，如图 2-43 所示。

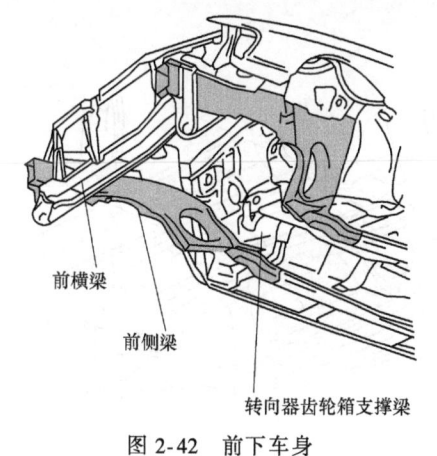

图 2-42　前下车身

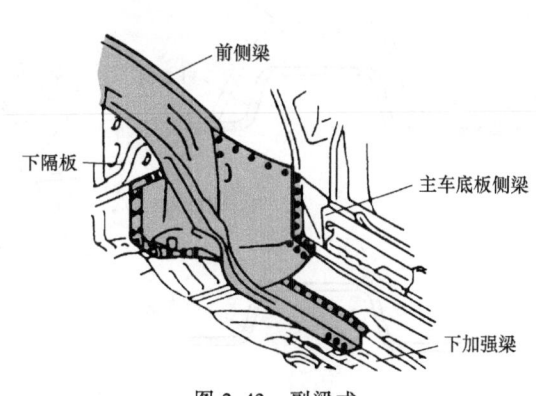

图 2-43　副梁式

（2）中间梁式　因前侧梁和转向器齿轮箱支撑梁连接在一起，而转向器齿轮箱支撑梁和左、右主车底板侧梁连接在一起，所以前侧梁和车门槛板也有效地连接，点焊点数约为40个，如图2-44所示。

（3）直接固定式　此种形式类似中间梁式，前侧梁连接于转向器齿轮箱支撑梁上，而其点焊点数约为34个，如图2-45所示。

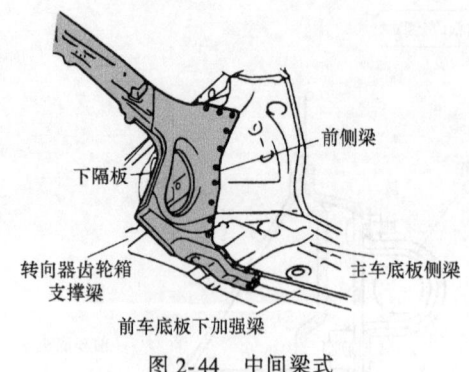

图2-44　中间梁式

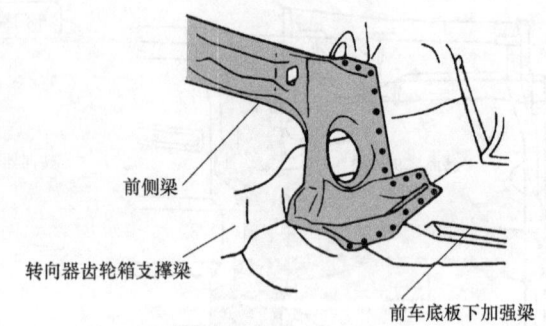

图2-45　直接固定式

2. 中央下车身

中央下车身由主车底板侧梁、前车底板下加强梁、车底板横梁、前车底板组成，如图2-46所示。

主车底板侧梁使用高强度钢板，位于乘客室两侧下端，又称为车门槛板内板。车底板下加强梁和车底板横梁使用加强件来增强车底板强度及中央下车身的刚性。

FF车辆应用车底板拱起结构，FF车辆和FR车辆中央下车身的最大差别在于车底板拱起的高度，如图2-47所示。因为没有后轮驱动组件，所以FF车辆所需

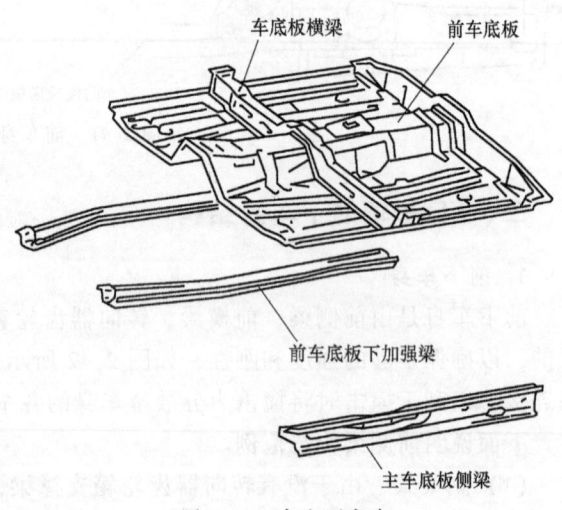

图2-46　中央下车身

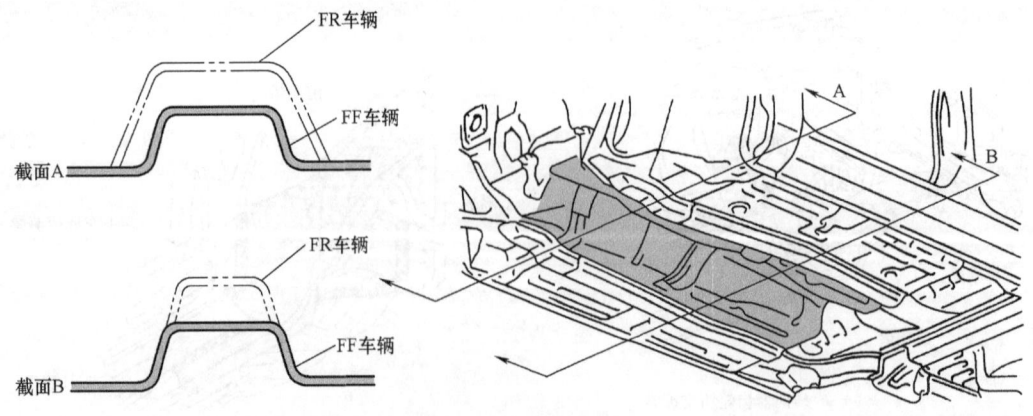

图2-47　地板拱起结构

的车底板拱起空间没有 FR 车辆大，因此能够提供较大的腿部活动空间。

3. 后下车身

后下车身由后车底板侧梁、后车底板横梁和后车底板组成，如图 2-48 所示。

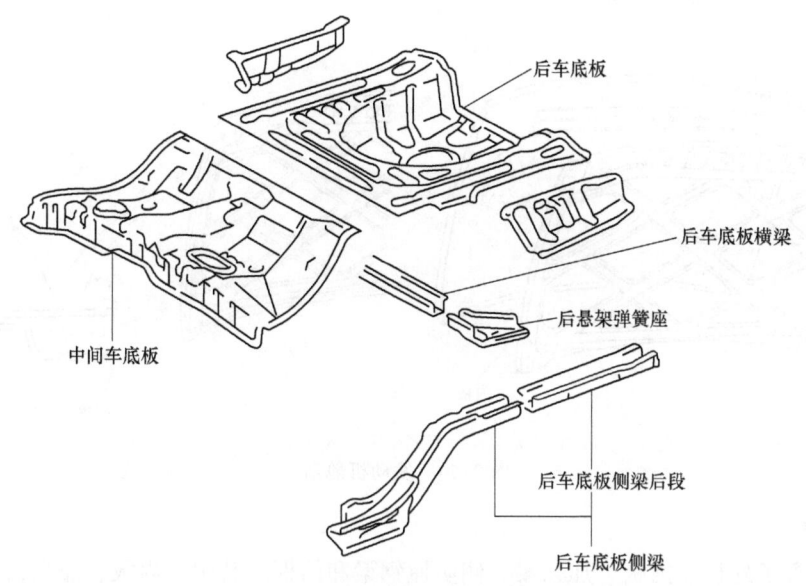

图 2-48　后下车身结构

因为 FF 车辆将燃油箱置于后座椅的下方，所以可以降低后车底板而提供既宽敞又深的行李箱空间。因为燃油箱放置于后座的下方，所以当发生后方撞击事故时，大部分撞击力就可以由后行李箱空间吸收。因此，后车底板侧梁的后段都设置有波纹区域，以提高吸收撞击力的效果。另外，后车底板侧梁的后段和后车底板侧梁是分开的，以提高车身维修时的更换作业。"波纹区域"这种结构的功能是将撞击的冲击力集中于该区域，它的横断面由钢板压制而成，如图 2-49 所示。波纹加工一般使用于前侧梁、后侧梁、前翼子板隔板等。

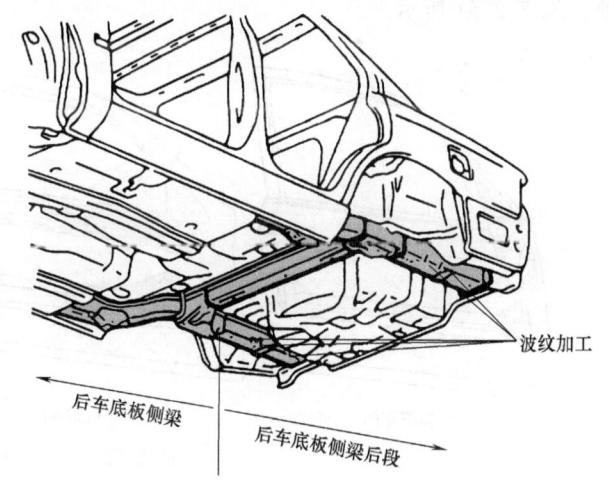

图 2-49　后车底板侧梁结构

四、其他附件结构

1. 发动机舱盖

发动机舱盖由内、外板和加强梁组合而成（图 2-50），外板为空间曲面板，其外表形状与整车造型协调一致，体现轿车的外形特征。内板由薄钢板经整体拉延后成形，内板筋条网格布置，凸筋的布局既增加美感、提高刚度，又考虑到它们在发动机舱盖上的位置避让，诸如铰链、锁止机构等零件的需要。

发动机舱盖在内板和外板的四周施加摺边以取代焊接。为了确保发动机舱盖铰链和发动机舱盖锁支架的刚性和强度，将加强梁点焊于内板上，除此之外，将密封胶涂抹于内板和外板的某些间隙中，以确保外板有足够的张力。

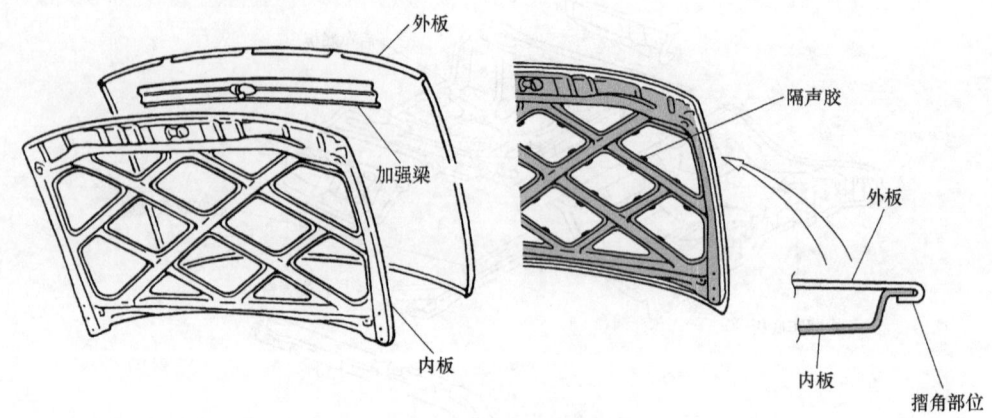

图 2-50　发动机舱盖

2. 车门

车门包含了外板、内板、加强梁、侧防撞钢梁和门框。其中，内板、加强梁和侧防撞钢梁以点焊结合在一起，而内板和外板通常是以摺边连接。另外，车门窗框通常是由点焊和铜焊结合而成。基于以上几点，车门形式大致分成窗框车门、冲压成形车门和无窗框车门 3 种，如图 2-51 所示。

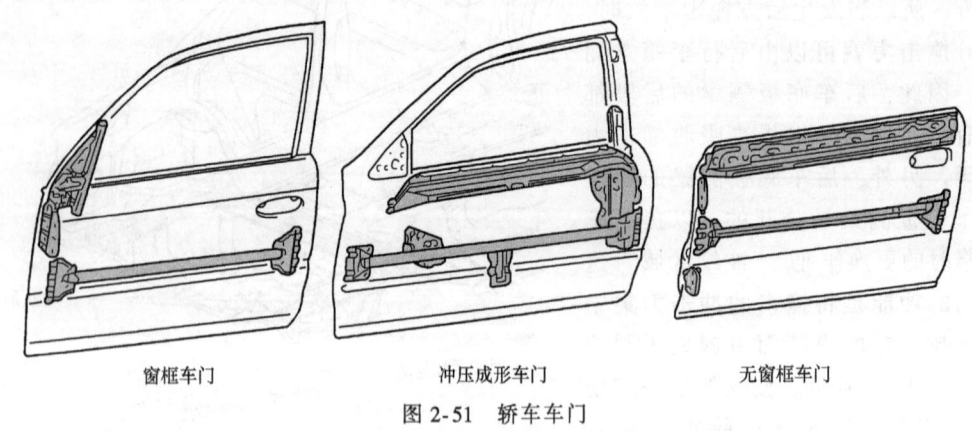

图 2-51　轿车车门

3. 翼子板

前翼子板是轿车前部的大型覆盖件之一，其表面形状与车身侧面造型协调一致，是车身侧面外表的一部分。前翼子板一般由 0.6~0.8mm 厚的高强度钢板拉延成形。其外表形状由车身造型确定，周围边界的形状：前部取决于灯具的形式和布置，后部取决于前部和后部覆盖件的形状，上部取决于发动机舱罩的尺寸和布置，下部与车轮相配合。前翼子板前板大多用螺钉与车身壳体相连接，后端通过中间板和前围板连接，前端和散热器框延长部分及灯具相连接，侧面与挡泥板连接。

4. 行李箱盖

行李箱盖的构造类似于发动机舱盖，包含了外板、内板和加强梁，并于内板和外板的四周施加摺边，而加强梁和支座由点焊焊接于行李箱盖铰链和支座区域。外板的形状取决于车身整体造型，它与后翼子板形成车身尾部的上表面和左、右侧表面。下外板与后保险杠、后车灯组成车身后端面外表，同车身的"脸部"一样，与整体造型协调一致，体现造型特色。内板形状复杂，有纵向、横向、交叉和环状肋条，以增加刚度。除此之外，将密封胶涂抹于内板和外板的某些间隙当中，以确保外板有足够的张力。

单元四　前置发动机后轮驱动（FR）轿车车身结构

知识点：FR 车辆的特征；FR 车辆的前车身结构；FR 车辆的下车身结构。

能力点：掌握 FR 车辆的特征；掌握 FR 车辆的前下车身结构；掌握 FF 车辆的中央下车身和后下车身结构。

一、FR 车辆的特征

FR 车辆指前置发动机后轮驱动的车辆，发动机动力经由传动轴传至后轮并驱动后轮。由于 FR 车辆有传动轴，后方安装差速器，所以车底板中心拱起的高度需要较大的空间，因此乘坐空间便减少了。所以，一般 FR 车辆不使用于小型车上，而广泛使用于大型车辆上。

FR 车辆有下列特性：

1）因为发动机、变速器和差速器分开安装，所以重量能够平均地分配至前、后轮上。因此，和 FF 车辆相比，FR 车辆的转向盘操纵力较轻，作用到前悬架系统、前轮的负荷也比较小。

2）发动机纵向放置，由悬架横梁或安装于前侧梁上的副梁来支撑，大约置于前车身的中央位置。

3）由于 FR 车辆需加大车底板拱起空间以传递驱动力至后轮，因此需要减少乘坐空间。

4）若燃油箱安装于后车底板下方，则行李箱可做得较长，但较浅。若燃油箱安装于后座后方，则行李箱可做得较深，但较短。所以，FR 车辆的行李箱空间比 FF 车辆的行李箱空间小。

二、FR 车辆的前车身结构

前车身由发动机舱盖、前翼子板、前悬架横梁（以上由螺栓固定）以及散热器上支架、前侧梁、前横梁、前翼子板隔板、下隔板、前罩板（以上由点焊焊接固定）组成，如图 2-52 所示。

前侧梁等梁件通过有效分配加强板位置的方法，提高其刚性。另外，前悬架横梁使用螺栓固定于前侧梁上，同样能提高前车身的刚性。

三、FR 车辆的下车身结构

1. 前下车身

前下车身由加强梁组成如前侧梁、前横梁，以确保前侧下车身具有足够的强度与刚性。前侧梁有一部分经由车底板横梁和主车底板侧梁、车底板下加强梁等加强梁连接,如图2-53所示。

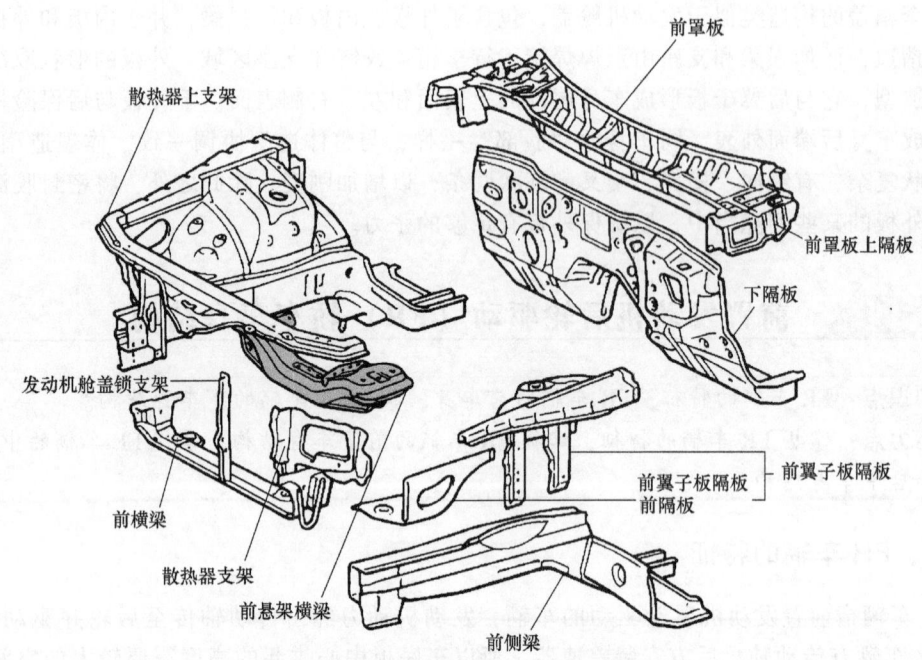

图 2-52 FR 车辆的前车身结构

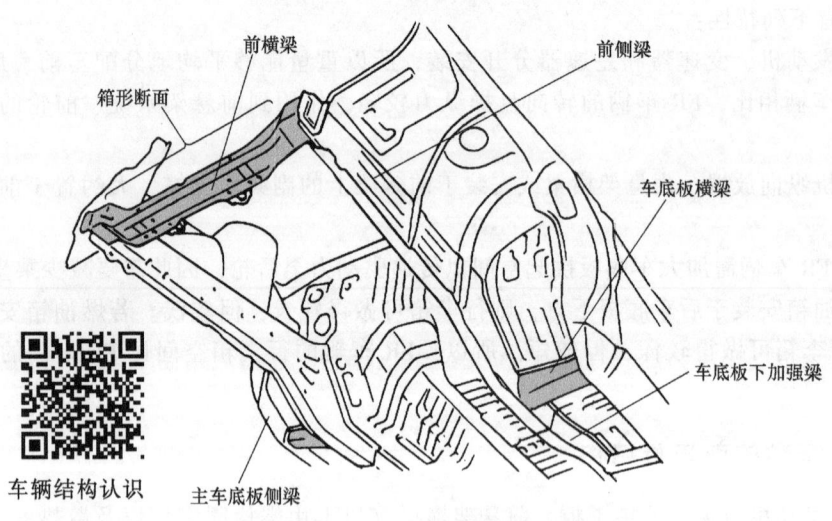

图 2-53 FR 车辆的前下车身结构

近几年来,车身为了达到高刚性、安全性、减轻重量的目的,已采用新的钢板结构。有些车型的前横梁已由坚固的箱形断面式变为较轻的 U 形断面式,并且由保险杠加强梁来提高刚性。此外,前侧梁的支撑梁已经从车底板横梁改变成扭力箱,如此作法增加了接触面积,大大改进了钢板的刚性,并能有效地分散撞击时的撞击力,如图2-54所示。

2. 中央下车身

中央下车身包括主车底板侧梁、前车底板下加强梁、车底板横梁和前车底板,如图2-55所示。

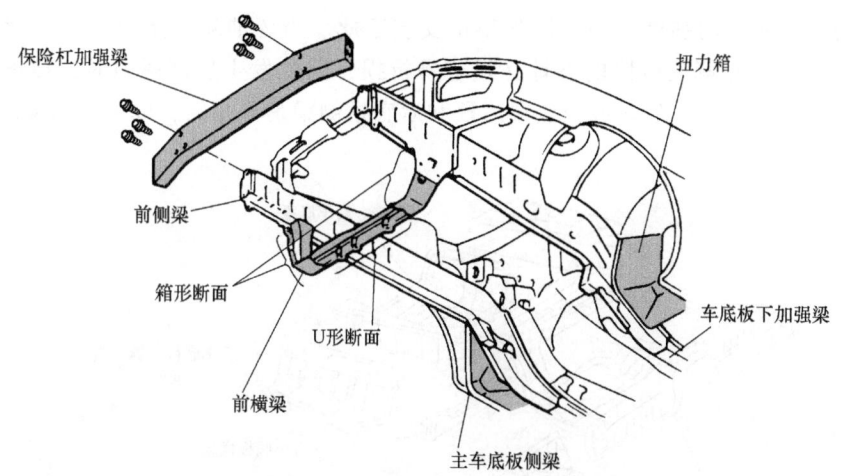

图 2-54　FR 车辆改进的前下车身结构

主车底板侧梁使用高强度钢板制成,位于乘客室左右两侧下方,又称为车门槛板内板。前车底板下加强梁和车底板横梁使用加强件来增强底板强度,并有效增加中央下车身刚性。

FR 车辆采用车底板拱起结构,FR 车辆因为变速器纵向放置,并且有传动轴传递动力至后方,故需要较大的车底拱起空间,因此,FR 车辆不能提供像 FF 车辆一样大的腿部活动空间,如图 2-56 所示。综合上述几个理由,FR 车型一般适用于中、大型具有较大车身的轿车上。

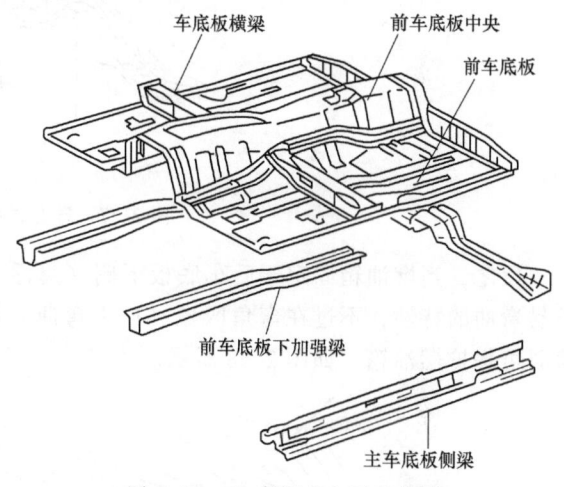

图 2-55　FR 车辆中央下车身图

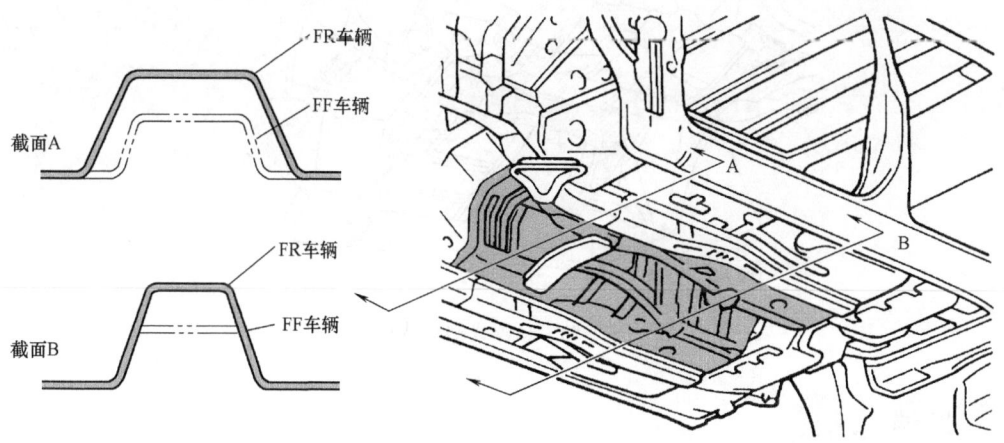

图 2-56　FR 车辆地板拱起结构

3. 后下车身

后下车身包括后车底板侧梁、后车底板横梁和后车底板,如图 2-57 所示。后车底板侧梁给后车身提供足够的强度，同时后悬架也安装于此。当燃油箱固定于后座椅背后面（脊背式）时，后车底板侧梁后段的设计必须容易折损，因此发生后部碰撞时，撞击力便可有效地由行李箱空间吸收。后车底板侧梁后段和后底板侧梁是分开的，以提高车身维修时的更换作业。

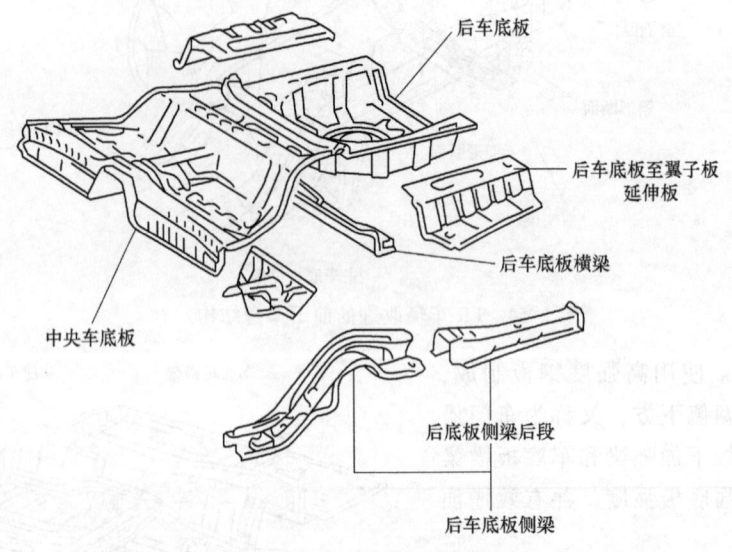

图 2-57 脊背式钢板结构

反之，当燃油箱固定于后车底板下侧（悬浮式）时，后车底板侧梁后半部具有强韧而不易弯曲的特性，不过在弯角区域（向上弯曲）设计成较容易折损，如此，当发生后方碰撞时可保护燃油箱，如图 2-58 所示。

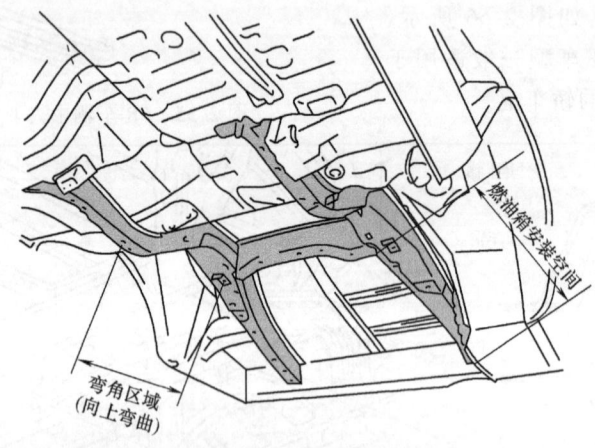

图 2-58 悬浮式钢板结构

归纳总结

汽车车身按结构分为非承载式和承载式两种。
整体式车辆按驱动方式分为前置驱动、前置后驱动和中置后驱动三种。
在非承载式车身的构造中，车架是汽车的基础，车身和汽车所有主要零部件都固定在车架上；车架式车身有梯形车架、X 形车架和框式车架三种类型。

非承载式车身在碰撞时主要由车架承受碰撞能量，车架有助于减弱和限制碰撞损毁；承载式车身的主要部件焊接在一起形成紧密的结构，有助于在碰撞时传递和分散冲击能量到整个车身上。

承载式车身的损坏要比车架式车身的损坏更为复杂，需要做更彻底的损毁分析，修复中要进行彻底的检查修理。

车身前部的前纵梁和挡泥板都由高强度钢制造而成，前纵梁均为上弯式，在板件上都有加工的预应力区，在碰撞时这些构件将弯曲并吸收冲击能量，在正面碰撞时可以有效保护乘客室。

在承载式车身的前立柱、中立柱、门槛板和车顶纵梁等部位都采用三层板设计，同时应用了大量的高强度钢，以防止来自前方、后方和侧面的碰撞引起中部车身变形。

车身底部的后纵梁从后排座椅下边延伸到接近后桥，在那里形成一个大的上弯结构并延伸到后地板。后纵梁与前纵梁一样也有吸能区设计，可以吸收后端碰撞时的能量。

车身维修人员要熟悉现代汽车车身结构上的各种零件、部件、组件的专门名称及其在车身中的用途。

复习题

1. 汽车一般有几种分类形式？
2. 不同类型汽车的发动机支撑在车身哪个部位上？
3. 非承载式车身分为几种类型？
4. 承载式车身的受力特点是怎样的？
5. 为什么承载式车身前部的精度和强度要求最高？
6. 车身前部和后部吸能区域的特点有哪些？
7. 在不同汽车上，地板中部凸起部位的作用是什么？
8. 前轮驱动汽车有两种发动机安装形式，前车身有什么不同？
9. 车身前部由哪些部件组成？不同部件的作用是什么？
10. 车身侧板由哪些部件组成？不同部件的作用是什么？
11. 车身后部由哪些部件组成？不同部件的作用是什么？
12. 车身强度最高的是哪个部分？

模块三

撞击效应

 学习目标

车辆碰撞事故引起的车身变形和损坏千变万化，没有碰撞损伤完全相同的车辆。但由于车身结构的特点，车身在经受碰撞时的损伤有一定的规律可循。掌握这个规律对车身维修，尤其是碰撞损伤的车身维修具有指导意义。车身碰撞损伤都是由外力引起的，掌握车辆碰撞受力的分析方法，再结合车身的结构特点对车身变形进行分析，将起到事半功倍的效果。

通过本模块的学习应该能够：
- 了解撞击损伤的影响因素。
- 掌握钢板的特性。
- 掌握撞击溃散吸收机构和撞击溃散吸收区域。
- 掌握车身撞击吸收区域是如何变形的。
- 掌握整体式车身的防撞功能。

学习任务

车辆在经受碰撞后的损伤状况是非常复杂的，引起损伤的最根本原因是受力。只有对车辆在发生碰撞时的受力情况进行科学、正确的分析，才能准确地把握车辆的损伤形式、部位，确定出具体损伤的发生原因，这不但对车辆损伤的判定具有重要的意义，对今后的修复工作同样也具有指导性的意义。作为汽车维修人员，应了解撞击损伤的影响因素有哪些，能分析汽车碰撞的角度、力度和障碍物的形状对损伤的影响；认识应力集中，掌握撞击溃散吸收区域；能描述撞击力的传递方向，掌握车身撞击吸收区域是如何变形的，判断损伤程度。

单元一 撞击力和损伤

知识点：汽车碰撞分析；直接撞击力；惯性力；损伤的种类。

能力点：能分析汽车碰撞损伤；掌握直接撞击力对损伤的影响；掌握惯性可能造成的损伤；掌握损伤的种类。

一、汽车碰撞

汽车车身不仅能够经受住日常驾驶中的振动和载荷，还要在碰撞中能给乘员提供安全保护。而为了使严重的撞击事故中车身受撞击后既能吸收最大的能量，又能将危及乘客的影响降到最低程度，车身就必须要有特殊的设计。因此，汽车前部和后部设计成在某种程度上容易损伤，以形成一个能吸收碰撞能量的结构，同时中部乘员室设计得结实牢固、不易变形，能够给驾驶员和乘员提供一个安全的生存空间，如图3-1所示。

图3-1　汽车碰撞

车辆在发生碰撞时的受力状况也是非常复杂的，归纳起来主要有以下几个方面：

1）直接碰撞部位所受到的撞击力。这是车辆碰撞损伤的主因。

2）如果被撞击物体是非固定体，且其遭受撞击部位位于该物体重心的下方，则在撞击发生时该物体会被抛起，以下落的方式将车身砸伤。

3）惯性力造成的损伤。惯性力造成的损伤主要表现在两个方面：一是车上安装的较重的总成部件、乘员、货物等，在发生碰撞时因惯性对车身造成冲击；二是车身本体由于惯性力作用而发生弯曲、翘曲等变形。

二、动力学分析

汽车碰撞时所受力的大小与其运动状态、碰撞体形式、碰撞持续时间、碰撞后的运动状态等有很大的关系。在碰撞发生后，可以根据动量守恒原理和作用力与反作用力原理，对主动碰撞车辆或被动碰撞车辆所受的撞击力进行大致的估算。下面以主动碰撞车辆为例进行讨论。

汽车行驶本身是积聚了一定能量的，当撞击发生时，运动能量的全部或部分会转变成冲击能量，使车身构件在吸收这一能量的过程中产生变形。车辆在以一定的速度行驶时，其运动能量W的大小与车辆的总质量m和当时的运动速度v的平方成正比，即

$$W = \frac{1}{2}mv^2 \tag{3-1}$$

由式（3-1）可以看出，一辆汽车的总质量越大，行驶的速度越高，其积聚的运动能量越大。

当发生碰撞事故时，车辆以一定的速度行驶，这个速度称为初速度（以 v_0 表示），碰撞后的车速称为末速度（以 v_1 表示），则在碰撞中转化为冲击能量的动能为

$$W = \frac{1}{2} m (v_0^2 - v_1^2) \tag{3-2}$$

式中，W 为运动能量（J）；m 为车辆的总质量（kg）。

碰撞力的大小除与车辆所具备的动能有关外，还与碰撞持续时间、被碰撞物体的总质量和速度、发生碰撞后车辆的运动状态以及两相撞物体吸收动能的能力等因素有关。发生碰撞后，其撞击力可由下式计算

$$P = \frac{1}{t} m (v_0 - v_1) \tag{3-3}$$

式中，t 为碰撞持续时间。

若车辆与固定刚性体（如建筑物等）发生碰撞，因固定刚性体的总质量可以设为无穷大，碰撞不会产生位移且吸收能量很小，所以车辆碰撞时的车速将在瞬间降为零。

$$P = \frac{m v_0}{t} \tag{3-4}$$

由于其碰撞能量将全部为车辆本身所吸收，因此对车辆的损伤最大。

若车辆与非固定体（如运动或静止的车辆）相撞，需要视具体情况具体分析。如果与相对运动的物体相撞，且碰撞后两物体的运动速度为零，则有

$$P = \frac{1}{t}(m v_0 + m_2 v_2) \tag{3-5}$$

式中，$m v_0$、$m_2 v_2$ 分别表示相撞两物体的总质量和碰撞发生时的速度之积。可见碰撞力也非常大，对车辆的损伤会很严重。与同向运动的物体发生碰撞（追尾）时，由于被追尾车辆获得一定的能量将产生加速度，吸收了部分动能，追尾车辆也不会因碰撞而停止，还会以一定的速度行进，所以碰撞力会很低，造成的影响不会像与固定刚性体碰撞那样严重。所以，当车辆以相同的条件行驶时，碰撞对车辆的影响最大。车身从不同的结构角度上受到其他载荷的冲击时，可以仿此进行分析。

三、直接撞击力

当撞击力以一定的角度撞击车辆的前部时，影响会波及车身的尾部。众所周知，当车辆受到一个来自前方的非正面碰撞时，整个车身会变形。如果修理不好，则会导致行驶风噪大、漏水、轮胎磨损快等问题。所以分析好撞击力是如何在车身各个部位传递，对保证车身修复质量是非常关键的。以下将说明在车身碰撞时撞击力是如何在车身各个部位传播的。

1. 撞击力的方向

一般来说，力有三要素即方向、大小和作用点，在一个多点撞击的事故中，如果作用力的数量以及作用顺序不清楚，则很容易会漏估一些隐藏的损伤。碰撞造成的车身损伤虽然主要取决于碰撞力，但损伤还受撞击面积的大小、撞击力的方向等因素的影响。

车辆受到撞击时，撞击力将以一个角度传入车辆内，并将撞击力分成垂直、纵向和水平三个方向的分力。如图 3-2 所示，假设撞击力 $A'—A$ 以一个水平夹角 α 作用在右前翼子板的 A 点，则这个力可分解为两个分力：$A—B$ 垂直分力和 $A—C$ 水平分力。

如图 3-3 所示，如果撞击力以一个横向夹角 β 作用在 A 点时，则这个力可分解为 $A—C$ 纵向分力和 $A—E$ 横向分力。因此，车辆受到 $A'—A$ 的撞击力时会产生三个分力：将翼子板往下推的 $A—B$ 分力，将翼子板朝发动机舱盖方向推的 $A—E$ 分力和将翼子板往后推的 $A—C$ 分力。

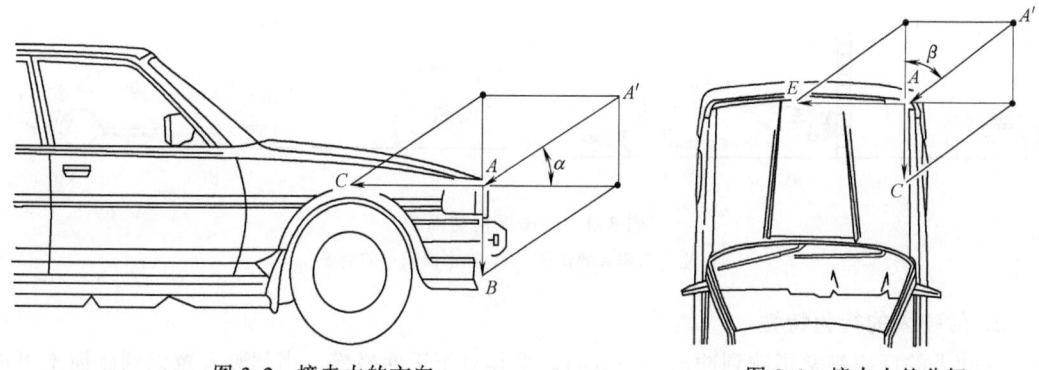

图 3-2 撞击力的方向　　　　　图 3-3 撞击力的分解

碰撞时，撞击力的方向与汽车重心的相对位置对车身的整体变形会产生不同的影响。其中，撞击力的方向与汽车重心位置重合的，称为向心式碰撞；撞击力的方向与汽车重心位置不重合的，称为偏心式碰撞。若车辆受到撞击时撞击力没有经过车辆的重心，则车辆会产生旋转运动，进而减轻受损。若撞击力的方向经过车辆的重心，则车辆不会产生旋转运动，进而产生比预期严重的损伤，如图 3-4 所示。车辆受到同样大小的撞击力，若是撞击点和方向不同，则车辆所受到的损伤也不同。

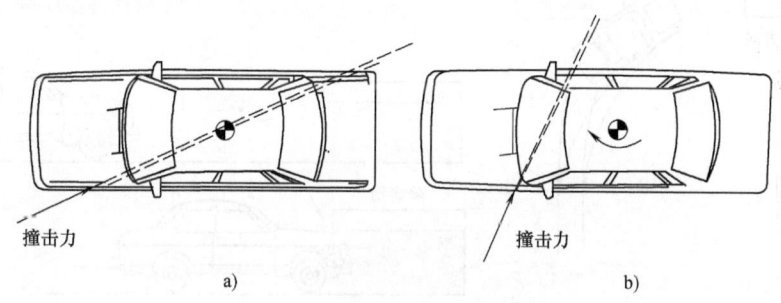

图 3-4 撞击损伤与撞击力方向
a) 没有旋转　b) 产生旋转

2. 撞击力和撞击面积

当车辆发生撞击事件时，损坏程度将按撞击物体的不同而有所不同，如撞击电线杆和撞击墙的损坏程度将不同。可用下式说明，f 表示单位面积所承受的撞击力。

$$f=\frac{F}{A} \tag{3-6}$$

式中，F 为撞击力；A 为撞击面积。

如果撞击面积很大，则受损程度会降到很小；相反，撞击面积越小，则受损程度会越大，如保险杠、发动机舱盖和散热器受到严重的损伤发生变形，而发动机被推向后方，并且撞击的影响已延伸至后悬架，如图 3-5 所示。

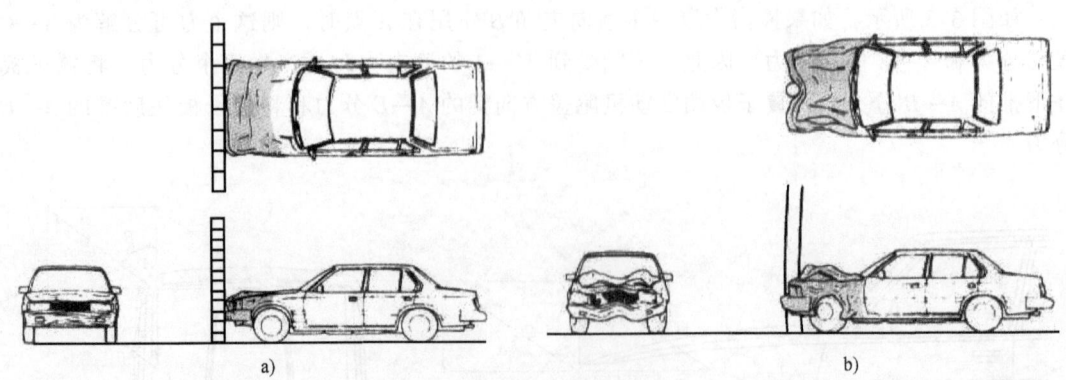

图 3-5 撞击损伤与面积
a) 撞击面积大的例子　b) 撞击面积小的例子

3. 驾驶人的行为特性

驾驶人的反应经常影响到冲击力的方向。尤其对于正面碰撞，当驾驶人意识到碰撞不可避免时，第一反应就是转动转向盘避免正向碰撞，如图 3-6 所示。这就会导致汽车侧面碰撞。

驾驶人的第二反应就是踩制动踏板，汽车进入制动状态，由于惯性的作用使汽车斜向下俯冲，如图 3-7 所示。这种类型的碰撞一般发生在汽车的前沿，比正常接触位置低并导致凹陷，经常在侧向损坏后立即发生。如果正面碰撞中的碰撞点高于汽车的重心，则将使前罩板件和车顶盖向后移动而汽车尾部向下移动。如果碰撞点的位置低于汽车的重心，则将使汽车的尾部向上运动，迫使车顶盖向前移动，从而在车门的前上部和车顶盖之间形成一个大缝隙。

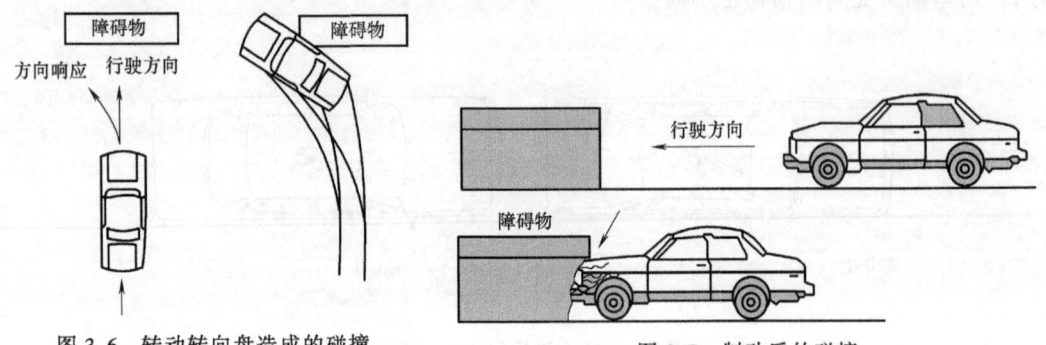

图 3-6 转动转向盘造成的碰撞　　图 3-7 制动后的碰撞

另外，撞击时的运动状态也影响损伤类型。如图 3-8 所示，汽车 1 向正在运动的汽车 2 侧面撞击，汽车 2 的运动将汽车 1 向侧面"拖动"，使汽车 1 遭受向后和水平方向的撞击力。

四、惯性力和下砸力

1. 惯性力

车辆在碰撞时，直接碰撞力是主要因素，对车身的损伤也是最大、最直接的，但由于碰撞而产生的其他力，如惯性力等也同样对车身造成巨大的影

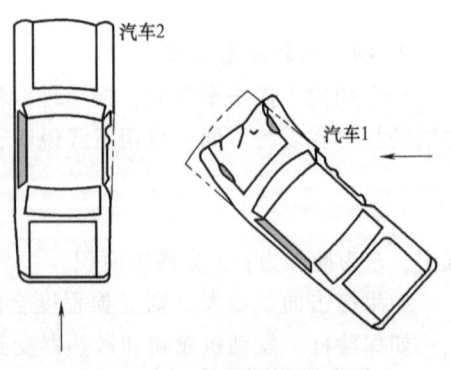

图 3-8 相对运动引起的变形

响,下面简单地进行分析。

车辆在行驶时具备一定的惯性,车上搭载的发动机、变速器等总成以及车上的乘员、货物等,也具备一定的惯性。在碰撞发生时,除碰撞力对车身造成损伤外,这些来自车辆自身和载重由于惯性作用对车身同样具有冲击力,造成二次冲击损伤。这种由惯性对车身造成的损伤同样是非常严重的,在进行碰撞分析时不能忽略。

图3-9所示为发生碰撞时车辆由于自身的惯性作用而造成的变形情况。汽车与一固定刚性体相撞,车速瞬间变为零,此时,车身整体在惯性作用下有一个向前翻转的趋势,车身后部腾起,之后重重跌落。车身某些强度薄弱的地方经受不住后部巨大的惯性转矩和跌落时的冲击而发生变形,车顶后部上翘,车辆后地板弯曲,后翼子板等均有不同程度的破坏。车辆上的乘员和货物在惯性作用下对车身产生的二次冲击,将影响车顶、行李箱盖、仪表台、前风窗玻璃和车内座椅、饰件等。

2. 下砸力

这个力多来自车辆与非固定物体的碰撞。车辆与一个非固定物体相撞时,如果被碰撞物体重量较轻且重心较高,而车辆碰撞点位于该物体重心的下方,此时被撞物体在惯性作用下会向车辆翻倒并可能滚到车辆的整个上部,对车辆的上部非直接撞击部位造成砸伤。车辆与一较高的非固定柱状物体相碰,车辆前部承受直接撞击,发动机舱盖在承受撞击力时已经发生较大变形,当该被撞物体向车辆翻倒时,发动机舱盖承受第二次的下砸力,则其变形更加复杂,如图3-10所示。

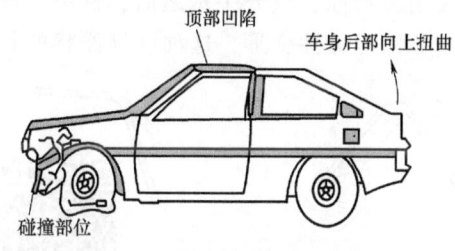

图3-9 车辆由惯性作用的变形

图3-10 下砸力引起的变形

五、损伤的种类

1. 一次损伤

车辆与障碍物之间的碰撞称为一次碰撞,因一次碰撞而导致的损伤称为一次损伤,如图3-11所示。

(1) 直接损伤 被障碍物(外力)直接造成的损伤称为直接损伤。

(2) 波纹效应损伤 在撞击力传输期间造成的损伤称为波纹效应损伤。

(3) 诱导损伤 由直接或间接损伤产生的挤压或拉伸力对其他部件造成的损伤称为诱导损伤。

2. 二次损伤

因惯性作用而发生在车内的碰撞称为二次碰撞,二次碰撞造成的损伤为二次损伤(或惯性损伤),如图3-12所示。

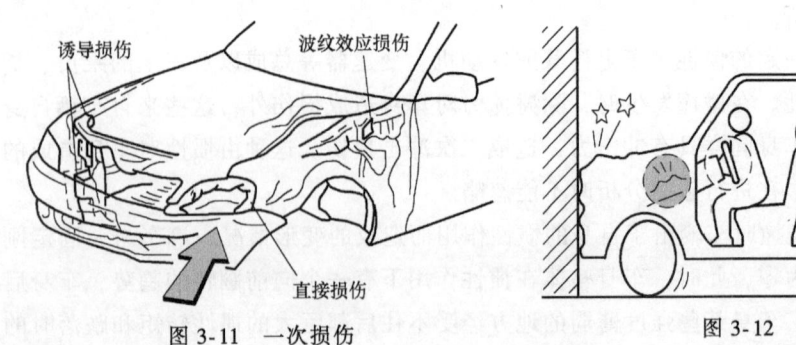

图 3-11 一次损伤

图 3-12 二次损伤

单元二 钢板的特性

知识点：弹性与塑性；应力集中；车身变形特性；加工硬化。
能力点：掌握弹性变形与塑性变形；掌握应力集中的影响因素；掌握车身变形特性。

一、弹性和塑性

钢板在撞击损坏后会变形，而且可以将变形的钢板经过拉拔、缩火作业或延展后回复原来的形状。要彻底修理碰撞损坏的车辆，先了解钢板特性是非常重要的。

以弯曲一块钢板为例，如图 3-13 所示，如果钢板稍微弯曲，放开手指之后，钢板会恢复原来的形状而没有产生变形（见图 3-13a），此种变形称为弹性变形，这种恢复原状的特

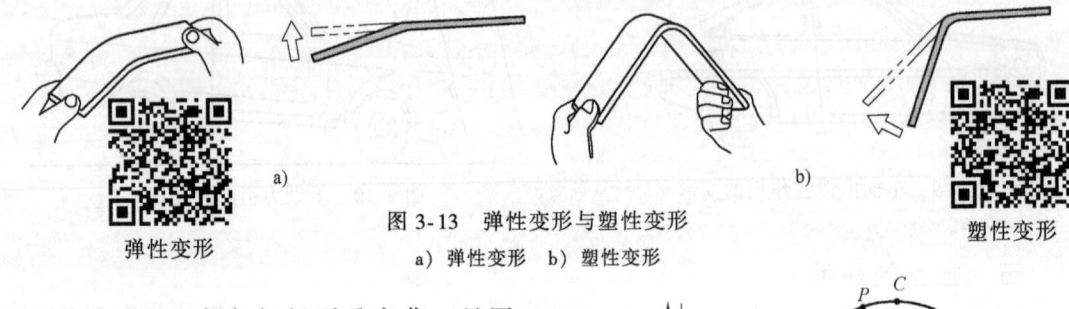

图 3-13 弹性变形与塑性变形
a) 弹性变形 b) 塑性变形

性则称为弹性。假如钢板严重变曲（见图 3-13b），它将不能完全恢复到原始状态，并产生一定量的永久变形，此种钢板不能恢复至原形而维持变形的特性，称为塑性。

图 3-14 所示为负荷作用于钢板时，负荷大小与钢板拉伸的关系曲线图。

如果负荷每次少量地增加，或是在负荷很小时增加负荷，则钢板的变形会与负荷成正比关系。然而，当负荷超过某个极限值时，材料的内部分子就会产生滑动。此时，即使负荷保持不变，钢板的拉伸也将激增。如果再增加负荷，拉伸将继续激增并

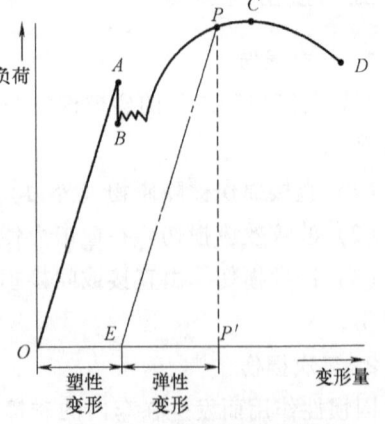

图 3-14 负荷与变形量
A—弹性极限 B—屈服点 C—张力强度 D—断裂点

达到最大负荷。超过最大负荷后，钢板将呈现局部拉伸而断裂。

图 3-14 中，A 点称为弹性极限，如果负荷不超过 A 点，则在负荷解除后，钢板的变形即会消失并回复原状。

如果负荷超过 A 点，则即使负荷释放之后，钢板也不能恢复至原状。例如：负荷在 P 点释放后，钢板将回复至 E 点，但是会产生 OE 线段的塑性变形。

二、应力集中

1. 负荷与应力

外力作用于物体上称为负荷。若依照力的方向，则可将负荷分成多种，拉伸负荷、压缩负荷和剪切负荷为常见的三种负荷，如图 3-15 所示。

物体单位面积所承受的负荷称为应力，即

$$应力 = 负荷/截面积$$

如果应力作用于图 3-16 所示的圆柱体钢板上，则最小的截面积会承受最大的应力。当负荷超过弹性限度时，截面积较小的地方将断裂或变形。

压缩应力产生的结果与上述结果相同。

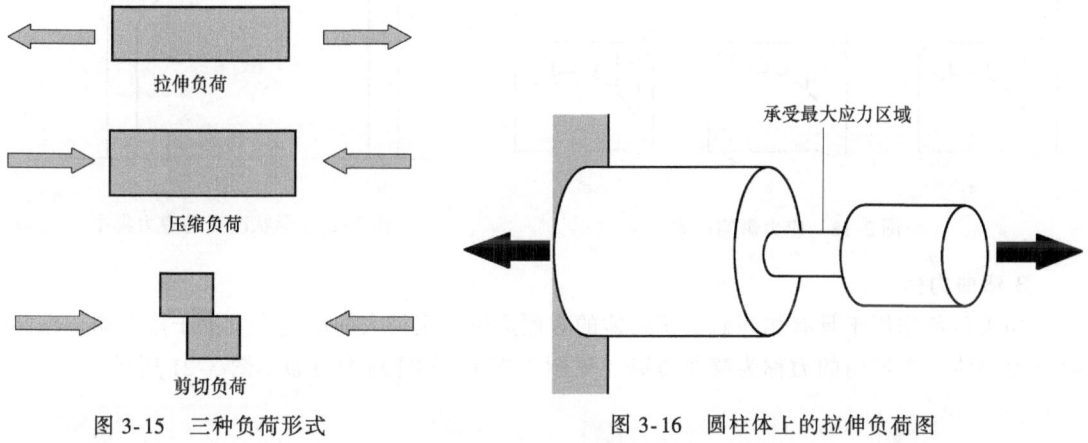

图 3-15 三种负荷形式　　　　图 3-16 圆柱体上的拉伸负荷图

2 应力集中

当一个截面积处处相等的物体受到拉伸或压缩负荷时，该物体所有截面上将受到恒量应力的作用，即

$$恒量应力(\sigma_n) = 负荷(W)/截面积(A)$$

然而，若截面存在小缺口，因固定螺钉或其他因素而改变，则该部位将产生较大的应力，物体可能破裂。因截面积的改变而导致该部位的应力变大，即称为应力集中，如图 3-17 所示。

以物体有一缺口为例，应力分布情形将如图 3-18 所示。

应力集中的大小会随下列因素增加：深度较深处；角度较小；半径较短。

以一个物体形状改变而截面积不变为例，应力将集中在形状改变的部位。如果作用在该物体的负荷增加，则该部位将变形或断裂。如图 3-19 所示，图 3-19b 所示物体较图 3-19a 所示物体易于变形。

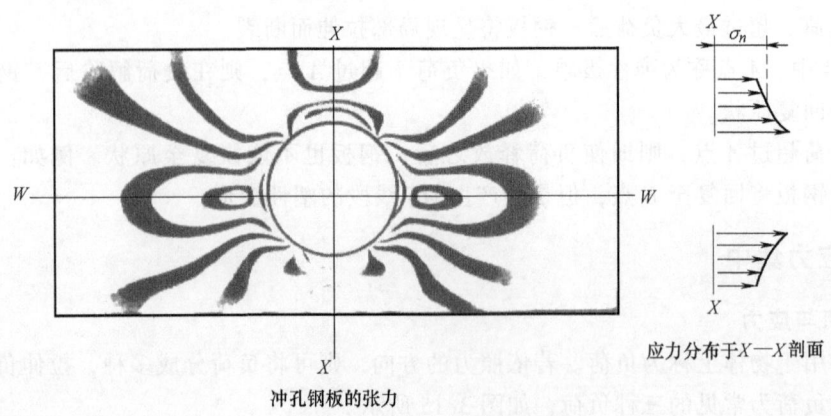

冲孔钢板的张力　　　　　应力分布于X—X剖面

图 3-17　应力集中情况

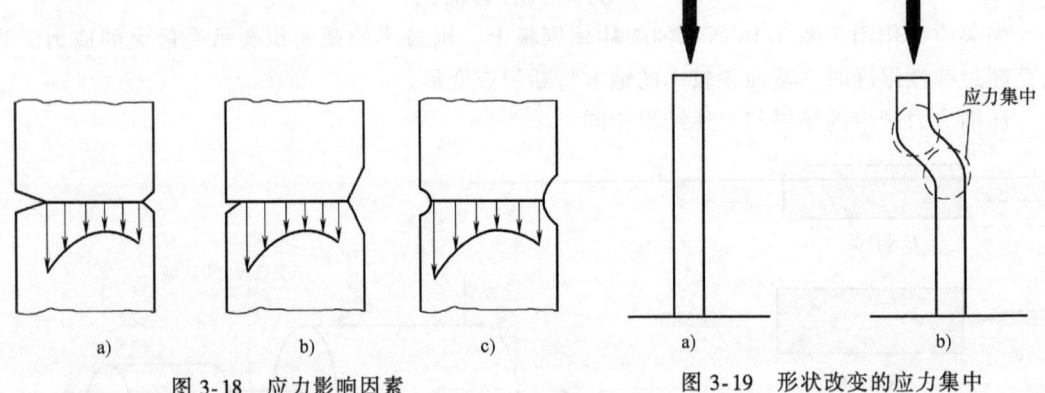

图 3-18　应力影响因素　　　　图 3-19　形状改变的应力集中

3　弯曲力矩

如果负荷作用于具有相同截面积物体的右侧边缘，则最大的应力将发生于接合端，在此时导致物体产生弯曲的力称为弯曲力矩（见图 3-20），物体应力分布如图 3-21 所示。

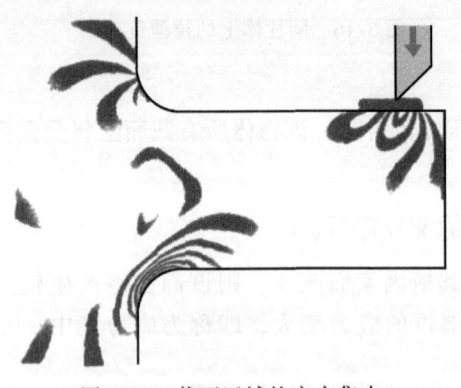
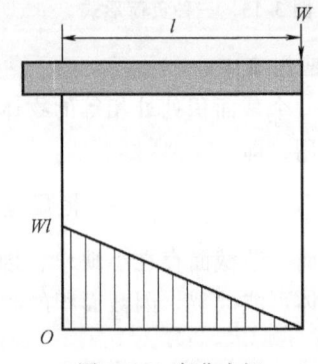

图 3-20　截面区域的应力集中　　　　图 3-21　弯曲力矩

三、车身变形特性与加工硬化

1. 车身变形特性

为了增强车身的刚性和撞击时的吸收能力，车身零件由多种断面构成。所以，在碰撞事故发生时，应力集中通常发生于下列部位（见图3-22）：

① 截面积改变的部位。截面积改变的部位包括波纹效应区（皱褶区域）、加强件的前端或后端、钢板连接处。

② 支点部位。支点部位包括拱起区域和转角区域。

③ 形状改变的区域。在事故发生时，撞击能量会传导至较薄弱的钢板而使钢板产生变形。若变形的部位有加工硬化情形，则此部位将无法吸收撞击时所产生的能量，而使能量传导至车身其他较薄弱的部位。

2. 加工硬化

加工硬化是达到塑性变形的上限时金属出现的一种现象。如图3-23所示，将一根导线反复弯曲，则弯曲部位会逐渐产生硬化。当金属板以相同方式反复弯曲时，也会产生硬化。这种现象称为加工硬化。

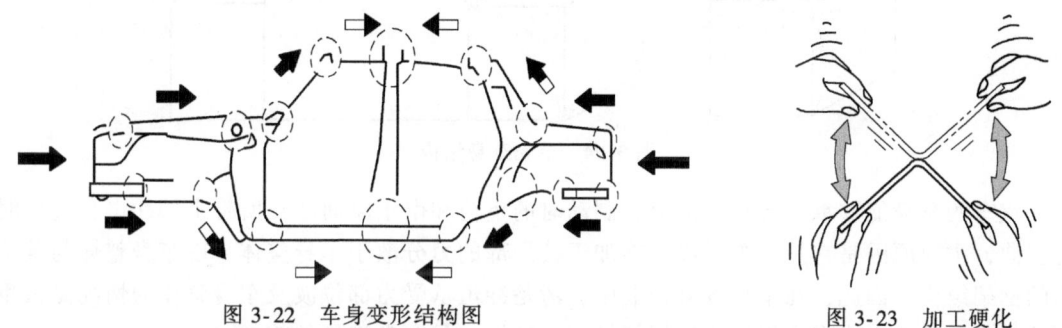

图3-22 车身变形结构图　　　　　　　图3-23 加工硬化

在车身上未受任何损坏的钢板，都会因在制造过程中的加工而存在某种程度的加工硬化。碰撞造成的弯曲会使受到影响的部位产生更加严重的加工硬化。车身维修人员在修复损坏的部位时，同样会加重该处加工硬化的程度。金属产生硬化会造成强度增加，但它也是钢板损坏的根源。

若对钢板进行了不适当加工，造成过度的加工硬化，则钢板将更加难以修理。了解这些部位的变形情况对于确定正确的修理方法有着非常重要的作用，车身维修人员必须掌握这些金属特性。在修理过程中造成的损坏与碰撞对汽车造成的损坏几乎同样多，这是由于缺少这方面的知识和经验而造成的。在校正金属板的过程中，总要引起一些加工硬化，但一定要将它控制在最小范围内，不应造成损坏。

单元三　撞击吸收

知识点：单壳车身结构；单壳车身的强度；雷门结构；撞击吸收。

能力点：掌握单壳车身结构特征；掌握单壳车身整体和部分的强度；掌握雷门结构特征；掌握承载式车身的撞击吸收。

一、车身结构

汽车的车身可分解为700~1000个零件，每一个零件都用薄钢板（0.6~1.4mm）经冲压加工而成。每一辆汽车的组装都需进行6000~10000处的电阻点焊加工。

单壳车身结构的优点在于在设计方面的自由度高，而且是最适合于追求低燃料消耗和高行驶性能的轻量化的车身结构。

1. 单壳车身的基本是刚性框架结构

薄钢板具有如下特性：

1）通过复杂形状的冲压加工后可增加强度。

2）通过点焊加工制成单壳结构，实现了可以承受来自外部压力的强度。

单壳车身这样将各部件用点焊加工为一体的结构，就称为框架结构。其特点是可将施加于某一部位的压力通过焊接接合点分散于整个车身，如图3-24所示。

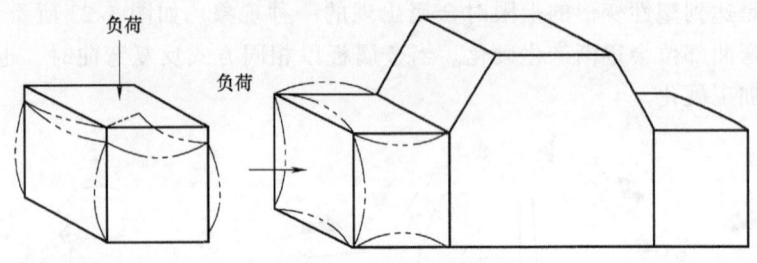

图3-24 单壳车身结构

汽车的车身能够承受起动、加速、制动时的负荷和由于路面凹凸所带来的冲击、转弯时的扭曲，主要原因是它是一个可以将施加于其局部的力分散于车身整体，以车身整体与其抗衡的框架结构。因此，在车身维修作业中，清楚冲击从受力部位波及车身整体的情况是最重要的。充分了解由众多面板构成的框架结构的特性，是车身维修的前提。

2. 车身整体和部分的强度

通常的车身损伤并非车身整体的损伤，而是某一个范围的损伤。例如：当前端受到冲击时，损伤波及仪表板以后部位的情况是极少的。汽车车身虽为一体结构的单壳车身，但从结构上还是被分割为三个部分，即前部车身、中部车身和后部车身，如图3-25所示。

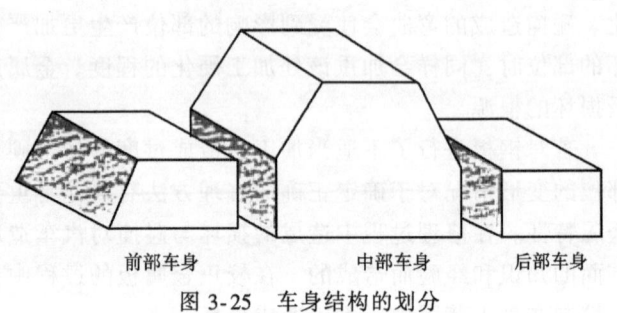

图3-25 车身结构的划分

当发生损伤或者车身变形时，说明此部位吸收了从外部来的冲击。汽车的车身在设计上是考虑以局部的变形吸收发生冲撞时的冲击，来安排车身各部位不同的强度。特别是，为了保证乘员的安全，乘员室设计得最坚固，而且考虑了发动机舱和行李箱在车身受到来自前方或后方的冲撞时通过压碎来吸收冲击。

另外，在前侧梁构件和前翼子板隔板等部件上，设有弯曲和大小冲孔等，设计安排了容易吸收冲击的部位。

二、雷门结构

当结构由数个构件组成时，构件与另一构件所连接的点称为接点。如果框架由数个框边组成，并且框架的接点如铰链一样可以活动，则此种结构称为桁架结构，如图3-26所示。

如果框架由刚性接点组成,其接点角度不能改变,则此种结构称为雷门结构,如图 3-27 所示。

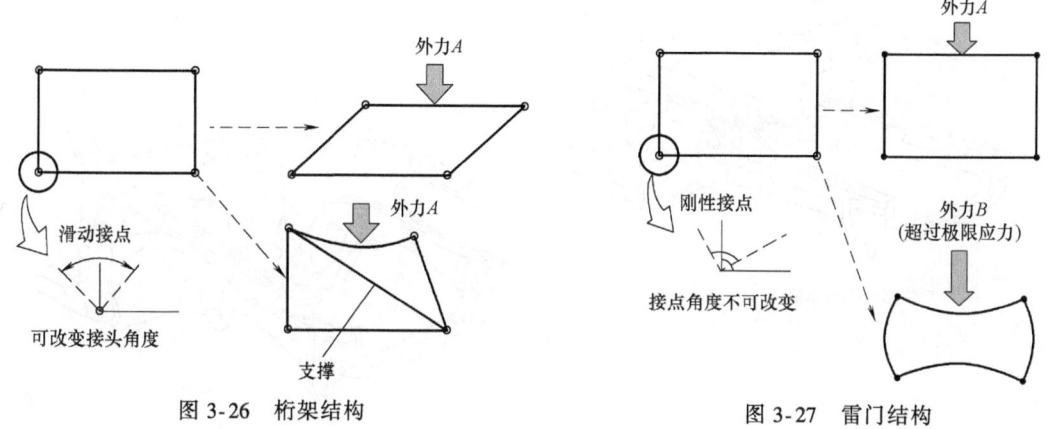

图 3-26 桁架结构　　　　　　图 3-27 雷门结构

桁架结构容易因为所有接点处角度的改变而变形。此种结构加上支撑后,只会在承受外力 A 的部分产生应变形。

当外力 A 作用于雷门结构时,不会产生变形。当外力增加并且超过一定的极限负荷时,此种结构会完全变形。

雷门结构使用于车辆的车身结构上,因此当发生事故时,不仅在撞击点的区域会产生损伤变形,而且会延伸至其他区域。

三、整体式车身的撞击吸收

为确保在汽车发生碰撞时车身能为乘员提供生存空间和减轻给乘员带来的冲击能量,车身设计并制造为车身前、后在一定程度上较容易变形,并可以有效地吸收冲击能量的结构,如图 3-28 所示。因此,车身、前后的结构件上都设有各种各样的吸收冲击的部位。车身设计通过车身大梁(除可压溃前、后车身外)来吸收撞击力,在撞击中可将乘员室的变形量降到最小。

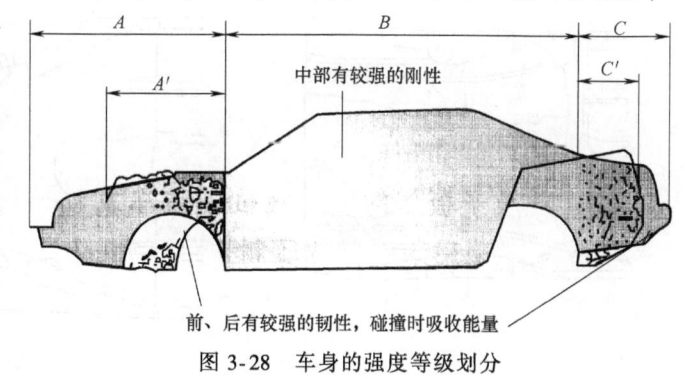

图 3-28 车身的强度等级划分

当进行车身损伤的构造性诊断时,对吸收冲击部位的情况予以充分的理解是掌握损伤部位和范围的重要着眼点。目前汽车车身在前、后部位大量采用撞击溃散吸收区域,以使乘员得到较好的保护。下面讨论承载式车身的撞击溃散区域。

1. 前车身的撞击吸收区域

作为前部车身,由于前部受到压力时吸收冲击的构造的考虑,采取了根据冲击力的大小分阶段地、有效地传播至后部,并使其扩散和衰减的方法。因为一般事故发生于前车身区域所占的比例特别大,所以除前侧梁外,翼子板隔板上加强梁和前罩板上侧板设计有应力集中区域，以吸收撞击力，如图3-29所示。

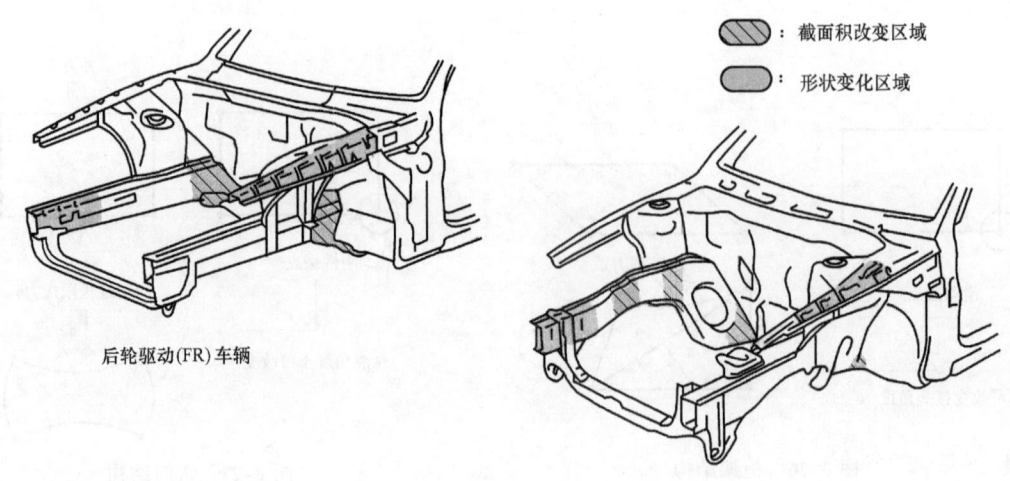

图3-29 前车身的撞击吸收区域

2. 后车身的冲击吸收区域

虽然后车身的撞击吸收设计原理和前车身相同，但由于后车身是由后翼子板、后车底板和通过点焊组合而成的梁的复杂组合，因此很难在后车身看到撞击溃散吸收区域，如图3-30所示。后车底板侧梁的撞击吸收区域是根据燃油箱的位置而改变的，如此才能吸收撞击力而不会损坏燃油箱，如图3-31所示。

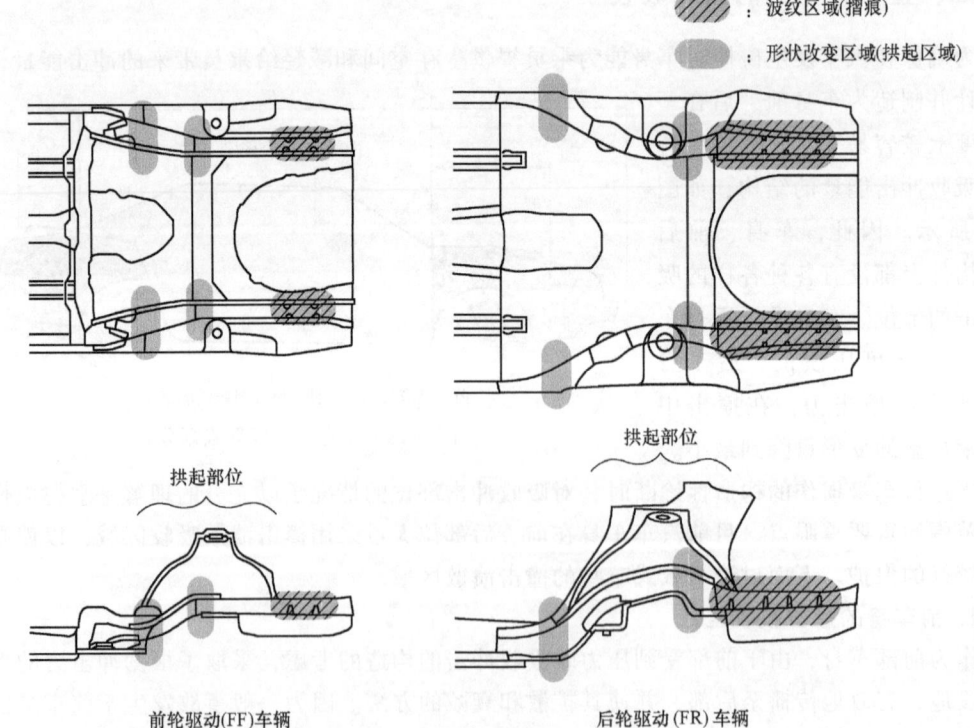

图3-30 后车身的撞击吸收区域

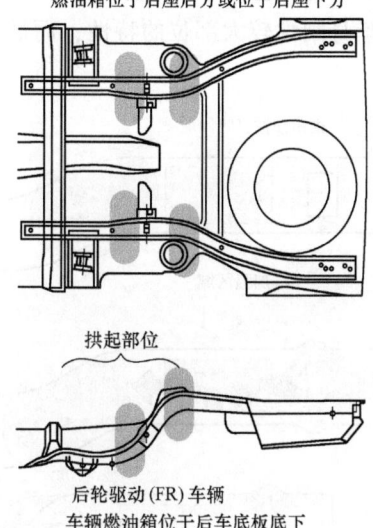

图 3-31　不同燃油箱位置的撞击吸收区域

单元四　波纹效应

知识点：波纹效应；前车身撞击吸收；后车身撞击吸收。
能力点：掌握波纹效应理论；掌握前、后车身撞击力的传递与吸收情况。

一、波纹效应基本理论

本节主要介绍车身撞击吸收区域是如何变形的。

波纹效应的基本理论如同水流从高处往低处流，在水流的路径中，如果有一个洞，则水会停留在此洞，直到填满时才会继续往前流；同样地，如果水流路径中有小石头，则水碰到小石头会瞬间停止，然后绕着石头往前流，如图 3-32 所示。

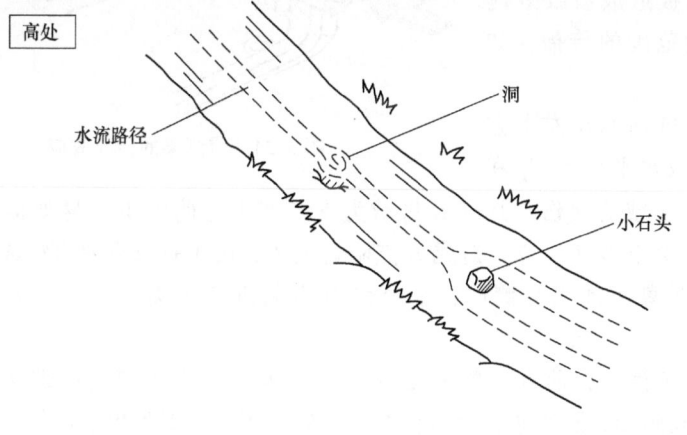

图 3-32　波纹效应示意图

在侧梁承受撞击力的情况下，撞击溃散吸收区域如同水流路径中的洞，而加强部位如同小石头。撞击力具有容易通过车身刚性较大部位的特性，而最后传导至较脆弱的部位并使其变形，如图3-33所示。

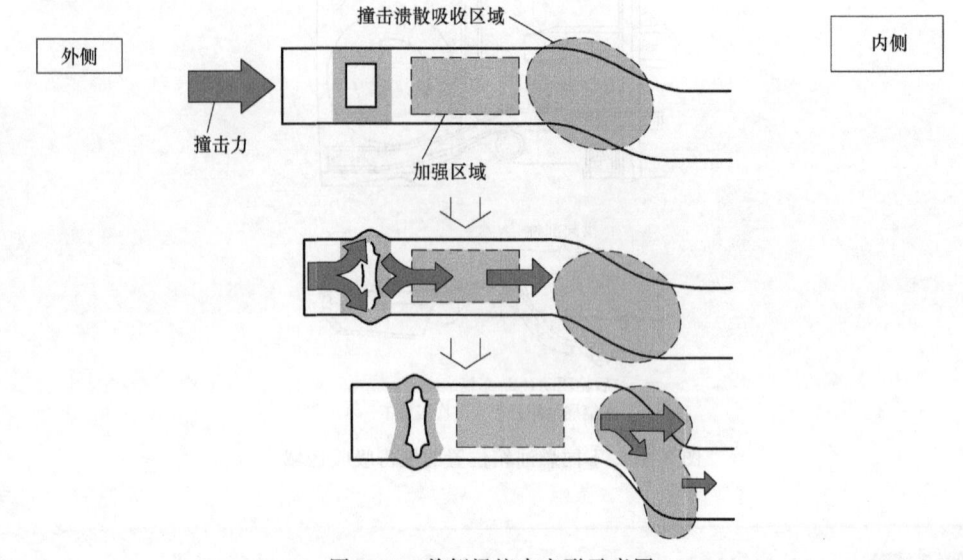

图3-33 前侧梁撞击变形示意图

二、前车身撞击力的传递与吸收

在后轮驱动（FR）车辆上，如果有一个撞击力F作用于前侧梁的前端A、B部位发生变形并吸收部分撞击能量。然后，撞击能量传到C部位造成C部位损伤，最后能量通过D部位之后改变方向到达E部位。在D部位的损伤主要通过前侧梁的后缩体现出来。然后，碰撞能量对下隔板以及主车底板造成波纹效应损伤，阻止了能量更大范围的传播，如图3-34所示。

如果撞击力如图3-35所示从左上方斜角切入，撞击力会分成水平分力F_x和

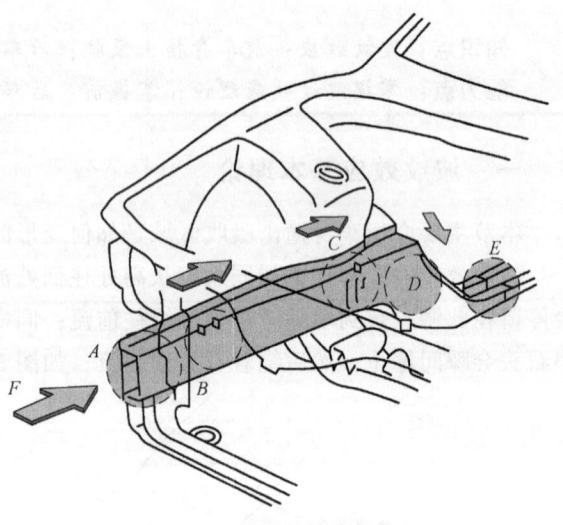

图3-34 前侧梁的传导效应

垂直分力F_y，而引起B区域的损伤，并以C区域为支点产生弯曲力矩（悬架横梁固定于此）。当撞击力较大时，会以D为支点，造成D点附近损坏，由于垂直弯曲力矩或横向弯曲力矩的缘故，撞击力即使朝下或来自侧面，也会在D点附近产生类似的损坏或综合性的损坏。

在前轮驱动（FF）车辆上，前方的撞击能量将引起侧梁前端A遭受严重挤压，如图3-36所示。撞击力会造成侧梁后段弯曲，最后会因波纹效应而导致下隔板的损伤，不过波纹效应对后侧C、加强板（侧梁后端底部）和转向器齿轮箱支撑梁（下隔板底部）的影响较

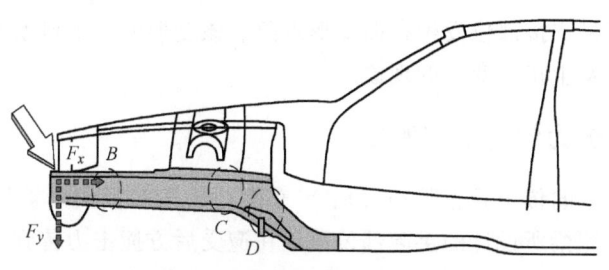

图 3-35　作用在前侧梁的力矩

小，这是因为侧梁的中段 B 承受了绝大部分的撞击能量。若车辆采用中间梁式结构，则依照撞击力的作用方式，撞击力可能会产生波纹效应而损伤到后侧接合区域和中间梁。前轮驱动（FF）车辆的另一个特性是在发生事故时，撞击力会损伤到发动机固定支架和相关位置。

如果撞击力直接作用于翼子板隔板 A 部位，则在撞击力传导路径中部位较弱的 B、C 也会损坏，而吸收一部分向后方传导的撞击能量，撞击力传导到 D 部位之后，会因波纹效应影响前柱上支柱和车顶侧栏板，不过对前柱下支柱影响较小。因此，前柱会以其下端和车门槛板连接的接点为支点向后倾斜，

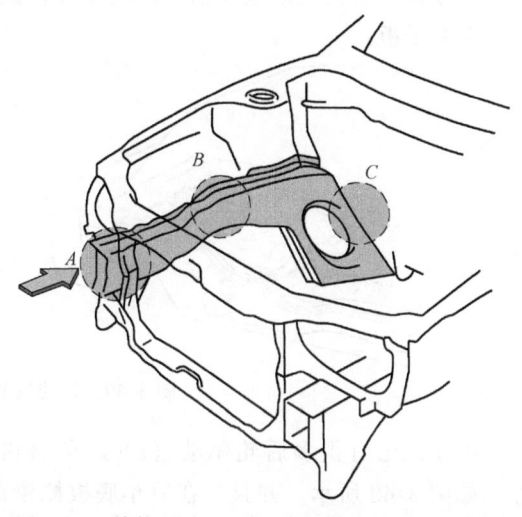

图 3-36　前轮驱动（FF）车辆前车身的波纹效应

倾斜后最常见的结果可由车上间隙变化得知（车门装配不良），如图 3-37 所示。

波纹效应对 E 部位的影响会因风窗玻璃的安装方式而有所不同，若是使用粘着式（玻璃和车辆粘于一体），则撞击力会分布至整个区域，而作用于 E 部位的波纹效应较小，如图 3-38 所示；若是使用密封条式（风窗玻璃与车身分离），则撞击力会直接作用于 E 部位而引起比粘着式更大的损伤。

不论风窗玻璃的安装方式是哪一种，都会造成 E 部位往上推，并且造成车顶侧栏板、风窗玻璃模框板和车顶钢板同时向上变形。因此，若撞击力影响到 E 部位，则通常会影响

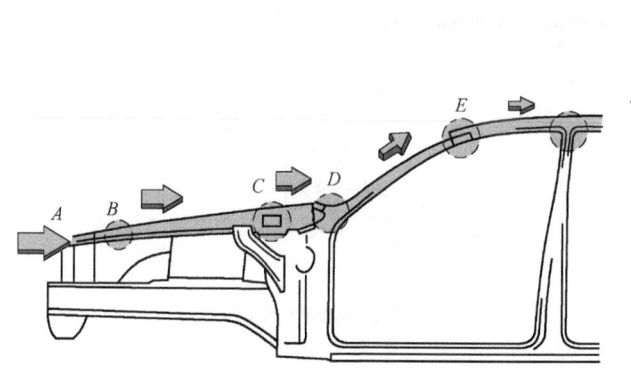

图 3-37　翼子板和前柱的波纹效应

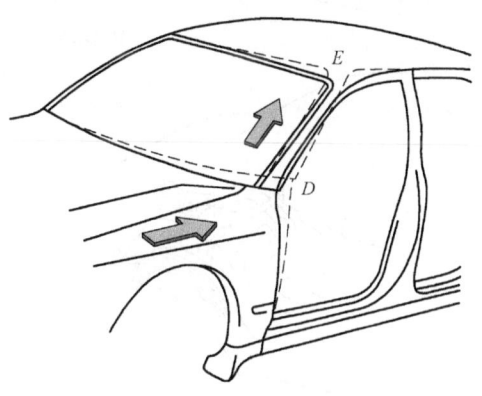

图 3-38　前柱和车顶侧栏板的波纹效应

车顶侧栏板和车顶钢板连接部位发生扭曲变形现象。该变形的一个典型外在表现是中柱上端和车顶钢板连接部位发生扭曲变形的现象。

三、后车身撞击力的传递与吸收

燃油箱安装在后方的传统后轮驱动（FR）车辆，后车底板侧梁被设计成刚性较强的结构。此外，后车底板侧梁所设计的拱起部位可以在遭受后方撞击力传到此梁时发生弯曲，以吸收撞击力而防止燃油泄漏，如图3-39所示。若撞击力很强，则可能会对中央车底板甚至是前车底板造成波纹效应损伤。除此之外，波纹效应也可能影响到横梁、后车底板、轮罩板以及后翼子板。

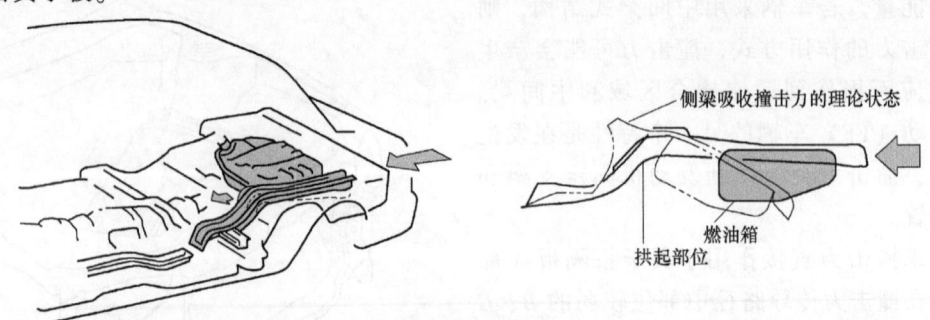

图 3-39　传统后轮驱动（FR）车辆

近年来已有很多后轮驱动（FR）车辆和前轮驱动（FF）车辆的燃油箱放置于后轴前方，如图3-40所示。并且，在后车底板侧梁的后段实施波纹加工处理（摺痕），以使此部位的刚性降低，而能够在受到后部撞击时依靠弯曲来吸收较大的撞击力，如图3-41所示。

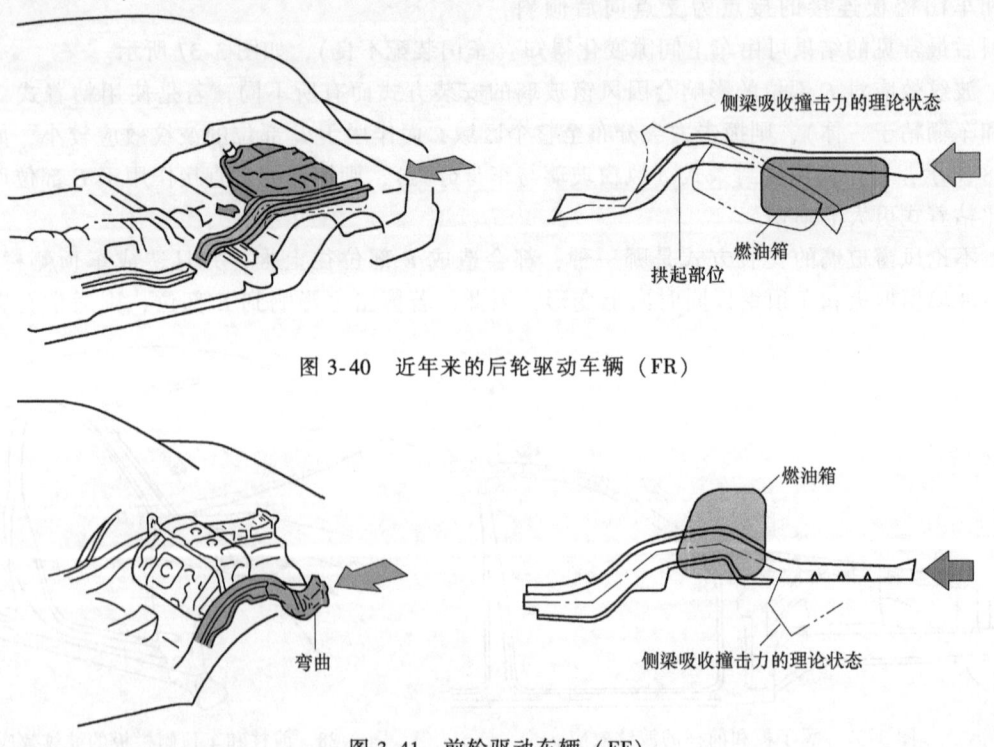

图 3-40　近年来的后轮驱动车辆（FR）

图 3-41　前轮驱动车辆（FF）

撞击力除了引起接触区域的损伤外，还会由于传递而影响到后翼子板支柱延伸板，然后，后翼子板往前变形，使后翼子板与后门之间的缝隙为零，如图 3-42 所示。如果撞击能量很高，则后车门会往前推而导致中柱变形，并且可能延伸至前车门，从而使前柱遭受损伤。车门损伤时，会集中在外板前、后方的摺角部位及内板门锁部位。如果支柱损伤，典型的现象是车门开、关不良。

波纹效应的另一个可能途径是由后翼子板支柱至车顶侧栏板，如图 3-43 所示。

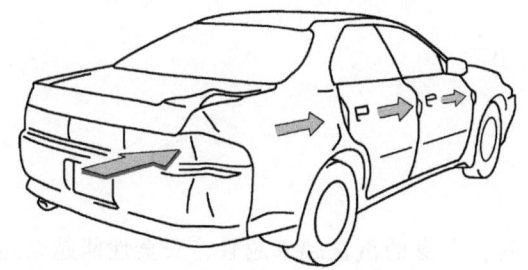 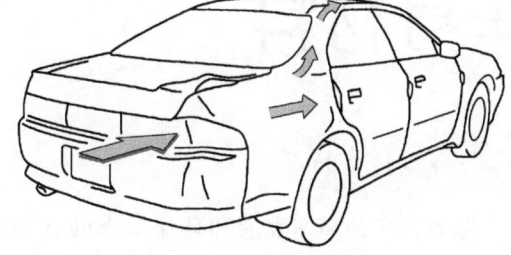

图 3-42　车身后部撞击力传递路线（之一）　　图 3-43　车身后部撞击力传递路线（之二）

如果发生此情况，则车顶侧栏板后端会被往上推，使后侧板与车门的间隙变得较宽，然后造成车顶钢板和翼子板连接区域变形，而导致中柱上方的车顶钢板扭曲。

归纳总结

汽车在发生碰撞时，前部车身和后部车身要在某种程度上容易损坏，以形成一个能吸收碰撞能量的结构，同时保证中部车身结实牢固。

通过受碰撞汽车的尺寸、构造、碰撞位置、车速、碰撞角度、乘员及货物的数量和位置等因素来确定对碰撞变形的影响。

整体式车身由许多薄钢板连接而成，碰撞引起的振动大部分被车身壳体吸收掉。其中一部分碰撞能量被碰撞区域的部件通过变形吸收掉，另一部分能量会通过车身的刚性结构传递到远离碰撞的区域。

整体式车身的汽车在前部和后部设计了抗挤压区域（吸能区），受到撞击时，它们就会按照预定的形式折曲，保证中部乘员室的结构完整及乘员的安全。

复习题

1. 承载式车身在碰撞时的变形有什么不同？
2. 车辆发生碰撞时，哪些因素会对变形有影响？
3. 车身哪些部分设计有吸能区？其目的是什么？
4. 在车身部件上怎样处理才能达到碰撞中吸收量能的目的？
5. 承载式车身在前端发生碰撞变形时有什么特点？
6. 承载式车身在后端发生碰撞变形时有什么特点？
7. 从车身哪些部件的变形可以判断车身的损伤情况？
8. 车门与翼子板的缝隙只要上下宽度一致，就表明此部位没有变形吗？
9. 汽车在发生前部碰撞时，发动机舱和中部车身会发生怎样的变化？

模块四

车身材料

学习目标

随着汽车的高速发展和环保要求的日益严苛，车身的重量越来越轻，安全性能越来越高，普通的钢材已不能适应汽车发展的需要。在车身上开始大量应用不同种类的新材料，如高强度钢、超高强度钢、铝合金和塑料件等。新材料的大量应用使车身板件的性能发生了非常大的改变，传统的维修方法已经不能很好地修复已损坏的车身板件。所以要了解车身上主要材料的种类和性能，才能有针对性地对新型车身进行高质量的修复。

通过本模块的学习应该能够：
⇒ 了解金属材料的特性。
⇒ 掌握钢铁材料的种类和性质。
⇒ 掌握车身用钢板的种类。
⇒ 掌握高强度钢板的性质和维修高强度钢板的注意事项。
⇒ 掌握钢板的热处理方式。
⇒ 掌握车身用特殊钢板的种类。
⇒ 掌握防锈钢板的种类及应用。
⇒ 了解铝合金特点及在车身中的应用。
⇒ 掌握塑料的分类及辨别方法。
⇒ 掌握汽车玻璃的种类及应用。

学习任务

汽车的零件有3万种以上，这些零件的材料有金属材料和非金属材料两大类。不同的材料种类有不同的性能，要相应地采用不同的维修方法。通过本模块的学习，应能掌握车身上金属材料的种类和性能，熟悉车身上高强度钢板的种类和应用，掌握高强度钢板修理的注意事项，掌握车身上非金属材料的种类和特性，掌握车身塑料件的基本辨别方法。

单元一　金属材料

知识点：金属材料的特性；钢铁材料；非钢铁材料。
能力点：掌握金属材料的特性；了解碳素钢的性能及应用；了解合金钢的性能及应用；掌握铜及铜合金的性能及应用；掌握铝及铝合金的性能及应用。

一、金属材料的特性

汽车的零件有 3 万种以上,这些零件的材料的分类如图 4-1 所示。

1. 金属的基本特征

金属具有下列特征:常温(20℃)下为结晶构造的固体(水银除外);具有延展性,可制成薄片或线状;密度大;具有金属般的光泽;导电性和热传导性良好。

密度的衡量指标是物体的重量和在 4℃ 时同体积的水的重量之比。金属材料的密度依其个别的纯度(合金或纯的)和温度而有所不同。纯金属的密度见表 4-1。

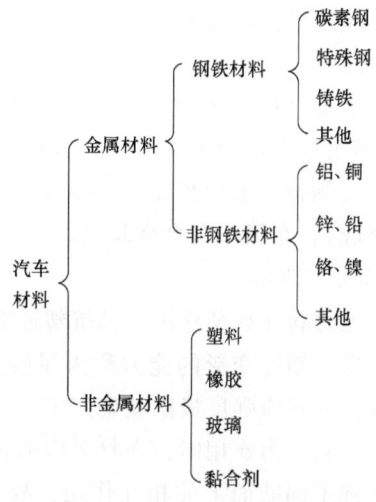

图 4-1 汽车零件材料的分类

表 4-1 纯金属的密度(20℃,g/cm³)

元素名称	元素记号	密度	元素名称	元素记号	密度
铝	Al	2.69	铜	Cu	8.96
钛	Ti	4.50	铅	Pb	10.49
锌	Zn	7.13	银	Ag	11.36
铬	Cr	7.19	金	Au	19.30
铁	Fe	7.87	白金	Pt	21.45

2. 金属的结晶构造

金属中的原子形成结晶,而结晶的构造依材质种类而有所不同,以钢铁为例,结晶的构造和形状会随着温度及材料本身受撞击或敲打的方向而产生变化,如图 4-2 所示。

3. 金属的弹性变形和塑性变形

对物体施加力量使之产生变形,当力量释放后,物体会恢复原状,此种变形称为弹性变形。对物体施加力量使之产生变形,当力量释放后,物体不会恢复原状,此种变形称为塑性变形。

金属的弹性变形是结晶结构(原子形状)变形扭曲,但当力量释放后,变形扭曲部分会恢复原来的形状。金属的塑性变形是因为结晶格子向结构内侧滑动,致使力量释放后变形部分仍无法恢复原来的形状。

金属的结晶粒中的原子结合度(连结)强者较不易产生塑性变形;反之,若结晶粒中的原子结合(连结)弱,则较容易产生塑性变形。若金属的结晶结构完整,则较不容易产生滑动;反之,若金属的结晶结构不完整,则较容易产生滑动。

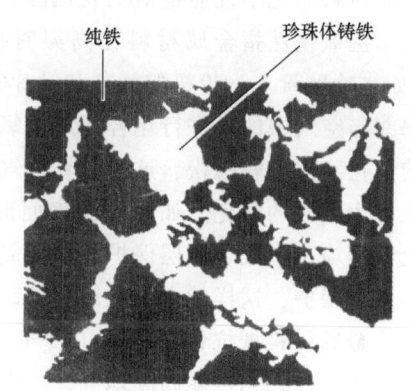

图 4-2 钢铁的结晶过程

4. 金属(钢铁)和温度的关系

随着温度上升,金属变得柔软(张力减少);金属结构随温度上升而改变;实施加热冷却的热处理过程会改变金属的特性（淬火使铁变硬、变脆，回火则使铁变得较有韧性）；金属会氧化。

维修车身时应尽避免加热（尤其是车身的车架、梁，一定不可以用加热的方法来维修），其理由如下：因为加热会引起氧化而锈蚀；加热会降低防锈能力且损坏镀锌层；改变钢板强度（钢板一般变得较硬，或变得较脆或较软）；钢板强度衰退（若形成氧化膜，则钢板厚度降低）；车辆本身会烧起来。

5. 强度与刚度

强度是材料在载荷作用下抵抗塑性变形或破坏的能力。抵抗外力的能力越大，则材料强度越高。抵抗塑性变形的能力称为屈服强度，抵抗破坏的能力称为破坏强度。材料一旦确定，则零件的相应强度极限就确定了。

材料受到外力作用时，在材料内部将产生一个抵抗变形及破坏的力，由于该力的性质属于材料内部不同截面上的相互作用，故称为内力。需要说明的是，内力总是成对出现且等值、反向、共线，内力的合力恒为零。内力与外力的划分与所取对象的范围有关。随所取对象的范围不同，内力与外力是可以互相转化的。

强度一般以应力的形式进行衡量和评判。在单位截面积上产生的内力称为应力，工程上单位常用 MPa 和 GPa，$1MPa=1\times10^6Pa$，$1GPa=1000MPa$。

一般地，把垂直于受力截面的应力分量称为正应力，用 σ 表示；相切于截面的应力分量称为剪应力或切应力，用 τ 表示。

刚度是指零件在载荷作用下，在弹性范围内抵抗变形的能力。抵抗变形的能力越大，则零件的刚度越高。零件的最大刚度与材料的性质及零件的形状尺寸有关。刚度一般以绝对或平均变形量表示。

6. 金属材料的化学性能

金属材料在室温或高温下，抵抗介质对它化学侵蚀的能力，称为金属材料的化学性能。金属材料的化学性能包括抗氧化性和耐蚀性等。

抗氧化性指金属材料在高温时抵抗氧化性气氛腐蚀作用的能力。汽车中的高温部件（如水冷壁管、汽轮机的气缸和叶片等）长期在高温下工作，容易产生氧化腐蚀。许多金属都能与空气中的氧进行化合而形成氧化物，在金属表面形成一层氧化膜。如果金属表面形成的氧化物层比较疏松，这时外界氧气便可以继续与金属作用，使金属材料受到破坏，这种现象称为金属的氧化。如果金属表面形成的氧化物层比较致密，而且牢固地覆盖在金属表面上，相当于形成了一层保护层，使氧气不能再与金属接触，阻止了金属的继续氧化，金属就得到了保护，这样的金属抗氧化性高，如暴露在空气中的铝。

金属材料抵抗各种介质（大气、酸、碱和盐）侵蚀的能力称为耐蚀性。汽车中的一些热力部件，长期接触高温烟气、水汽或一些腐蚀介质，使金属表面不断受到各种侵蚀，有时还会侵入金属内部，给安全运行带来不利影响，严重时甚至造成破裂损坏事故。因此，金属材料的耐蚀性是一个很重要的材料性能。

二、金属材料的种类

金属材料大致可分为钢铁材料和非钢铁材料。

1. 钢铁材料

通常，工业上将铁、铬和锰及三种金属的合金（尤其是铁碳合金）称为黑色金属。除这三种金属（合金）以外的金属（合金）称为有色金属。铁普遍应用于大家的日常生活中，且种类繁多。一般在使用时较少使用纯铁，而是使用与其他金属混合而成的合金，以改善它的性能（防锈性、强度、耐热性及抗磨损性）。

（1）碳素钢　碳素钢是铁和碳的合金，其特性随着含碳量的多少而不同。钢铁的含碳量不超过6.67%，如图4-3所示。

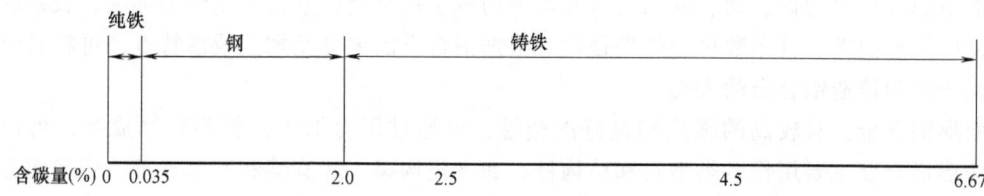

图 4-3　钢铁中的含碳量

1）钢。钢是指含碳量不超过2.0%的碳素钢，为碳素钢中最普遍的形式之一，常用于制造汽车车身钢板和底盘零件。

2）铸铁。铸铁是指含碳量在2.0%~6.67%的碳素钢，可铸造成各种形式，一般用于发动机零件，如发动机气缸体、发动机曲轴和排气歧管。

（2）特殊合金钢　为了提高钢的性能，在碳素钢中加入一定量的合金元素（如硅、锰、铬、镍、钼、钒和钛等）即可炼成合金钢。由于其他金属元素的加入，细化了钢的晶粒，改善了碳素钢的特性（耐蚀性、强度、耐热性及抗磨损性）。在车身上常用的零件如变速器齿轮、差速器齿轮和发动机气门等，就是采用特殊合金钢制成的。

如果以铸铁代替碳素钢与其他金属混合，则称为铸铁合金。

2. 非钢铁材料

非钢铁材料是指钢铁以外的金属。

虽然车身的主要材质为钢铁，但在发动机和底盘零件上也使用了不同形式的非钢铁材料。

（1）铜与铜合金　纯铜外观呈紫红色，又称为紫铜。它具有良好的导电性和导热性、极好的塑性以及较高的耐蚀性，但力学性能较差，不宜用来制造结构零件，常用来制造导电材料和耐蚀性元件。

黄铜是铜与锌的合金。它色泽美观，有良好的耐蚀性及机械加工性能。黄铜中锌的质量分数为20%~40%，随着锌的含量增加，黄铜强度增加而塑性下降。黄铜可以铸造，也可以压力加工。除了铜和锌以外，再加入少量其他元素的铜合金称为特殊黄铜，如锡黄铜、铅黄铜等。黄铜一般用于制造耐蚀和耐磨零件，如阀门、子弹壳和管件等。

除黄铜和白铜（铜镍合金）外，其余铜合金统称为青铜。铜锡合金称为锡青铜，其余青铜称为无锡青铜。

1）锡青铜。锡青铜是铜与锡的合金。它有很好的力学性能、铸造性、耐蚀性和减摩性，是一种很重要的减摩材料，主要用于制造摩擦零件和耐蚀零件，如蜗轮、轴瓦和衬套等。

2) 无锡青铜。除锡以外的其他合金元素与铜组成的合金，统称为无锡青铜，主要包括铝青铜、硅青铜和铍青铜等。它们通常作为锡青铜的代用材料使用。

(2) 铝与铝合金　纯铝是一种密度小（2.72g/cm³）、熔点低（660℃）、导电性和导热性好、塑性好、强度和硬度低的金属。由于铝表面能生成一层极致密的氧化铝膜，能阻止铝继续氧化，故铝在空气中具有良好的抗腐蚀能力，主要用作导电材料或制造耐蚀零件。在汽车车身上一般用于制造发动机和底盘零件，在某些特殊车种中，也用于制造作发动机舱盖、车顶钢板和保险杆加强梁。

铝中加入适量的铜、镁、硅和锰等元素即构成了铝合金。它具有足够的强度、较好的塑性和良好的耐蚀性，且多数可热处理强化。根据铝合金的成分及加工成形特点，可将其分为变形铝合金和铸造铝合金两大类。

变形铝合金具有较高的强度和良好的塑性，可通过压力加工制作各种半成品，可以焊接。变形铝合金主要用作各类型材和结构件，如飞机构架、螺旋桨和起落架等。变形铝合金也可按性能及用途分为防锈铝、硬铝、超硬铝、锻铝和特殊铝合金5种。

铸造铝合金包括铝镁、铝锌、铝硅和铝铜等合金。它们有良好的铸造性，可以铸成各种形状复杂的零件，但塑性差，不宜进行压力加工。铸造铝合金应用最广的是硅铝合金，称为硅铝明。

(3) 其他非钢铁材料

1) 锡。锡有银色的光泽，其耐蚀性比铁好。锡板可用来制作罐头；锡铅合金可用来制作焊条。

2) 铅。铅的光泽为灰色，质地软且重，其耐蚀性好。铅合金可用来制作蓄电池的电极板和发动机的曲轴轴承；制作X光片所用的封套也是用铅做的。

3) 锌。锌有银色的光泽，比铁更容易被腐蚀。镀锌钢板可用作汽车的钢板；化油器是用锻造的锌合金制成的。

单元二　车身钢板

知识点：车身用钢板的种类；高强度维修注意事项。

能力点：了解热轧钢板和冷轧钢板；掌握高强度钢板的种类及特性；掌握钢板的热处理方式；掌握加热对钢材性能的影响。

一、钢板的种类

使用于汽车上的钢板可分类如下：

1. 热轧钢板与冷轧钢板

车身结构中有两种类型的钢板：热轧钢板和冷轧钢板。

热轧钢板为钢铸块在温度为800℃以上滚轧出来的钢板，由于是热滚轧，在钢板表面会覆上一层氧化膜，必要时可使用酸洗或喷丸处理来去除氧化膜。此类钢板的厚度约为1.6mm以上。热轧钢板主要用于制造汽车上要求强度高的零部件，如车架、车辆车身内钢板和底盘大梁等，也用于制造建材（H槽或L槽）。

冷轧钢板为已用酸洗去氧化膜的热轧钢板再次滚轧出来的钢板，因为滚轧使内部结构变硬,所以实施退火处理使其柔软。此类钢板的表面非常平滑,厚度为 0.4~1.4mm。大多数的汽车车身组件都是由冷轧钢板制造的。

2. 低碳钢

低碳钢的含碳量低,比较软,便于加工,可以很安全地进行焊接、热收缩和冷加工等操作,它的强度不会受到严重影响。由于低碳钢容易变形,所以要用较厚的板件才能达到足够的强度,导致汽车质量增加。为了达到环保和节能的要求,汽车车身的质量既要轻又要有足够的强度,因此在整体式车身上越来越少采用低碳钢。但车身的外覆盖件从修理的角度考虑一般还会采用低碳钢来制造。

3. 高强度钢板

高强度钢板是铁和其他几种金属混合而成的,能使强度得以改善,强度为 $340N/mm^2$ 以上的冷轧钢板或者强度为 $490N/mm^2$ 以上的热轧钢板均为高强度钢板,高强度钢板比一般钢板($270N/mm^2$)的强度高。相同的强度,高强度钢板的厚度较一般钢板薄,因此近几年来的汽车车身上普遍使用高强度钢板,以降低车辆重量。汽车车身上使用的高强度钢板件如图 4-4 所示。

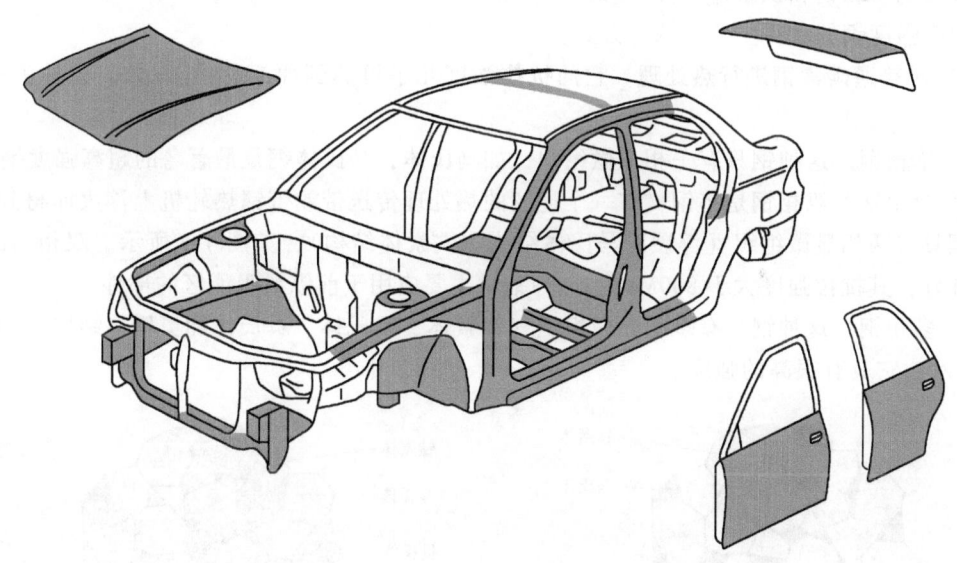

图 4-4 汽车车身上使用的高强度钢板件

使用于汽车上的高强度钢板有下列 3 种:

(1) 高强度、低合金钢 高强度、低合金钢(HSLA)又称为回磷钢,通过在低碳钢中加入磷来提高钢的强度。它为汽车的外部面板和车身提供了更高的抗拉强度。

美国生产的许多汽车上都有高强度、低合金钢制造的零部件,如前/后纵梁、门槛板、保险杠面板、保险杠加强肋和车门立柱等。由于它的强度主要取决于添加的化学元素,但对高强度钢材高温加热后,原用于提高强度的化学元素被损失掉,导致强度降低。

为了避免汽车结构性能明显降低,在修理时对高强度钢一定要按生产厂规定的温度加热。根据经验,加热温度不可超过 370℃,同时加热时间不可超过 3min。因此,对高强度、低合金钢进行焊接时,要采用气体保护焊或电阻点焊,不允许采用氧乙炔和电弧焊焊接。

（2）高抗拉强度钢　高抗拉强度钢（HSS）又称为 Si-Mn 固溶体淬火钢。这种钢增加了硅、锰和碳的含量，使抗拉强度得到提高。一般用这种钢来制造与悬架装置有关的构件和车身等。

沉淀淬硬钢是另一种高抗拉强度钢，它通过形成碳氮化铌沉淀物来提高钢材的强度。这是 20 世纪 70 年代初期发展起来的一种高抗拉强度钢，具有优异的加工性能。这种钢主要用于门边护板和保险杠加强肋等。

常规的加热和焊接方法不会明显降低这种钢的强度，它的屈服强度可达 350MPa，抗拉强度可超过 450MPa。在汽车受到碰撞而产生变形时，它的应力将增加，如果对受到碰撞的部位适当加热，促使它恢复原状，可减小因碰撞产生的应力，使强度恢复。如果碰撞所产生的应力超过了材料的抗拉强度，则钢材将破裂。门护板和保险杠加强肋都不适宜校正，而应更换。对于车门护板的轻微损坏，只要不产生功能性的损坏，就可忽略不计；如果已经凹陷或产生其他变形，则应加以更换。

在进行新板件焊接时，应使气体保护焊或者使用电阻点焊来焊接各种高强度钢。

（3）超高强度钢　在现代车身上应用的超高强度钢（UHSS）主要有高塑性钢、双相钢、多相钢、硼钢和铁素体-贝氏体钢等。

超高强度钢的获得主要有两种方式：

1）对普通碳素钢进行热处理。它的抗拉强度几乎可达到原钢材的 10 倍。这种钢有以下 3 种。

① 单相钢。这种钢只有一相显微组织，如马氏体，马氏体钢是最著名的超高强度钢。

② 双相钢。双相钢是将钢材在一个连续的热处理传送带或带钢热轧机上淬火而得到的。这种钢具有两相显微组织（淬硬的马氏体结构和铁素体结构），如图 4-5 所示。双相钢的可成形性好，其抗拉强度大于 800MPa。这种钢材主要应用于前纵梁吸能区的部件。

③ 多相钢。这种钢具有多相显微组织（铁素体、马氏体、贝氏体和奥氏体结构），如图 4-6 所示，它具有很高的强度。

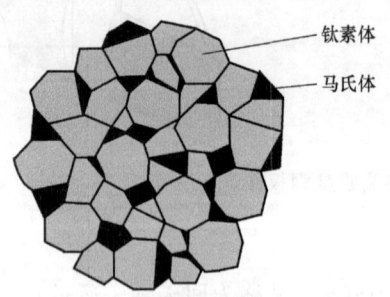 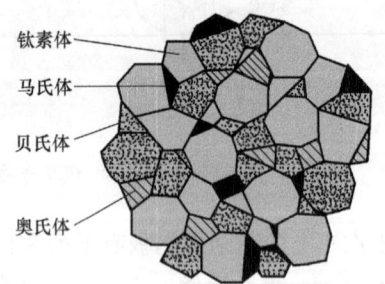

图 4-5　双相钢显微组织　　　　图 4-6　多相钢显微组织

2）对普通碳素钢添加合金元素（如硼元素和碳元素等）并同时进行热处理。硼钢的抗拉强度能达到 1300~1400MPa。例如：沃尔沃 SC90 型车的中立柱就是用硼钢来制造的，如图 4-7 所示，在侧面碰撞时它可以防止车内乘员免受或减少伤害。

超高强度钢不同寻常的高强度是由于在加工过程中产生的特殊细化的晶粒形成的。修理中的重新加热将破坏这种独特的结构，而使钢的强度降低到一般低碳钢的水平。此外，这些钢材非常坚硬，一般的设备无法在常温下对它们进行校正。因此，受损坏的超高强度钢零部件不可修复,必须更换。安装新的零部件时,应采用气体保护焊的塞焊方式或大功率电阻点焊机来焊接,不可使用能产生大量热量的焊接方式。

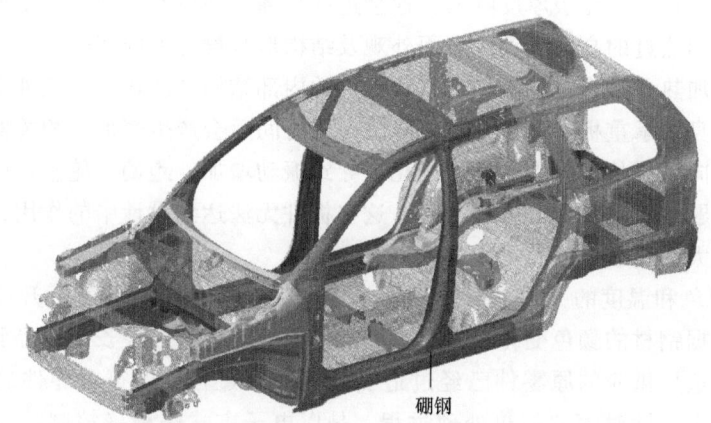

图 4-7 沃尔沃 SC90 型车的硼钢中立柱

(4) 高强度钢板在现代车身上的应用

有关资料表明,现在车身采用低碳钢的比例大幅度降低,而用高强度钢和超高强度钢的比例大幅度增加。现代的车身外部覆盖件一般采用低碳钢或强度比较低的高强度钢制造,但是车身的结构件都采用高强度钢或超高强度钢来制造。

从图 4-8 中可以看到,各种高强度钢制成的部件(深色的部分)在现代汽车车身上的应用。

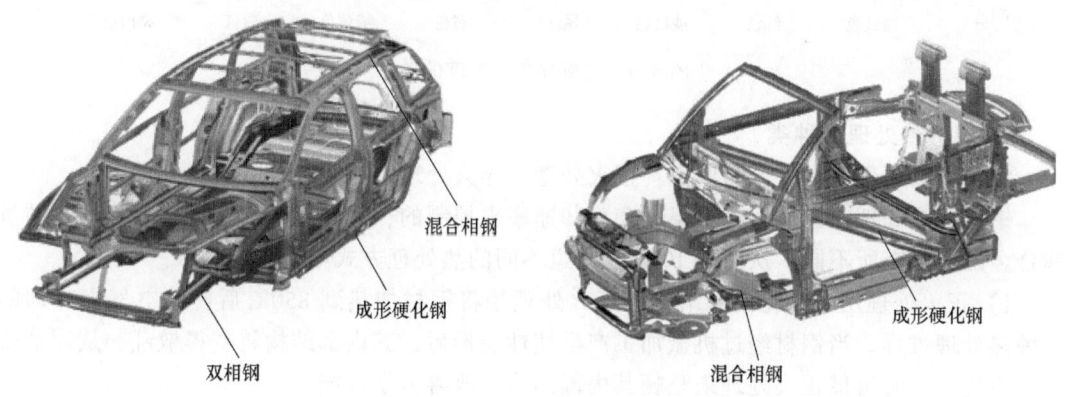

图 4-8 高强度钢在现代汽车车身上的应用

二、修理高强度钢板的注意事项

1. 加热对钢材性能的影响

(1) 对高强度钢性能的影响 对高强度钢进行加热时,随着温度的升高,高强度钢内部的金属晶粒会发生改变,由原来比较小的晶粒互相融合、吸收而变成大晶粒,金属晶粒之间的作用力会随着晶粒的变大而减小,表现出来外观的强度会降低。当加热后的高强度钢恢复到常温时,它内部的晶粒不能恢复到原来小晶粒的状态,因此高强度钢经过过度加热再冷却后,强度会下降。

(2) 对车辆产生的损害　修理车身时应尽量避免加热（尤其是车架、梁不可以用加热的方式来修理），加热除改变钢板的强度外，还会损坏镀锌层，引起钢板锈蚀，降低钢板的防锈能力；形成氧化膜后钢板厚度降低，这会进一步降低钢板的强度；过度加热还可能使车辆燃烧起来。被加热过的高强度钢件表面外观及结构形状没有大的变化，这容易引起修理人员的误会，认为加热并没有损坏板件，其实板件的内部结构被破坏了，这种变化对车身的危害是巨大的，车身的承重板件由于强度下降，一段时间后会产生变形，相关的机械部件如发动机、悬架、转向系统的安装点会发生变化，导致振动增加、跑偏、轮胎偏磨、转向齿轮齿条过度磨损等问题。特别是在发生事故时，这些板件无法达到设计中的作用，如吸收碰撞能量，从而发生更大的变形，导致更大的损害。

(3) 钢材颜色和温度的关系　对钢材加热时，其颜色会随着温度上升而发生变化。从前的铁匠就是根据钢材的颜色变化来判断它的加热温度，但这需要长久的经验和优秀的观察能力。由汽车制造厂供应的原零件已经过适当的热处理过程，以符合零件的特性要求（在钢铁和汽车制造中，针对钢铁的热处理过程，是以电子方式来精确控制其加热和冷却程度的）。

从图4-9中可以看出，当钢加热到600℃时，才可以用肉眼观察到颜色变化，而这时已经超过绝大多数高强度钢板的耐热温度。并不是所有类型的高强度、超高强度钢板都不能加热，只是它们允许加热的温度都很低，一般不超过200℃。由于不能用常规方式控制加热的温度范围，所以制造厂一般不允许用产生热量过多的方式来修理现代汽车。

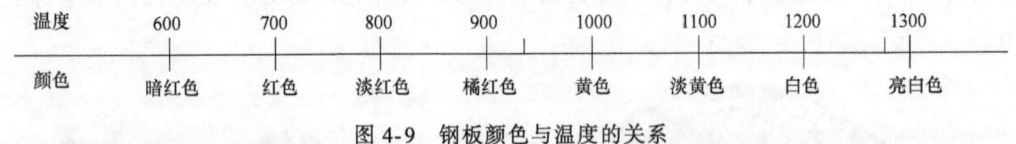

图4-9　钢板颜色与温度的关系

2. 钢材热处理的种类

钢材的热处理通常可分为四类：正火处理、淬火处理、回火处理和退火处理。

钢材的热处理是以调整加热温度和冷却速率来控制的，而热处理的结果依金属的含碳量和合金的种类有所不同。从图4-10可以知道不同的热处理方式与温度的关系。

1) 正火处理用来强化内部结构。正火处理是将钢材加热到850℃后，以空气来冷却的一种热处理过程。当钢材经过机械加工产生塑性变形后，其内部结构将变得散乱，从而造成强度不均，此时可借正火处理来整顿其内部结构，改善力学性能。

2) 淬火处理用来增加硬度（脆性）。淬火处理是将含碳量为0.4%的钢材加热至850℃后，急速冷却的一种热处理过程。淬火虽然增加硬度，但同时也增加脆性。

3) 回火处理用来增加韧性。回火处理是将淬火处理过的材料再次加热到200℃，然后冷却的一种热处理过程。回火处理可使材料的内部组织稳定，以增加韧性。

4) 退火处理用来增加柔软性。退火处理是材料加热后缓慢冷却的一种热处理过程。加热的温度根据需求而有所不同。

退火处理根据加热温度和冷却方式的不同会获得以下不同的结果：

① 消除应力（温度为150~600℃），可消除材料在机械加工期间所产生的内应力。

② 柔软化（温度为600~700℃），在各种管类或线类钢材制造期间可改善材料的切削

性，便于切削。

③ 结构调整（温度为 800℃ 以上），调整材料的内部结构。

3. 高强度钢的修理

在整体式车身的修理中，不能应用氧乙炔焊和电弧焊等在焊接中会产生大量热量的焊接方式，而应用惰性气体保护焊和电阻点焊等产生热量少的焊接方式。

在车身校正期间，如果以氧乙炔来加热受损的车架，可以很容易地修正它的形状，然而它的内部结构却会因热影响而受损，这意味着此区域已受到了错误的热处理。在修理中对钢板进行加热的目的是消除钢板内部的应力，而不是用过度加热来软化钢板以方便修理。消除应力的加热方式一般不能超过 200℃，在加热时要采用热敏材料来控制加热的温度。

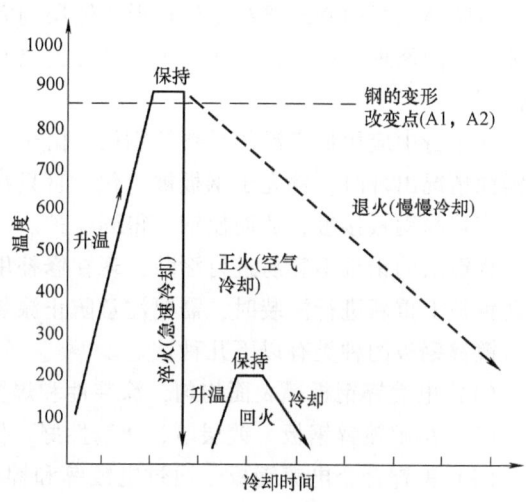

图 4-10　钢板的热处理方式

单元三　特殊钢板在车身中的应用

知识点：防锈钢板；不锈钢板；夹层制振钢板；铝合金。

能力点：掌握防锈钢板的种类及使用；掌握夹层制振钢板的性能及使用；了解铝合金在车身中的应用。

一、防锈钢板

防锈钢板的表面有一层镀层，镀层的形式有镀锌、镀铝和镀锡。在这三种镀层中，镀锌和镀铝比铁容易腐蚀，而镀锡的防腐蚀能力比铁好。镀锌钢板对碱性环境的防腐蚀性能要好于酸性环境，一般用于制造车身钢板；镀铝钢板对酸性环境的防腐蚀性能要好于碱性环境，一般用于制造排气管护板，镀锡钢板则用于制造燃油箱和锡罐头。

1. 镀锌钢板的原理

氧化作用：金属与氧结合而氧化，金属释放电子而离子化。

还原作用：氧化的金属释放氧气，离子化的金属吸收电子而回复到原始状态。

如图 4-11 所示，将钢板和锌板放入食盐水中，钢板和锌板会释放电子而氧化。若事先将两块钢板用电线连接再放入食盐水中，则仅是锌板会因为释放电子而氧化，而钢板因为吸收电子而还原。

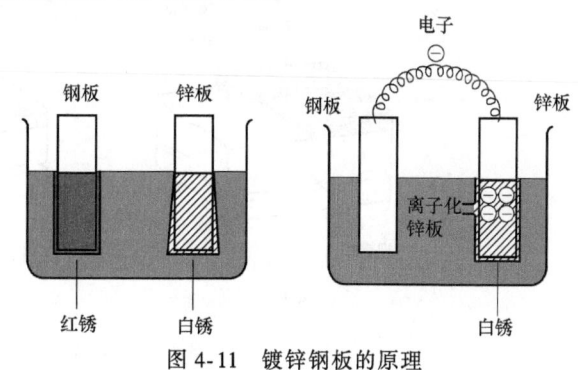

图 4-11　镀锌钢板的原理

2. 防锈钢板的种类

对防锈钢板的修理要注意尽量保护镀层的完整，在进行打磨、钣金处理或焊接等可能会破坏镀层的修理过程中，要尽量少地破坏镀层并要及时恢复镀层，否则镀层被破坏的钢板会很快腐蚀。

在车身中应用最广泛的是镀锌钢板。由于钢板的表面有锌，空气不能直接和钢板接触。当锈蚀情况出现时，锌先于钢板被氧化，且只在表面形成薄薄的涂层，不向内部延伸，空气不能直接与钢板接触，从而使钢板得到保护。

锌镀层的钢板不容易进行涂装，现在修补用的涂料一般都是在防锈钢板上喷漆，但是在防锈钢板上重新进行涂装时，需要注意防止涂装后出现问题。

镀锌钢板的种类有以下几种：

（1）电镀锌钢板　表面均匀，涂装性和焊接性好，但是镀层薄，防锈性差。

（2）熔解镀锌钢板　镀层厚、防锈性好，但是焊接性和涂装性差。

（3）镍锌合金电镀钢板　通过电镀锌和镍的合金，力求达到涂装性、加工性和防锈性集为一体的效果。

（4）合金化熔解镀锌钢板　将熔解镀锌钢板加热到450~600℃，对镀层膜进行与铁的合金化处理。这样处理后，有利于焊接、涂装和防锈。

车身用的镀锌钢板有单面镀锌和双面镀锌两种（见图4-12）。双面镀锌钢板一般用于制造车身的下部板件，如车地板、挡泥板和发动机舱罩等部位，这些部位经常接触腐蚀物质，需要重点防护。单面镀锌一般用于制造不经常接触腐蚀物质的部件，如车身上部的板件。

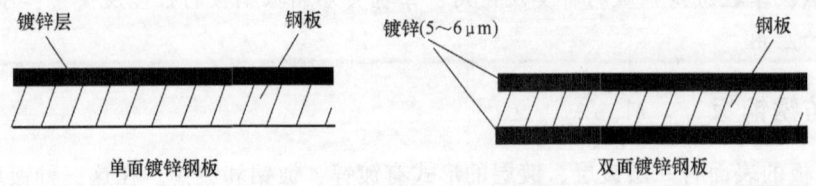

图4-12　单面和双面镀锌钢板

镀锌钢板上的单面镀锌根据锌镀层的不同一般分为单层镀锌和双层镀锌两种，如图4-13所示。

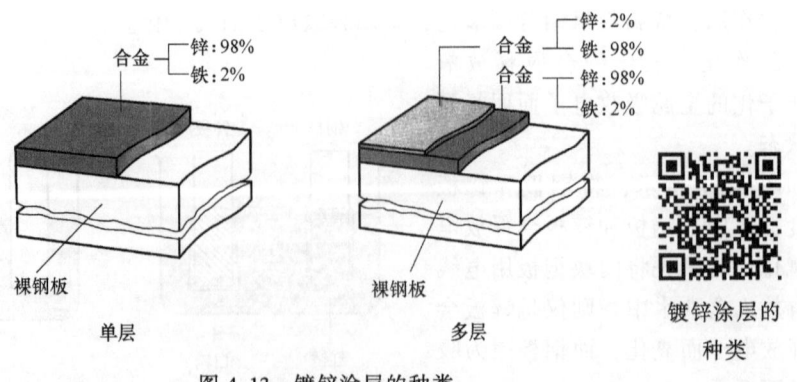

图4-13　镀锌涂层的种类

二、特殊钢板

汽车上使用的特殊钢板有不锈钢板和夹层制振钢板。

1. 不锈钢板

不锈钢板是一种碳素钢、铬、镍合金，碳素钢中含铬量约为 12% 以上，在车身上主要用于一些豪华汽车的外部装饰部件，也可用来铸造豪华汽车的排气管（因为它具有高防锈性）。

2. 夹层制振钢板

夹层制振钢板在其表面或中间会覆（夹）有塑胶，以前覆盖的塑胶膜较薄，而后来覆盖的塑胶膜较厚。夹层制振钢板如图 4-14 所示。

夹层制振钢板是将振动力量转换成热的形式，而产生抑制效果。

夹层制振钢板用于制造下隔板和后舱隔板。

	（厚度）			（厚度）
钢板	0.4mm		钢板	0.2mm
塑胶膜	0.2mm		塑胶膜	0.6mm
钢板	0.4mm		钢板	0.2mm
薄塑胶膜型式			厚塑胶膜型式	

图 4-14 夹层制振钢板

三、铝合金

1. 铝合金在车身中的应用

以前铝合金仅应用在汽车的发动机和轮毂等部位，但现在一些新型的车身上开始应用铝合金。最初铝合金只应用于车身外部装饰件，现在车身结构件也可以全部用铝合金来制造，例如：奥迪 A6、别克 GL8 和标致 307 等轿车发动机舱罩用铝合金制造；雷诺 Laguna ii 轿车的发动机舱罩、车顶和车门板都用铝合金制造；奥迪 A8（图 4-15）、捷豹 XJ 以及宝马 5 系列（图 4-16）轿车用铝合金来制造车身结构件和外部板件。

车身中的铝合金依照在车身中应用的要求，可分为铸造件、冲压件和压铸件。车身板件大部分使用压铸件。

图 4-15 奥迪 A8 全铝车身

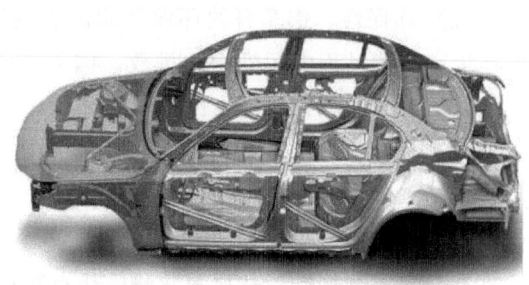
图 4-16 宝马铝合金车身结构

压铸件用来制造能够承受大载荷的部件，明显减轻重量但同时还具有高的强度。这些板件具有复杂的几何形状，通常是用真空压铸的方式生产的，使它具有高强度。它还具有高的延展性、良好的焊接性能和较高的塑性，保证它在碰撞时有很高的安全性。这些压铸件的铝合金类型是铝硅、铝镁系列铝合金，合金中主要的合金元素是镁、硅，有的加入铜。

铝合金部件一般应用在碰撞吸能区域，除了能够承受正常的载荷外，在碰撞变形中还可以吸收大量的能量，保护后面的部件完整不会变形。铝合金部件一般用来制造横梁、保险杠及其支撑件等。

冲压件有非常高的强度，它们能够加强车身的强度和刚性，使车身能够在剧烈的碰撞中保持结构的完整性。在车身的铝合金件上一般都标有铝合金的类型标志（见图4-17）。例如宝马5系列的减振器支座（见图4-18）是用铝镁合金制造的。

图 4-17　铝合金件上的类型标志

图 4-18　减振器支座

2. 铝合金车身的优点

铝合金车身与传统的钢结构车身相比具有以下优点和特性：

（1）经济性　虽然它的强度、刚性不如传统的钢铁车身，但它大大减轻了车身重量，重要的是减少了燃油消耗，改善了车辆的操纵性。铝的密度约为钢铁的1/3，在车身制造中铝的应用可以使车辆减小20%~30%的质量，可以减少10%的燃油消耗。

（2）环保性　铝车身的环保性能优于钢铁车身，不仅可以减少燃油消耗，而且可以减少在生产制造过程中污染物的排放。因为99%的铝可以被循环利用，所以在一定程度上补偿了从铝矿石冶炼铝时产生的成本和高消耗。

（3）防腐蚀性　铝暴露在空气中很快在表面形成一层致密的氧化物，这层氧化物是三氧化二铝，使金属铝和空气隔绝开来，防止氧气的进一步腐蚀。正是这种可以迅速形成铝氧化物以抵抗外部氧化腐蚀的性能，使它成为一种优良的防腐蚀性能材料。铝金属外层的氧化铝具有高熔点的特性，这层氧化物的熔点高达2050℃，在焊接操作时需要去除这层氧化物。如果不去除这层氧化物，则焊缝会存在气孔和杂质等缺陷。

（4）可加工性　铝具有良好的塑性和刚性，一定厚度的板材可以制造整车的有关板件。铝材的一致性比钢材好，它能够很好地通过冲压或挤压加工成形。

（5）安全性　铝材具有高的能量吸收性能，使它成为一种制造车身变形区的理想材料，以增加车身的被动安全性。

由于铝合金具有的这些优异性能，在车身生产中被大量应用。

单元四　汽车非金属材料

> **知识点**：汽车用塑料；橡胶；汽车玻璃；汽车用黏合剂。
> **能力点**：掌握塑料的分类和特征；了解橡胶的性能及应用；掌握钢化玻璃和夹层玻璃的性能及应用；了解汽车用黏合剂的性能及应用。

在汽车制造中，除使用金属材料外，还广泛使用非金属材料。常见的如汽车灯罩、仪表板壳、转向盘、坐垫、风窗玻璃、轮胎、传动带和连接软管等都是由各种非金属材料制成的。非金属材料因其具有许多优良的理化性能，可以满足某些特殊要求，而且原料来源丰富、加工简便，因此得到广泛的使用。非金属材料不仅使用于汽车上的内装和外装零件，也使用于发动机和底盘零件。

非金属材料的种类很多，这里主要介绍塑料、橡胶、玻璃和黏合剂等材料的基本知识，以及它们在汽车上的应用。

一、塑料

树脂可分为从植物和动物分泌出来的天然树脂及从石油提炼出来的合成树脂。汽车上所使用的树脂多为合成树脂。树脂的种类如图4-19所示。

1. 塑料的组成

塑料在汽车上的应用发展很快，从最初的内饰件和小零件发展到可替代金属来制造各种机械配件和车身板件。用塑料替代金属，既可获得汽车轻量化的效果，又可改善汽车的某些性能，如耐磨、防腐、减振和减小噪声等。随着汽车工业的发展，塑料的应用越来越受到重视。

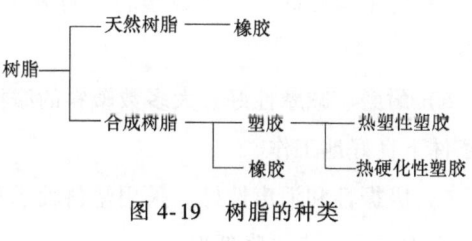

图4-19　树脂的种类

塑料是以合成树脂为基体，并加入某些添加剂制成的高分子材料。它在一定温度、一定压力下可以塑造成各种形状的部件。

（1）合成树脂　合成树脂是塑料的主要成分，它的种类、性质及加入量的多少对塑料的性能起到很大的影响，大部分塑料是以所加树脂的名称来命名的。工程上常用的合成树脂有酚醛树脂、环氧树脂、氨基树脂、有机硅树脂和聚氯乙烯、聚苯乙烯等。

（2）添加剂　加入添加剂是为了改善塑料的性能，扩大其使用范围。它包括填料、增塑剂、稳定剂、固化剂和着色剂等。

填料主要起到强化作用，同时也能改善或提高塑料的某些性能，如加入云母、石棉粉、氧化硅可以增加塑料的电绝缘性、耐热性、硬度和耐磨性。增塑剂用于提高塑料的可塑性与柔软性。稳定剂可以提高塑料在光和热作用下的稳定性，以延缓老化。固化剂可以促使塑料在加工过程中硬化。着色剂可以使塑料制品的色彩美观。

2. 塑料的分类和特征

（1）塑料的分类　塑料是由石油提炼出来的合成物。

塑料的种类很多，它们的特性依所添加的材料而有所不同。塑料按其热性能的不同，可分为热固性塑料和热塑性塑料两大类。

热固性塑料是指经过一次固化后，不再受热软化，只能塑制一次的塑料。这类塑料耐热性好，受压不易变形，但力学性能较差，常用的有环氧树脂（UP）、聚氨基甲酸乙酯（PUR）、酚醛树脂和氨基树脂等。

热塑性塑料是指受热时软化，冷却后变硬，可反复多次加热塑制的塑料。这类塑料加工成形方便、力学性能较好，但耐热性相对较差、容易变形。热塑性塑料数量很大，约占全部塑料的80%，常用的有聚乙烯（PE）、聚丙烯（PP）、聚氯乙烯（PVC）和聚苯乙烯等。

（2）塑料的主要特性　塑料具有许多优良的物理、化学性能，主要有以下几点：

1）重量轻。塑料的相对密度一般只有 $1.0 \sim 2.0 \text{g/cm}^3$，可以大幅度减轻汽车的重量，降低油耗。

2）化学稳定性好。一般的塑料对酸、碱、盐和有机溶剂都有良好的耐蚀性。

3）比强度高。比强度是指单位质量的强度。尽管塑料的强度要比金属低，但塑料密度小、质量轻，以等质量相比，其比强度要高。

4）电绝缘性好。大多数塑料有良好的电绝缘性，汽车电器零件广泛采用塑料作为绝缘体。

5）耐磨、减摩性好。大多数塑料的摩擦系数较小，耐磨性好，能在半干摩擦甚至无润滑条件下良好地工作。

6）吸振性和消声性好。采用塑料轴承和塑料齿轮的机械，在高速运转时，可平稳地转动，大大减小噪声，降低振动。

塑料也有不少缺点，与钢材相比，其力学性能较低；耐热性较差（一般只能在100℃以下长期工作）；导热性差；容易吸水，吸水后性能恶化。此外，塑料还有易老化、易燃烧、温度变化时尺寸稳定性差等缺点。

3. 塑料在汽车中的应用

由于塑料具有诸多金属和其他材料所不具备的优良性能，因此在汽车上应用很广，常用于制作各种结构零件、耐磨减摩零件和隔热防振零件等。图4-20所示为目前使用于汽车上塑料的种类和使用部位。但依车型的不同，使用的部位也会不同，参看各种车型的车身损伤修复手册。汽车常用塑料的种类及应用见表4-2。

模块四 车身材料

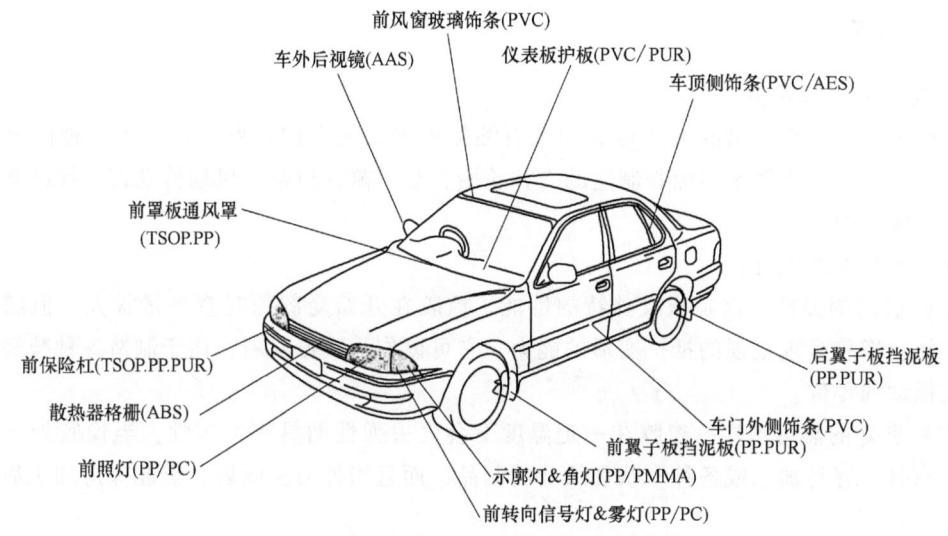

图4-20 目前使用于汽车上塑料的种类和使用部位

表4-2 汽车常用塑料的种类及应用

代 号	树脂名称	耐热温度/℃	使 用 部 位
AAS	丙烯腈 丙烯酸橡胶 苯乙烯重合体	80	车外后视镜
ABS	丙烯腈 丁二烯 苯乙烯重合体	80	散热器格栅
BMC	整体 造型 复合物	150	后扰流板、发动机舱盖饰条
PC	聚碳酸酯	160	前照灯
PMMA	聚甲基 丙烯聚甲酯(丙烯酸)	80	后组合灯
PP	聚丙烯	80	保险杠
PE	聚乙烯	80	翼子板内衬
PUR	热硬化性聚氨酯	80	保险杠
PVC	聚氯乙烯	80	仪表板
SMC	板形复合物	180	挡泥板
TSOP（TPO）	丰田超级烯聚合物 热塑性弹性体	80	保险杠
TPU	氨基甲酸乙酯 热塑性体弹性	80	装饰条

二、橡胶

1. 橡胶的基本性能

橡胶可分为植物榨出的天然橡胶和从石油提炼出来的合成橡胶。橡胶是一种高分子材料，汽车上有许多零件是用橡胶制造的，如轮胎、车门窗密封条、风扇传动带、缓冲垫、油封和制动橡胶碗等。

橡胶的基本性能有：

（1）极高的弹性　这是橡胶独特的性能。橡胶在开始受载荷时变形量很大，但随着外力的增加，橡胶呈现很强的抵抗变形的能力。它可以作为减振材料，用于制造各种减轻冲击和吸收振动的零件。

（2）良好的热可塑性　橡胶在一定温度下会失去弹性而具有可塑性，当橡胶处于热可塑性状态时，容易加工成各种形状和尺寸的制品，而且当外力去除后，仍能保持加工后的形状和尺寸。

（3）良好的黏着性　黏着性是指橡胶与其他材料黏结成整体而不分离的能力。橡胶有很强的吸附能力，能与其他材料黏结成整体，如汽车轮胎就是利用橡胶与棉、毛、尼龙等牢固黏结在一起而制成的。

（4）良好的绝缘性　大多数橡胶是绝缘体，是制造导体绝缘皮的理想材料。

此外，橡胶还具有良好的耐寒、耐蚀和不渗漏水、气等性能。橡胶的缺点是导热性差、硬度和抗拉强度不高、容易老化等。

2. 橡胶在汽车中的应用

在汽车上用量最大的橡胶制品是轮胎，另外，橡胶还广泛应用于车门和车窗的密封条、各种胶管和胶带、减振配件以及耐油配件等。除了刮水器及轮胎外，大部分的橡胶零件都使用合成橡胶制成。汽车上橡胶的使用部位如图4-21所示。

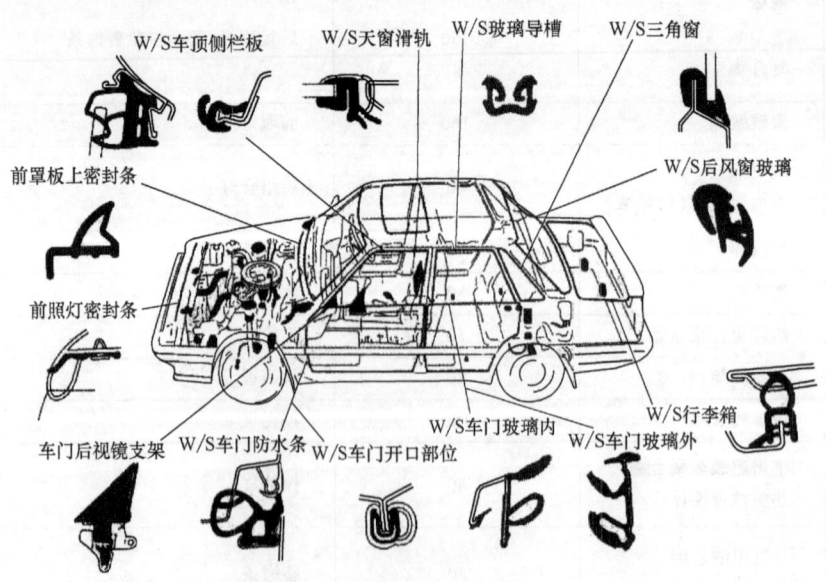

图4-21　汽车上橡胶的使用部位

三、汽车玻璃

汽车用玻璃有安全和外观两方面的要求。汽车玻璃要有良好的光学性能，还要有良好的耐磨性、耐热性和耐光性。汽车上要使用安全玻璃，安全玻璃在破碎后不会对乘员造成伤害。现在的风窗玻璃都做成整体一幅式的大曲面形，上下左右都有一定的弧度。这种曲面玻璃从加工过程到安装配合的技术要求都非常高。

现在汽车上应用的安全玻璃有夹层玻璃、钢化玻璃、区域钢化玻璃和特殊功能玻璃等类型。

1. 钢化玻璃

钢化玻璃是将普通玻璃淬火使其内部组织形成一定的内应力，使玻璃的强度加强形成的。当一般玻璃破裂时，其碎片的角边尖锐具有危险性。钢化玻璃的抗振性为一般玻璃的 4 倍，在其受到冲击破碎时，玻璃会分裂成带钝边的小碎块，对乘员不易造成伤害。

钢化玻璃因经淬火处理后，在内部和表面留有残余应力，因此，在此残余应力未消除前，玻璃有破裂的可能。钢化玻璃在车身上用于制造前风窗玻璃。

2. 区域钢化玻璃

区域钢化玻璃是钢化玻璃的一个新品种，经过特殊处理，在受到冲击而破碎时，其裂纹仍可以保持一定的清晰度，保证驾驶人的视野区域不受到影响。目前汽车风窗玻璃以夹层区域钢化玻璃为主，能承受较强的冲击力。

3. 夹层玻璃

夹层玻璃是由两片薄玻璃（一般玻璃）夹一层树脂膜构成的。它将塑料的强韧性和玻璃的坚硬性结合在一起，增加了玻璃的抗破碎能力。夹层玻璃具有下列特性：

1) 夹层玻璃的碎片大，受损伤时损伤不会扩及至整个玻璃，前方视线不会丧失。
2) 中间的树脂膜具有弹性，物体不容易穿透。
3) 中间的树脂膜黏着性很强，破裂的玻璃不会掉下来。

4. 特殊功能的玻璃

（1）电热线玻璃　电热线玻璃表面上的电热线可除去玻璃上的雾气，并防止刮水器冻结。电热线是金属粉末热印成线状于强化处理时黏合而成。

（2）内装天线玻璃　内装天线玻璃内埋有天线，以接收收音机、电视机和电话的信号。内装天线是将金属粉末热印成线状于强化处理时黏合而成的。某些特殊玻璃是将天线设置于夹层玻璃的中间膜内。

（3）着色玻璃　着色玻璃是在玻璃内混合一些金属，如钴和铁，使其具有颜色感；因为吸收红外线性佳而使空调更有效率，但也因为吸收部分可见光线而使室内较暗。

现今的着色玻璃有 5 种：蓝色、灰色、铜色、暗绿色和亮绿色。

（4）反射热线玻璃　反射热线玻璃在内侧覆有一层薄的金属膜，此种玻璃因为吸收红外线性佳而使空调更有效率，但也因为吸收部分可见光线而使室内较暗。当阳光投射在反射热线玻璃上时，反射热线玻璃表面会呈现紫红色。

（5）隔离紫外线玻璃　隔离紫外线玻璃在内侧覆有吸收紫外线的金属层，它可隔离约 93% 的紫外线（一般玻璃可隔离约 60% 的紫外线）。当阳光投射在隔离紫外线玻璃上时，隔离紫外线玻璃表面会呈现蓝色。

（6）泼水玻璃　泼水玻璃在外侧覆有一层含氟的树脂。当水泼在泼水玻璃的表面时，水会像雨滴般滚动而不会影响视线。

（7）印刷式陶瓷线玻璃　印刷式陶瓷线玻璃是一种主要由陶瓷组成的黑色隔光药剂直线喷洒于玻璃内侧的玻璃，此种形式的玻璃是一种改善视觉的设计，因为它将使用在玻璃内侧、车身的凸缘和饰板的黏着剂隐藏起来。从前使用较宽的饰条来覆盖在这些部分上，现今使用印刷式陶瓷玻璃，则可使车身的表面平齐，而以埋入较窄的饰条来覆盖的缺点，就可用印刷式陶瓷线来弥补。

在印刷式陶瓷线玻璃上印有黑色的陶瓷，使玻璃不透明、不透光，且能隐藏设置在玻璃固定部分的黏着剂和车身钢板凸缘。以前是以特别宽的饰条来覆盖玻璃和车身，使车辆的这些部分得以隐藏，而现在使用插入较窄的饰条于玻璃和车身之间就可隐藏。

四、汽车用黏合剂

黏合剂又称为黏结剂，它是将两种材料黏结在一起，或填补零件裂纹、空洞等缺陷的材料。黏合剂具有较高的黏结强度和良好的耐水、耐油、耐蚀、电绝缘等性能，用它来修复零件具有工艺艺简、连接可靠、成本低、不会引起零件变形和内部组织发生变化等优点，因此在汽车修理中得到广泛应用。汽车修理用的黏合剂主要有以下几种：

1. 环氧树脂黏合剂

环氧树脂黏合剂是一种有机黏合剂，它的用途很广，适合黏结各种金属材料和非金属材料。环氧树脂黏合剂以环氧树脂及固化剂为主，再加入增韧剂、稀释剂、填料和促进剂等配制而成。

（1）环氧树脂　环氧树脂是人工合成的高分子化合物，它的优点有黏结能力强、固化收缩率小、耐蚀和绝缘性好、使用方便等，缺点是脆性大、耐热性差。

（2）固化剂　固化剂是黏合剂的主要成分，它与环氧树脂化合，使树脂的线状结构变成网状结构。固化后，形成热固定性材料，温度升高也不软化和熔化，也不溶于有机溶剂，而且具有良好的耐油、耐酸性能。常用的固化剂有乙二胺、间苯二胺和聚酰胺等。

（3）增韧剂　它是为了改善环氧树脂的脆性，提高其柔韧性而加入的成分，它还可减少固化时的收缩性，提高黏结层的抗剥离、耐冲击能力。

（4）填料　加入填料能改善黏结接头的强度和表面硬度，提高耐热性和电绝缘性，节约树脂用量。常用的填料有铁粉、石英粉、石棉粉和玻璃丝等。

（5）稀释剂　它用来溶解树脂、降低黏合剂的黏度，同时它还可以控制固化过程的反应热，延长黏合剂的适用期，增加填料的加入量。常用的稀释剂有丙酮、甲苯和二甲苯等。

（6）促进剂　加入适量的促进剂，能使黏合剂加速固化并降低固化温度，常用的有四甲基二氨基甲烷和间苯二酚等。

2. 酚醛树脂黏合剂

酚醛树脂黏合剂是一种有机黏合剂，它的基本成分是酚醛树脂。酚醛树脂黏合剂具有较高的黏结强度，耐热性好，在200℃以下可长期工作，但其脆性大，不耐冲击。

酚醛树脂黏合剂可以单独使用，也可以与其他树脂或橡胶混合使用。它与环氧树脂混合使用时，其用量为环氧树脂的30%~40%，且要加增韧剂和填料，为了加速固化，可加入5%~6%的乙二胺，这样既改善了耐热性，又提高了韧性。

3. 汽车用黏合剂的类型

汽车用黏合剂和密封胶可分成下列 5 个主要类型，见表 4-3。

表 4-3 汽车用黏合剂的主要类型

构造用黏合剂	结合传动零件 结合车身钢板	离合器摩擦片、制动管路、制动片和车柱内侧
半构造用黏着剂	适用于黏着性无须像构造用黏合剂的零件	玻璃内侧、车门和发动机舱盖的摺角部位
非构造用黏着剂	结合内装零件和隔声垫	车门饰板、仪表板和车顶隔声垫等
双面胶带	结合内装零件和饰条	侧保护饰条、徽饰和饰条
密封胶	充填于车身和零件之间的间隙，无需很大的黏着力	车门和发动机舱盖的摺角部位、钢板结合部位和车门内侧塑料盖板

归纳总结

车身常用的高强度钢有高强度低合金钢、高抗拉强度钢；超高强度钢有高塑性钢、双相钢、多相钢、硼钢和铁素体、贝氏体钢。

高强度钢是通过热处理方式和添加合金元素方式获得的。

现代车身的结构件采用高强度钢和超高强度钢来制造。

高强度钢经过过度加热再冷却后，强度会下降，但被加热过的部件表面外观及结构形状没有大的变化。

在修理中对钢板进行加热的目的是消除钢板内部的应力，而不是用过度加热来软化钢板以方便修理。消除应力的加热温度一般不能超过 200℃。

防锈钢板的表面有一层镀层，镀层的形式有镀锌、镀铝和镀锡。

车身用铝合金主要是含硅镁合金，一般应用在碰撞吸能区域，除了能够承载正常的载荷外，在碰撞变形中可以吸收大量的能量，一般用来制造横梁和保险杠加强肋等。

铝车身与传统的钢结构车身相比有经济、环保、防腐蚀、加工性好、安全性好等特性。

汽车用塑料一般分为热塑性塑料和热固性塑料。

热塑性塑料可以重复地进行加热软化，其形态和化学成分并不会发生变化；热固性塑料在温度变化时不会产生任何变化，加热的时候也不会熔化。

复习题

1. 车身上哪些是热轧钢板？哪些是冷轧钢板？
2. 冷轧钢板的特点是什么？
3. 得到高强度钢的方法有哪些？
4. 在对高强度钢进行焊接时，应该使用什么焊接方法？
5. 最近几年车身上钢材的应用特点有什么趋势？
6. 超高强度钢一般应用在车身哪些部位？
7. 钢铁的热处理有哪几种类型？

8. 防锈钢板有几种类型？
9. 镀锌钢板防腐蚀的原理是什么？
10. 双面镀锌钢板和单面镀锌钢板一般应用在车身哪些部位？
11. 铝合金有几种类型？哪些类型可以应用在车身部件上？
12. 为什么要在车身上使用铝合金部件？
13. 现在汽车车身大量采用高强度钢板的目的是什么？
14. 高强度、低合金钢可用来制造车身的哪些部件？
15. 高强度钢板内部的晶粒在受热时和冷却后会发生怎样的变化？
16. 车身的中柱一般使用什么类型的钢板？

模块五

钢板维修

学习目标

汽车常会发生刮碰，损伤发生在车身表面，需对其进行修理。汽车车身板件大部分都是曲面且形状复杂，因此曲面金属板凹凸处修整是汽车钣金修理的关键工艺。修理车身局部凹凸变形可用锤击法和惯性锤法等。根据变形的程度和部位，可选择一种方法或者多种方法综合进行修复。为了高质量地完成钣金修理，必须知道如何将钣金件恢复到原来的形状。

通过本模块的学习应该能够：
- 了解面板损坏的类型。
- 掌握锤子和手顶铁的使用。
- 掌握实敲与虚敲技术。
- 掌握评估受损范围的方法。
- 掌握垫圈焊机维修钢板的规范流程。
- 掌握缩火作业。
- 掌握维修复杂钢板表面的方法。

学习任务

汽车由于碰撞而造成的板件损伤，轻微的会影响车容美观或引起锈蚀而造成板件强度下降，缩短使用寿命，严重的将影响整部车辆的使用性能。因此，正确地判断损伤，及时、有效地进行维修，对车辆的使用者和维修者是非常必要的。学完本模块应掌握钢板维修的定义、钢板特性和钢板维修步骤；掌握垫圈焊机维修钢板的规范流程；掌握缩火的条件和缩火方法的选择；了解钢板表面的形状和钢板表面的组成，掌握维修复杂钢板表面的方法；掌握车门板（车身线）维修技术；掌握翼子板（角部弯曲部位、车身线部位）维修技术。

 **车身板件损坏的类型**

知识点：面板损坏的类型；板件损坏的拉伸区和压缩区；板件上拱起的变形；板件损坏部位的修复程序。

能力点：掌握面板损坏的单纯铰折和凹陷铰折；了解板件损坏的拉伸区和压缩区；掌握板件上单曲拱形的变形和复合拱形的变形；掌握板件损坏部位的修复程序。

一、面板损坏的类型

车身上各种板件所受的间接损坏虽然形状上各异，但本质是一样的，总是产生同样的弯曲变形，具有拉伸和压缩应力。由于板件的结构和形状不同，会产生不同的折损类型。折损就指金属受到外力产生变形并超过其弹性极限或强度极限，而形成的永久变形或断裂损伤。根据车身构件形状的不同，折损通常有以下几种类型：单纯铰折、凹陷铰折、凹陷卷曲和单纯卷曲等，不同的折损要用不同的工艺维修。

1. 单纯铰折

单纯铰折即平面（或近似平面）金属板受到碰撞力的作用产生弯曲，形成像铰链折叠一样的损伤变形。单纯铰折总是形成一条直线形的折损，是金属平板沿其整个长度均匀地弯曲，如图 5-1 所示。产生单纯铰折变形时，金属上部受到拉力而产生拉伸变形，下部受到压力而产生压缩变形，其中间将有一层不发生变形的区域。对实心的金属板而言，单纯铰折总是形成一条直线形的折损，而对箱形截面的弯曲就不同了。

单纯铰折很少引起板件轮廓的拉伸和压缩，是折损中损伤最轻的一类，但如果校正方法不正确，则会给维修带来很大的不便。校正单纯铰折的正确方法是沿造成铰折的碰撞力相反的方向施加拉力，将铰折大致展平，然后在保持拉力的情况下，在铰折部位加工硬化区域，沿铰折线用钣金锤和顶铁做轻敲整形校正，如图 5-2 所示。

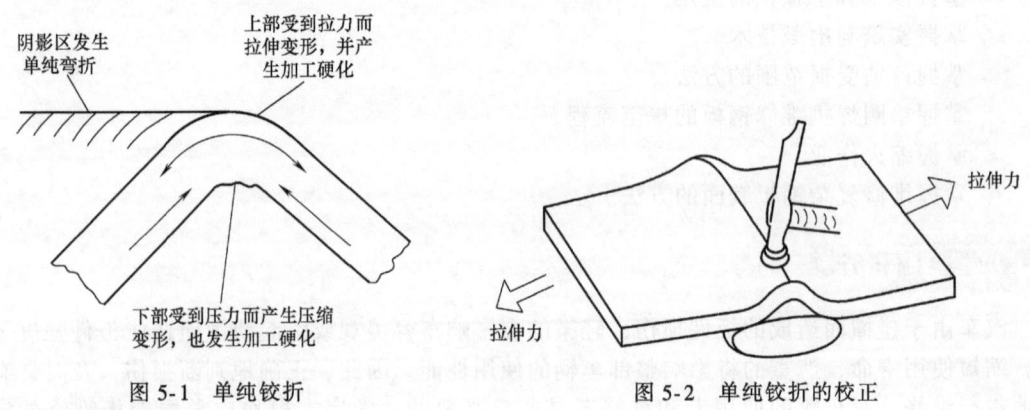

图 5-1 单纯铰折　　　　　图 5-2 单纯铰折的校正

2. 凹陷铰折

在箱形截面上发生弯曲的规律与实心的相同，但是两者弯曲的结果是不同的。箱形截面的中心线没有强度，所以顶部的金属板被向下拉（很少有拉伸）而产生凹陷，底部的金属板受到两边的压力而产生铰折。顶部凹陷、底部铰折、侧面产生折皱，这就是凹陷铰折，如图 5-3 所示。

由于铰折部位存在很大的加工硬化，校正时，如果直接把弯曲变形恢复原状，则在原先凹陷铰折的部位两侧会形成新的凹陷，构件长度比原先缩短（见图 5-4a）。

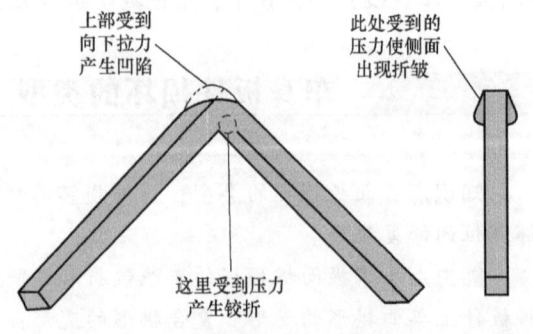

图 5-3 箱型截面的凹陷铰折

如果这时用拉伸的方式修理，凹陷部位的加工硬化程度更高，难以变形，可能造成需要拉伸的凹陷部位没有恢复变形而其他部位变形，造成修复失败，部件报废。正确的修理方法是首先对凹陷部位（加工硬化区）进行加热使金属软化（消除应力），然后将工件拉伸直到凹陷铰折消除和恢复原状（见图5-4b）。

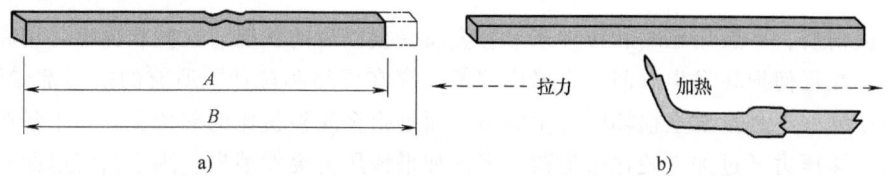

图 5-4　凹陷铰折的修理
a）修理前　b）修理后
A—校正后的长度　B—原来的长度

在整体式车身上，有许多结构复杂的箱形截面构件，其中包括箱形结构梁、门槛板、风窗支柱、中立柱和车顶梁等，此外，金属件上被弯成一个角度的部位都可以认为存在箱形截面。汽车结构中有大量的拱形（隆起呈一定弧度的形状）和凸缘，这些部位都产生了加工硬化，也都具有局部的箱形截面。整个翼子板可看成是具有局部箱形截面的构件，如图5-5所示。局部箱形截面也会发生凹陷，与完全箱形截面凹陷的结果相同，两者都是凹陷铰折。

3. 凹陷卷曲

当铰折折损穿过一块金属板时，它不仅使完全箱形截面或局部箱形截面产生收缩，而且使它穿过的拱形表面产生收缩。发生这种情况时，便形成了新的折损。这种折损试图将金属板的内部向外翻卷，使折损部分长度增加。长度的增加是这种折损的特征，这种折损称为凹陷卷曲。凹陷铰折和单纯铰折增加的是高度方向的变化，而不是长度。发生在拱形表面上的任何折损都会使金属收缩，凹陷卷曲也不例外，其金属收缩量取决于碰撞的程度。

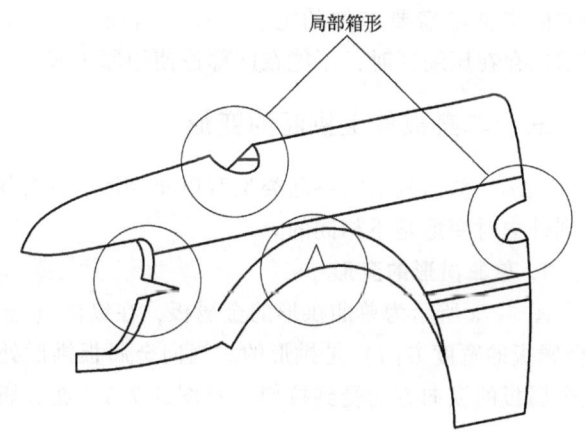

图 5-5　局部箱型截面区

4. 单纯卷曲

当发生凹陷卷曲时，在凹陷卷曲部位的旁边有两处也同时发生折损，这两处折损就是单纯卷曲。这两处折损都位于金属板的拱形部分，因而也是收缩型的折损。如果金属板是平坦的，则它将以铰折的形式发生弯曲，产生单纯铰折折损。当金属板是拱起的，折损深入到金属的内部时，由于金属表面具有合拢作用和金属自身的收缩作用，将倾向于卷曲。

由于金属自身的收缩作用，所有发生在拱形部分的凹陷卷曲的方向都与拱形的方向相反，所产生的收缩方向也与拱形的方向相反。单纯卷曲和凹陷卷曲都使金属收缩，但两者的方向有所不同。单纯卷曲发生在凹陷卷曲的两侧,并与凹陷卷曲形成一个箭头形状。

车身修理人员应该掌握以上4种折损类型,应该对各处的折损一目了然,能够对所有折损有一个修复的方案。

二、板件损坏的拉伸区和压缩区

板件损伤后,一般用压缩和拉伸来形容金属受损以后的状况。这些状况也可用高点和低点来描述。在任何损坏发生以前,金属内部都已存在压缩和拉伸,所有的拱形都受到压缩。但这里的压缩并不是指发生损坏时产生的力,而是指金属被挤压的部位受到一个新产生的压力的作用,该压力通过加工硬化被保留下来。如果该压力突然消失,则金属将返回它原来的形状。通常各种金属板的拱起程度会有所不同,拱形很高的金属板称为高拱形,接近平坦的金属板称为低拱形。当低拱形的金属板受损时,金属被拉入损坏的中心部位。这个拉力使金属板低于它原来的高度,低于正常高度的损坏区称为拉伸区;相反,金属板上任何超出原高度的损坏区都称为压缩区。图5-6所示为受损钢板截面上的拉伸区和压缩区。

判断金属板件产生的变化,应考虑金属板在受到损坏前压缩或拉伸的状况。校正时,先要确定受损部位受到的是拉伸还是压缩,然后才可以确定修理的方法和使用的工具。不能用锤子敲打拉伸区,也不能用顶铁敲打压缩区的内侧,要根据压力的方向来决定需要施加的力;同样,当损坏部位存在压缩区时,不能在此部位使用原子灰。

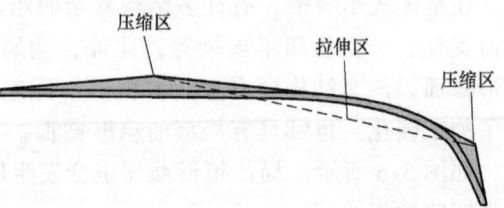

图5-6 受损钢板截面上的拉伸区和压缩区

三、车身板件上拱起的变形

汽车外部面板上的拱起类型有单曲拱形、复合拱形和双曲拱形三种。不同类型的拱形在受到外力时变形是不相同的。

1. 单曲拱形的变形

图5-7a所示为单曲拱形的金属板,在纵向(金属板的长度方向)是平坦的,而在横向(金属板的宽度方向)是拱形的。当向金属板拱形处顶端施加一个压力时(见图5-7b),则在金属板的纵向方向受到拉伸(见图5-7c),在金属板的横向方向受到压缩(见图5-7d)。

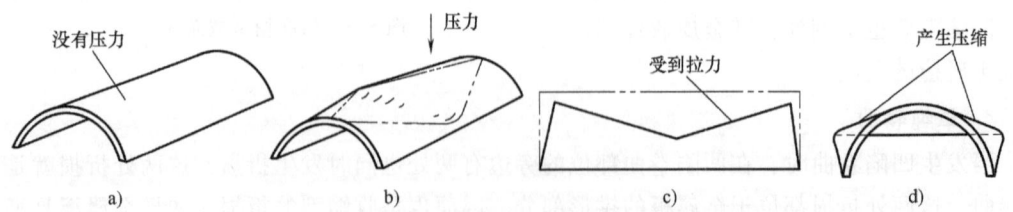

图5-7 单曲拱形金属板受力后的变形
a) 损坏前的金属板 b) 损坏后的金属板 c) 侧视图 d) 正视图

车门碰撞产生一条狭窄的拉伸带,在拉伸带的周围是拱形的压缩区,这就是压缩和拉伸的一个典型例子,如图5-8所示。校正时,先对拱形的部位用锉刀锉平,凹陷处用原子灰填平。

2. 复合拱形的变形

所谓复合拱形，就是平面与拱形的组合。图5-9所示为复合拱形金属板受力后的变形。板件压力（P）的方向是由上向下，几乎是垂直的。由于拱形处金属的强度比平面处大，抵抗压力的能力强，所以凹陷卷曲P到BC段长度小于P到BF段。事实上，在受到损坏时，P两边所受到的力相同，但是左侧金属损坏的面积较大。不熟练的维修人员在校正这种变形时，只是设法先让金属向上移动，这将对金属板上平面的部位造成进一步的损坏。平面的部位将屈服于校正力而断裂，但P到BC部位却未受影响。对这种情况进行的校正应该是先将P到BC部位折损处展开，因为这里是展开较平坦部位的关键。

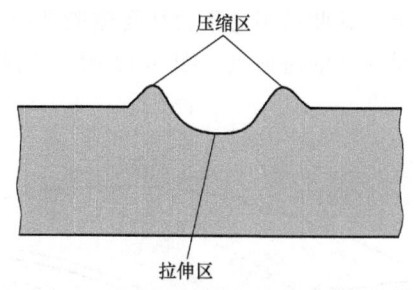

图5-8 车门碰撞产生的压缩区和拉伸区

当焊接不当或不正确地操作锤子、顶铁或拱形的折损等时，拱形的金属板上产生一个凹陷区（也称为收缩区），则凹陷区将低于正常的高度。对于出现在拱形处的凹陷区，如果在它的附近没有伴随着出现一个压缩区，便可以用拉伸的方法来校正收缩的凹陷区，如图5-10所示。通过升高受拉伸的凹陷区的方法进行校正时，只会降低邻近部位的高度。但一块受到损坏的金属板上除出现凹陷区外总会出现一些压缩区，如果它不是受到来自下面的损坏，而采用拉伸方法校正，则金属将受到向里面拉的力，使凹陷进一步加深。

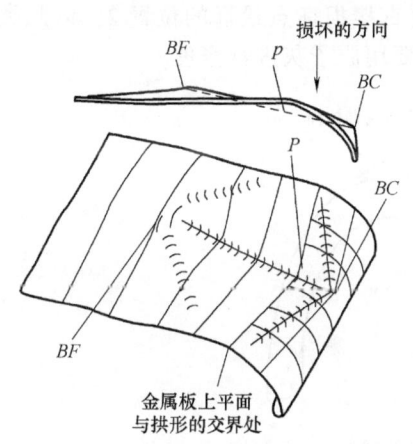

图5-9 复合拱形金属板受力后的变形

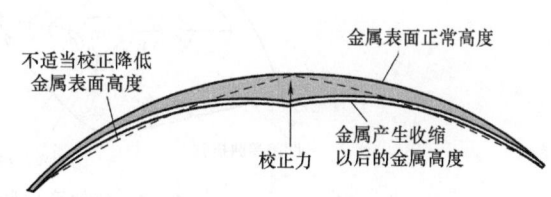

图5-10 收缩的钢板通过拉伸恢复形状

掌握这些知识将有助于车身修理人员确定正确的修理方法。例如：在一个凹陷的表面上焊接时，由于金属材料的收缩，会造成金属的下沉还是上升？答案是金属会上升，形成一个拱形。解决这个问题可采用锤子在垫铁上敲击，使金属表面得以降低。不熟练的维修人员常常不是对金属板的拱形用锤子在顶铁上敲击，而是采用拉伸的方法使凹陷的金属表面升高，结果都是失败的。

3. 双曲拱形的变形

大多数金属板上的各种弯折都发生在一个方向上，而在另一个方向上保持平坦。但是，也有一些金属板在两个方向上都有拱形，这类拱形就是双曲拱形，如图5-11所示。

在拱形的表面上发生的弯曲折损会扩散到离它最近的平坦区,但在双曲拱形表面的金属板上,卷曲折损通常会从受碰撞处向各个方向传播,就像车轮上的辐条一样,而轮毂则相当于是最初的碰撞点。图 5-12 所示为这种类型的金属板所受到的损坏。

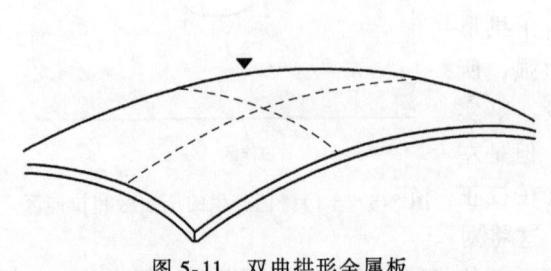

图 5-11 双曲拱形金属板

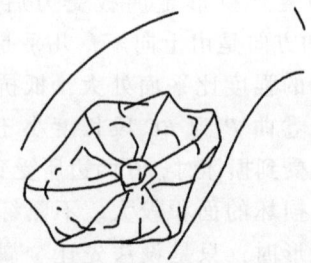

图 5-12 双曲拱形金属板的凹陷卷曲折损

四、板件损坏部位的修复程序

通过了解车身板件上的不同损坏类型,维修人员能够采用正确的方法来修理受到损坏的车身。首先要找到损坏的方向,碰撞损坏的方向应该和碰撞的方向完全相反。一般通过目测检查即可找出损坏方向,但是在金属板重叠的情况下,问题往往会变得复杂。

如图 5-13 所示,凹陷卷曲折损总是从最先发生接触的位置向外传播。当有 2~3 个部位出现这种折损时,情况更加简单,它们都汇聚到的那一点就是最初的碰撞点。

在修理时,基本的原则是最后的损伤要最先修复,最先的损伤要最后修复。在损坏部位离直接损坏点最远的位置1要最先进行修理,然后修复离直接损坏点最远的位置2,以此类推把损伤全部修理好,对最后的直接损伤位置10可能需要用原子灰进行修理。

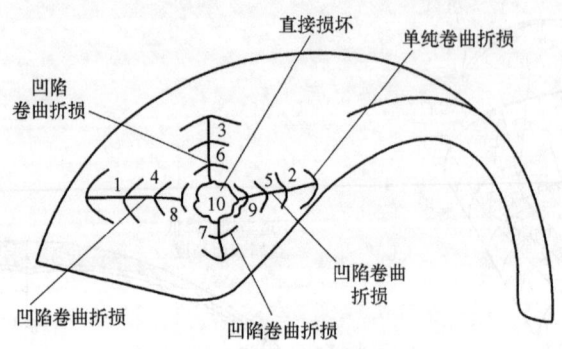

图 5-13 碰撞产生凹陷卷曲的过程

单元二　钢板维修方法

知识点:钢板维修方法的分类;锤子和手顶铁作业;垫圈焊接作业;钢板的缩火;钢板的特性。

能力点:了解钢板维修方法的分类;掌握实敲与虚敲作业;掌握拉拔原理和拉拔维修方法;掌握缩火原理与缩火的方法;掌握损伤区域内塑性和弹性变形的修复顺序。

一、钢板维修方法分类

钢板维修指维修受损钢板以达到可以施涂原子灰的状态。

目前事故车依照受损情况,可分成大损伤车和小损伤车,如图 5-14 所示。大损伤车指车身车架梁件需要修理的车辆。小损伤车指车身钢板需要修理或更换的车辆。本节将着重讨论各种小损伤车辆的损伤钢板维修。

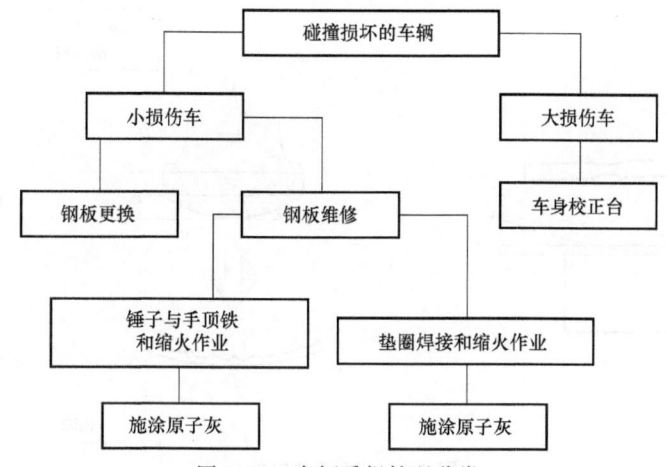

图 5-14 车辆受损情况分类

钢板维修作业大略可以分成 3 个种类,即锤子与手顶铁作业、垫圈焊接作业和缩火作业,如图 5-15 所示。

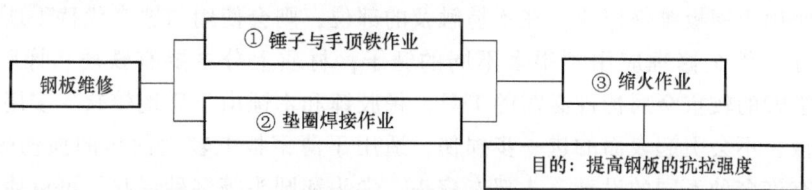

图 5-15 钢板维修分类

各种维修作业的适用损伤范围见表 5-1。

表 5-1 各种维修作业的适用损伤范围

维修作业	锤子与手顶铁作业	垫圈焊接作业	缩火作业
适用损伤范围	内侧可触及部位	内侧不可触及部位	刚性下降的部位
范例	前翼子板 后翼子板后段 后下围板 车顶钢板中段 发动机舱盖和行李箱盖	后翼子板轮弧部位 前、后车门 车门槛板 前柱、中柱、后柱 车顶钢板的前侧、后侧及两侧 发动机舱盖和行李箱盖	延展的钢板 过度使用实敲作业的钢板

二、锤子与手顶铁作业

使用锤子和手顶铁来维修钢板是存在已久的技术,实敲和虚敲是常用的作业方法。

1. 敲击原理

将一块平钢板置于底座上敲击，则钢板的两端将向两边翘曲，锤子表面的圆弧度越大，此种翘曲的现象会越明显，如图 5-16 所示。

从敲击后的钢板可以了解到，用表面圆弧度大的锤子敲击后会产生较明显的凹陷和较深的凹痕，所以钢板表面会朝着凹痕的方向延伸和翘曲；反之，用表面圆弧度较小的锤子敲击后产生的凹痕较小，甚至没有凹陷。所以，维修钢板时，通常使用表面圆弧度较小的锤子。

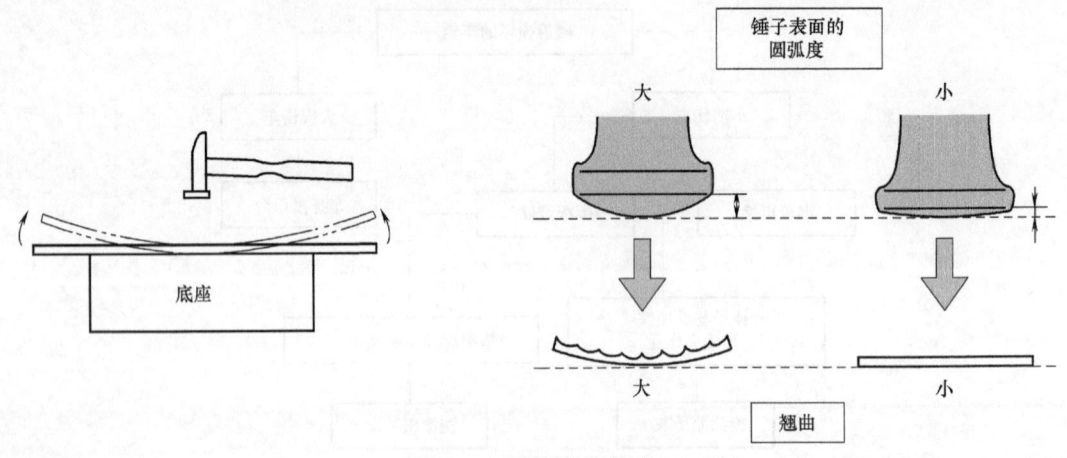

图 5-16　锤子敲击效应

2. 工具的选择和使用

钣金修复最为常用的工具是锤子和手顶铁以及专用于特殊场合的各种匙形铁等。一般锤子与手顶铁使用于钢板维修作业，在不易触及的部位，则会使用勺匙来代替手顶铁。

（1）锤子　钣金修理应用到很多不同的锤子，材质上分主要有铁质、橡胶和木质等。铁锤是复原损毁的较重金属构件必需的工具。橡胶锤和木锤由于质地较软，多用于柔和地敲击较薄的钢板，不会引起表面的进一步损伤，适用于薄钢板上较大面积的损伤的初步修复。车身钣金锤有许多种不同的设计，头部有扁头、尖头和圆头等多种形状，可以使用于各种专门的用途；锤底部基本都是圆形且底部中央凸起而四周略低，这样有利于将力量集中于高点或凸起变形波峰的顶端。

在钢板校正和钢板表面成形时使用的锤子如图 5-17 所示。横向锤子的顶端具有圆弧面和水平面，在修正平滑的钢板表面及水平线成形时使用。纵向锤子的顶端具有圆弧面和垂直面，在修正平滑的钢板表面及垂直线成形时使用。尖形锤子有尖锐的角，在敲击小的凸点时使用。木锤的顶端为木制桶状的形式，在修正没有刮痕的小变形时使用。

（2）手顶铁和匙形铁　手顶铁是配合锤子进行钣金整形的常用工具，它的作用相当于一个小的铁砧，用手握持顶在需要用锤子敲击的金属背面。一般的手顶铁为铁制，但目前也有铅、木块和塑胶制成的手顶铁。用锤子和手顶铁一起作业，使高起的部位下降，使凹陷的部位提升。手顶铁有许多不同的形状，各个面的曲率也不同，分别用于特定的凹陷形式和车身板件的外形。图 5-18 所示为常用的手顶铁。

在选用手顶铁时，手顶铁使用面的曲率与面板外形的配合非常重要。如果在高凸起的表面使用了低曲率的顶铁，在修复过程中会造成更大的凹陷。所以，在选用顶铁时，要把握一定的原则，即使用凸起弧面略高于需要修整的板件凸起弧面的顶铁，随着板件的修整，其外观逐渐得到恢复，要不断调整和更换不同凸起弧面的顶铁。通常使用小圆弧度的锤子，手顶铁或勺匙的圆弧度必须接近或小于所修理钢板的圆弧度。手顶铁平面端不可置于钢板的弧度面，因为手顶铁的尖端将使钢板表面留下伤痕，如图 5-19 所示。一般建议选用手顶铁表面的圆弧度约为钢板原始弧度的 80% 以上。

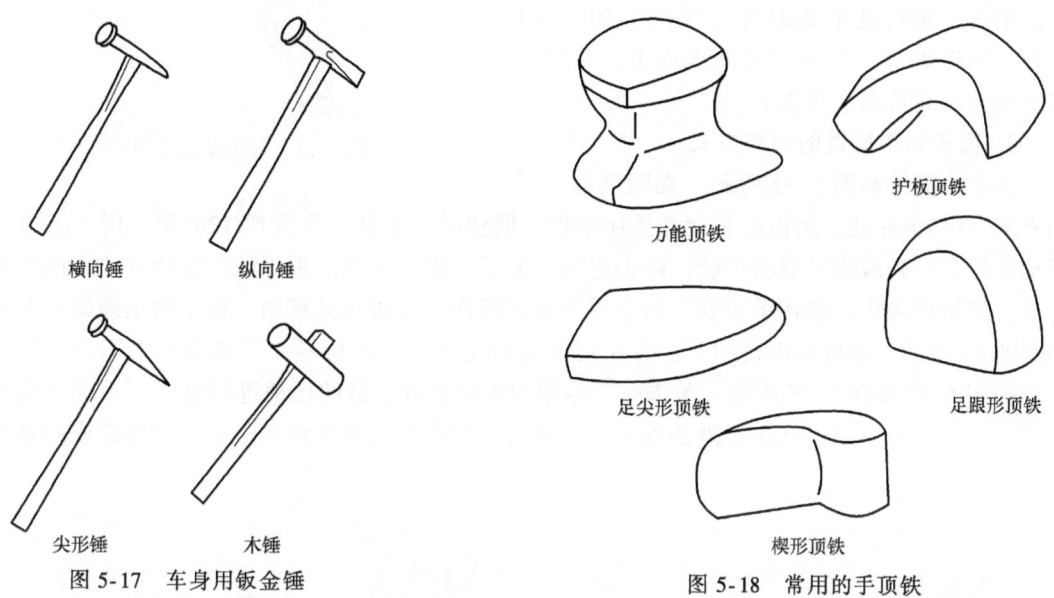

图 5-17　车身用钣金锤

图 5-18　常用的手顶铁

匙形铁（也称为修平刀）是另一种钣金修理工具（见图 5-20），它有时可以用来当锤子使用，利用其宽大的平面将变形较大的薄板类构件拍平；有时可以当作顶铁使用，垫在需要整形的金属板背面，正面用轻整形锤敲击恢复板件形状；更多的时候是用匙形铁深入到用手不能触及的地方撬起凹陷的金属。

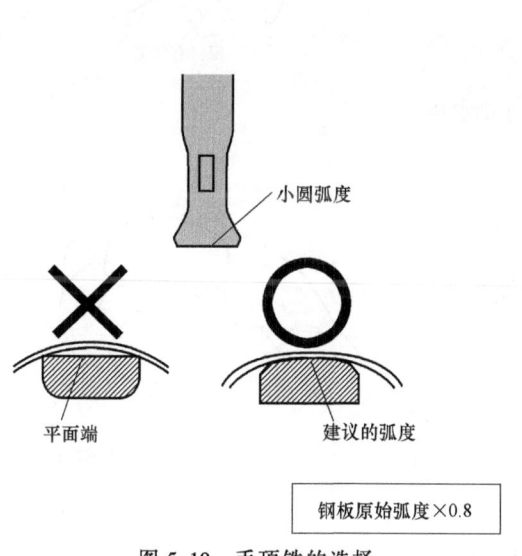

图 5-19　手顶铁的选择

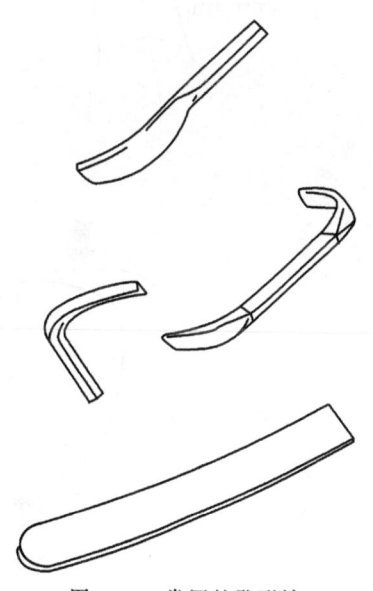

图 5-20　常用的匙形铁

在选用匙形铁时，与选用手顶铁一样，要考虑需要修整的表面的形状。匙形铁可以把敲打力分布到一个较大的区域上，从而迅速把凸起敲平，并且不损坏板件的其他部位。操作时与锤子配合使用，把匙形铁直接放在凸起表面处，用锤子敲打匙形铁即可（见图5-21）。其平直表面把敲打力分布在宽的表面上，可修平被整表面的皱折和凸起修平。

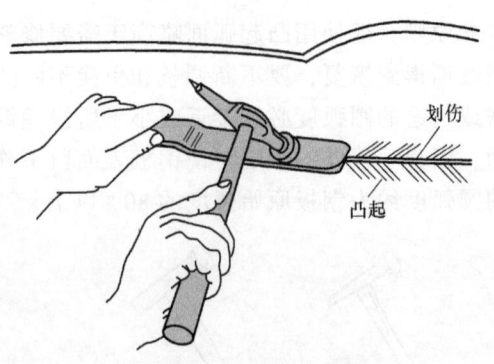

图 5-21 匙形铁的使用

3. 锤子和手顶铁的握持方式

锤子的握持如图 5-22 所示。在距离锤子手柄末端 10~20cm 处，用拇指和食指抓住手柄；握住时，手柄与手臂成 120°角。用力敲击时摆动手肘，轻轻敲击时摆动手腕，敲击时握锤的手不要戴手套。手顶铁的握持方式如图5-23所示，用拇指和小指撑住手顶铁，其余手指将其握住，以防止其晃动。锤子的正确敲击方式如图 5-24 所示。正确的握持和敲击将在钢板表面留下平整的记号，否则会留下不均匀的记号，如图 5-25 和图 5-26 所示。敲击时，尽量用手腕或者小臂的摆动进行敲击，不要摆动胳膊进行猛烈敲击，因为几次猛烈的敲击对金属造成的延展比多次轻微敲击对金属造成的延展要多。

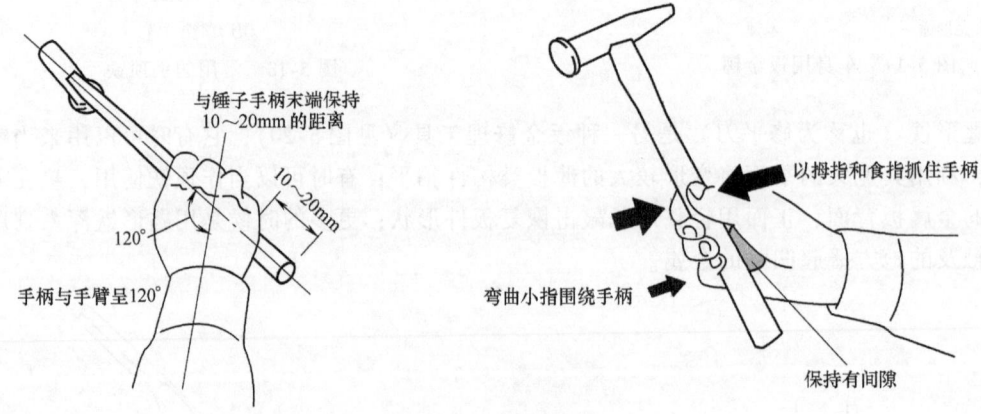

图 5-22 锤子的握持

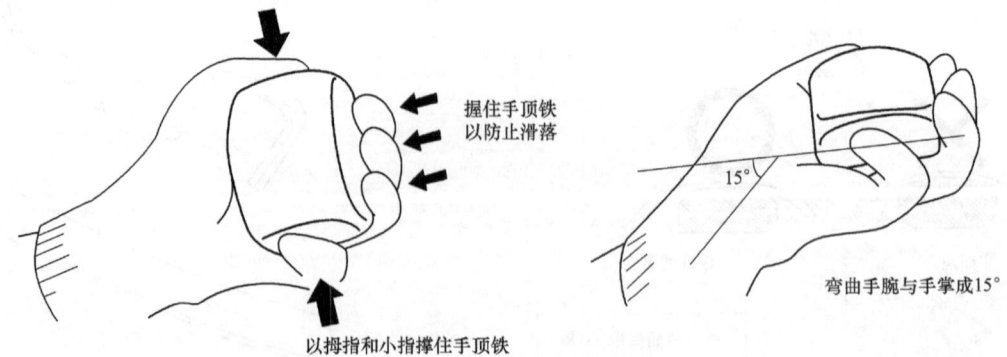

图 5-23 手顶铁的握持方式

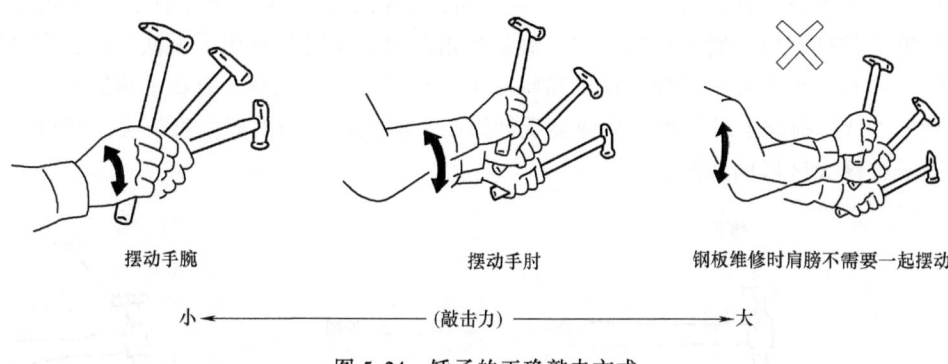

图 5-24 锤子的正确敲击方式

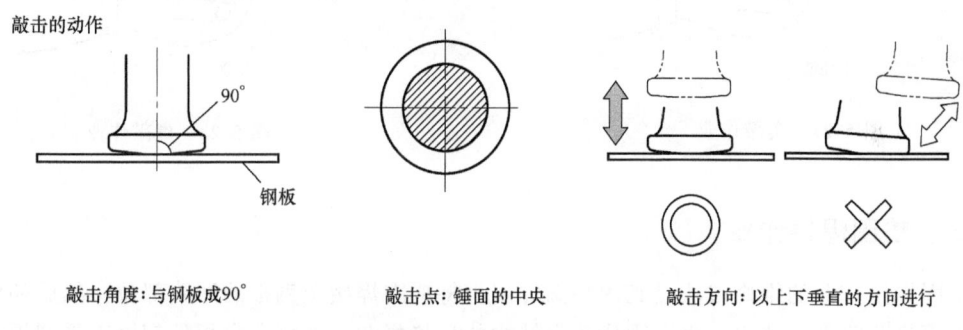

图 5-25 锤子敲击方式对比

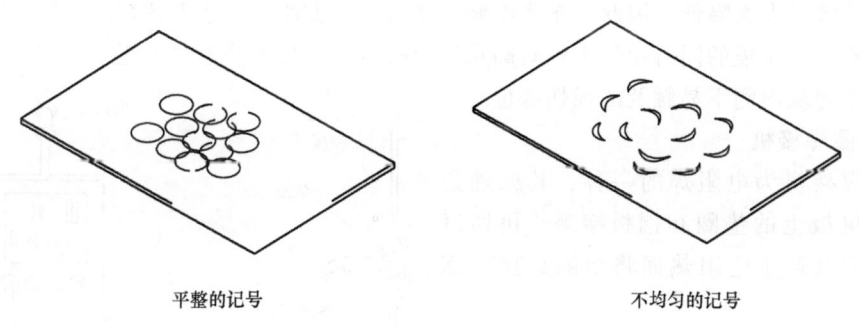

图 5-26 敲击后钢板表面留下的记号

4. 实敲和虚敲作业

使用锤子与手顶铁维修钢板可分为两种基本方法:一种是实敲,另一种是虚敲。在修理作业中,有经验的维修人员根据钢板的损伤情况交互使用上述两种敲击方法。下面详细介绍这两种维修方法。

实敲是手顶铁的位置和锤子敲打的位置相同,也就是将手顶铁置于钢板凸出部位的内侧,然后使用锤子敲打凸出部位。如图 5-27 所示,将手顶铁正确地顶至钢板的凸出部位。一般实敲是在使用虚敲修正较大的凹陷后用来修整细微的凹陷。

虚敲是手顶铁的位置和锤子敲打的位置不同，也就是将手顶铁置于钢板内侧较低的部位，而以锤子敲打钢板外侧较高的部位。假如敲击凸出部位时没有用手顶铁顶住，则敲击时钢板会因为本身的弹性发生反弹，而不易将凸出部位敲下去；此时，若将手顶铁置于钢板内侧（见图5-28），则敲击时钢板的反弹会受到限制，而能够将凸出部位敲下去。所以，虚敲通常使用于维修大区域的凹陷。

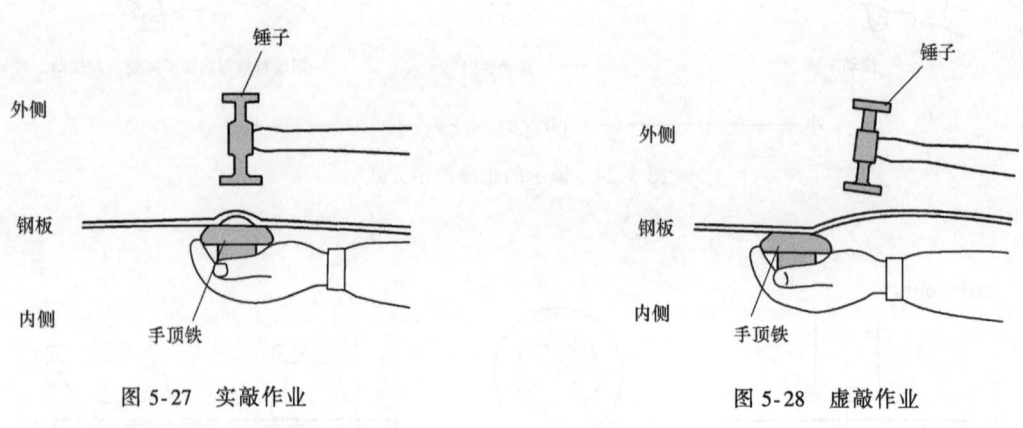

图 5-27 实敲作业　　　　　　　　图 5-28 虚敲作业

三、垫圈焊接作业

垫圈焊接作业的维修方法是利用垫圈焊接机将垫圈焊接于钢板的凹陷部位，然后朝外拉拔垫圈而将凹陷部位拉出。由于现代车身结构的日趋复杂，许多车身板件都由于受到焊接在一起的内部板件和车窗等结构的限制而难以触及它们的内部；或是因为比较轻微且局限于金属外板，内板没有损坏，如果拆卸内板或者拆卸相关附件，对于车身维修来讲工作量会加大很多，致使效率大大降低。因此，车身维修中还有一种方法适用于上述情况，即将凹陷的金属向外拉拔，在拉拔的同时用钣金锤对高点进行敲击。此种维修方法作用于钢板外表面，所以较适于修理从内侧不易触及的损伤部位。

1. 垫圈焊接机

垫圈焊接机为电阻焊的一种，其原理是利用夹在电极上的垫圈和钢板接触，再通以大电流，使其产生电阻热而将垫圈焊接于钢板上。

在图5-29所示的回路中，电阻最大的部位位于垫圈和钢板的接触部位。当电流通过电阻最大部位时，由于高电阻消耗电能而产生高热能。

现在有许多车身维修设备制造商制造了多功能的车身整形机，俗称介子机，集焊接介子（拉拔用的介质）、拉拔操作、单面点焊

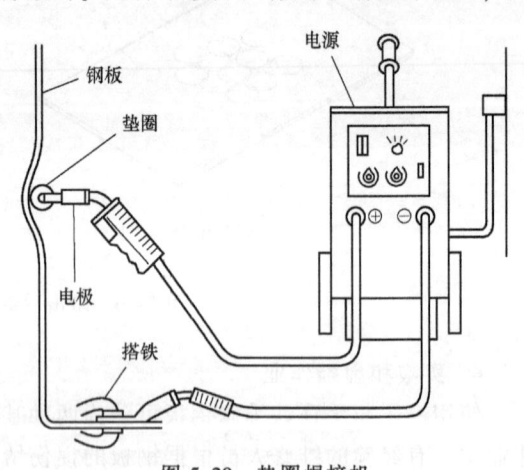

图 5-29 垫圈焊接机

和电加热缩火等功能于一体，给车身的整形带来了方便。介子机可以焊接的拉拔介子有很多，常用的有普通垫圈、三角垫片、小螺钉和销钉，可以根据惯性锤的头部结构更换。车身

整形机的详细使用及注意事项可以参见相关设备的说明。

2. 拉拔原理

如图 5-30 所示，虽然垫圈焊接法是将垫圈焊接于钢板上，但所采用的原理和锤子与手顶铁方法中的虚敲技术相同。虚敲是将手顶铁置于钢板内侧凹陷部位的最低点，而垫圈焊接作业则是将垫圈焊接于钢板的外侧，然后钩住垫圈向外侧拉拔，以取代向外侧压出的手顶铁。

如图 5-31 所示，当垫圈被向外拉出时，位于凹陷周围的塑性变形区域（A 部位）将向外凸出，这些部位只要用手锤敲打，就可修正焊接垫圈处的凹陷。

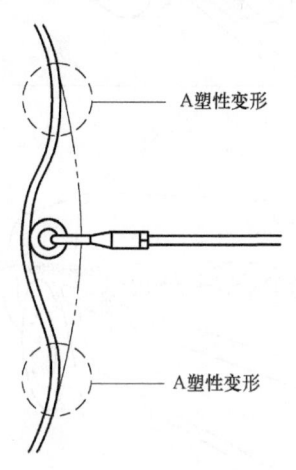

图 5-30 拉拔法修理原理

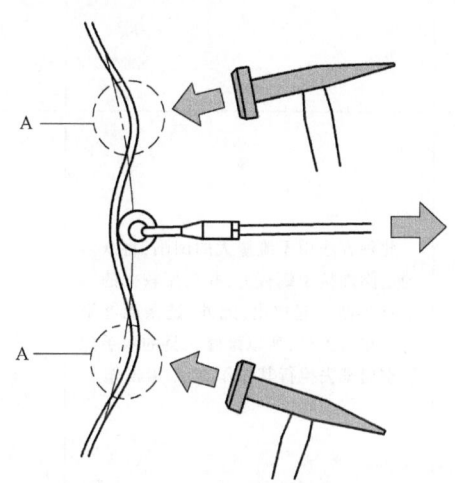

图 5-31 拉拔时敲击的位置

使用垫圈焊接法来维修钢板时会残留小的凹陷，这些小的凹陷必须依靠施涂原子灰来填平。

3. 拉拔方法的种类

垫圈焊接作业中垫圈的拉拔方法可以分成四种，见表 5-2。

表 5-2 拉拔的方法

方法	说明	图例
使用手拉拔器拉拔	使用手拉拔器拉拔焊接垫圈，然后以锤子敲击钢板凸起部位。此种方法用于维修小的凹陷部位	

(续)

方法	说 明	图 例
使用滑动锤拉拔	利用滑动锤的冲击力拉出焊接的垫圈来修理凹陷。此种方法用来做粗拉拔和在钢板强度高的部位修理凹陷	
使用拉塔拉拔	此种方法用于维修大的凹陷,将众多的垫圈焊接于钢板上,并且用较大的力量将垫圈一起拉出;此外,链条能够维持拉拔的力量,所以维修人员的双手能够空出来去执行其他作业,如敲击作业	
使用具有焊接极头的滑动锤拉拔	此种工具为一种包含有焊接极头的滑动锤,此种工具的极头可焊接于钢板上,并将钢板拉出。使用此工具时,必须将焊接机的正极头接于滑动锤的后侧	

具体修复时,应首先认真研究损伤,确定出最初发生碰撞的位置和方向,然后沿着最初形成的折损凹陷,以 10mm 的间距焊接垫圈(间距与垫圈直径有关),从凹陷最低处逐渐将凹槽拉出,拉伸的同时不断敲击拉拔处的高点。采用这种方式,不要一次就将凹陷的位置拉到位,有时需要反复几次才可以达到理想的校正效果。对于第一次拉拔的部位尤其要注意,只能向上稍稍拉出一点,接着拉下一个位置。这样做的原因:一是凹陷最低的地方加工硬化程度高,拉伸作用力过于集中,力量过大可能会引起撕裂;二是随着周围金属的不断提升,凹陷中心部位会不断提高,若一次升高过多,则可能待修整完毕后凹陷最大的点反成了鼓起的点,需要再次进行校正,给修理带来麻烦。

需要说明的是,采用拉拔方法修整的表面不像锤子和手顶铁修整的表面,必须填充原子灰进行表面整形，有时还需要用缩火的方法对延展的金属进行收缩。

四、钢板的缩火

钢板的缩火指将钢板加热后急速冷却而使延展的钢板收缩。若钢板仍处于延展的状态下，则虽已使用锤子与手顶铁敲击成平滑的平面，但是钢板却无法提供足够的刚性，甚至用手指头压下钢板即产生凹陷。钢板产生延展的原因主要有两个：一种原因是钢板受到撞击后变形而产生延展；另外一种原因是在维修时过度使用实敲而使钢板产生延展。

钢板上强度最弱的部位最容易延展，这是因为其两边的钢板冲压线间距较宽，或钢板斜度较小。在进行任何收缩以前，必须尽量将损害部位校正到原来的位置。然后，车身维修人员才可以准确地判断出损坏的部位是否存在延展的金属，如果存在，那么就要进行缩火。

1. 缩火原理

如图 5-32 所示，一根两端能自由膨胀与收缩的钢棒加热后会产生膨胀，且冷却后会收缩回复原始的尺寸。将同样的钢棒两端固定或限制住后进行加热，然后冷却，钢棒的长度将缩短。钢棒的缩火过程如图 5-33 所示。

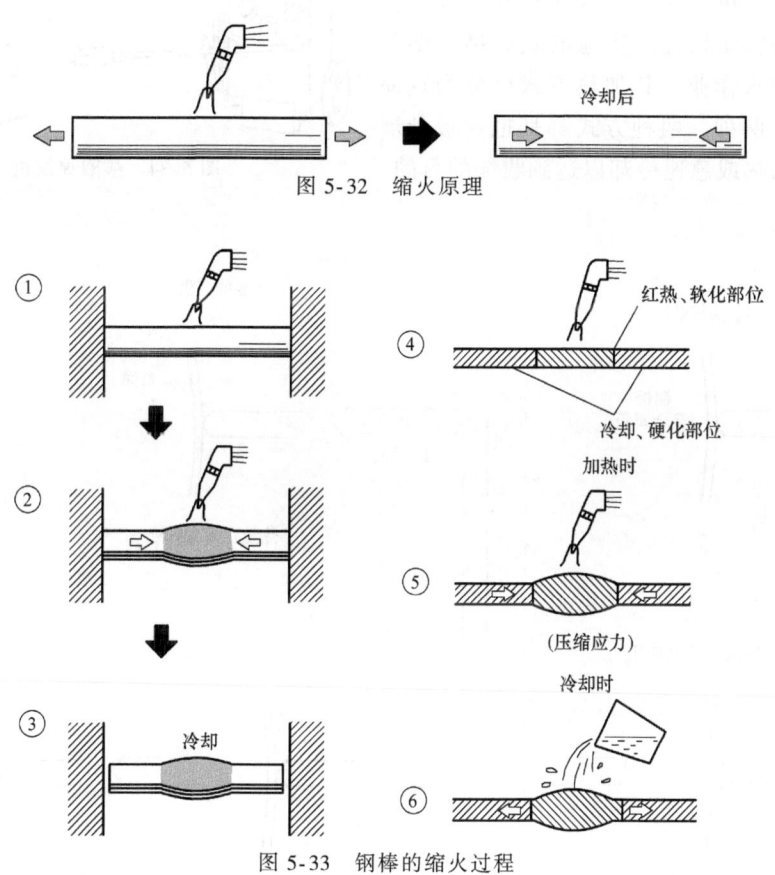

图 5-32 缩火原理

图 5-33 钢棒的缩火过程

① 当加热钢棒时，因为钢棒的两端被限制住而阻止向外膨胀，因此钢棒的内部会产生强大的压缩应力。

② 当钢棒的温度逐渐上升致使钢棒产生红热和软化的状态时，压缩应力会集中于红热部位。当红热部位膨胀时，压缩应力就会被释放。

③ 若此时迅速地将钢棒冷却，则钢棒就会收缩，且其长度会由于红热部位的膨胀而变短。钢板的缩火原理与上述钢棒的缩火原理相同。

④ 将钢板的单一部位急速加热。

⑤ 随着温度上升，钢板的加热部位会朝着加热区域的边缘向外膨胀，但其周围为未加热的冷、硬钢板，所以会限制钢板的膨胀，因此产生强大的压缩应力。若继续加热，则膨胀会集中于松软的红热部位，从而将金属压出产生变厚的现象，因此消除了压缩应力。

⑥ 若此状态下将红热部位急速冷却，则钢板冷却时会由于收缩而产生张力。

2. 缩火作业

电加热缩火是车身整形机的常用功能之一，其工作原理是利用导电介质与钢板接触时产生的电阻热来加热钢板。电加热采用的导电介质有铜棒和碳棒两种（见图5-34），两种导电介质的导电性能都很优良，产生的电阻热都集中在钢板上（见图5-35），加热集中且快速，收缩效果良好，更主要的是这两种介质都不会与钢板发生接触而粘连。实施电阻焊接（垫圈焊接机）的缩火作业，其加热方式可分为点缩火和连续缩火两种。两种方式都是把钢板延展的部位急速加热或急速冷却以达到收缩的目的。

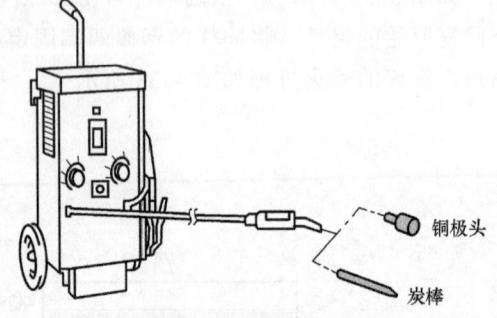

图 5-34　垫圈焊接机

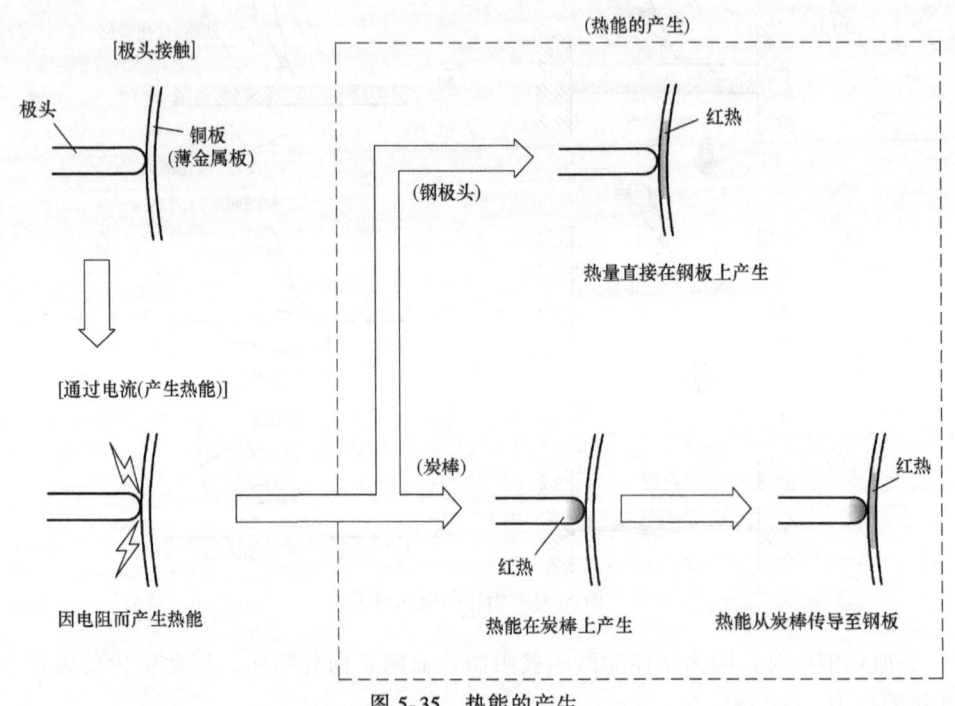

图 5-35　热能的产生

缩火作业的方法见表5-3。

表 5-3　缩火作业的方法

缩火作业	点缩火	连续缩火
电极头	铜棒或碳棒	碳棒
特性	以单点方式收缩损伤区域 点缩火的覆盖区域较小，但可移动极头至缩火的部位，做多点缩火可进行局部收缩，建议用于强度良好的部位	以螺旋或画线方式收缩损伤区域 此种作业可同时加热和冷却较大的区域。各部位的收缩量大，从外向里方向画圆，适用于强度小的部位
方法		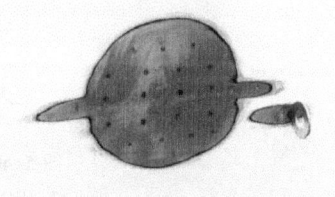

点缩火有使用铜棒和碳棒两种形式，两种形式的使用范围不同。铜电极点缩火适用范围：由于各点的收缩量大，可进行局部收缩，建议用于强度良好的部位，如图5-36所示。碳电极点缩火适用范围：由于各点的收缩量小，建议用于强度稍小的部位，如图5-37所示。

图 5-36　铜电极点缩火

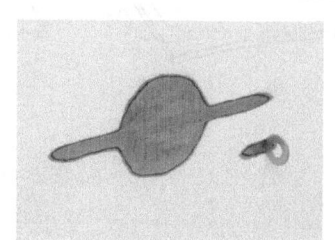

图 5-37　碳电极点缩火

连续缩火有两种形式，即螺旋和画线它们的适用范围各有不同。碳电极连续缩火（螺旋）适用范围：各部位的收缩量大，建议用于强度小的部位，从外向里方向画圆，如图5-38所示。碳电极连续缩火（画线）适用范围：每条线的收缩量小，建议用于强度小的部位，如图5-39所示。

图 5-38　碳电极连续缩火（螺旋）　　　图 5-39　碳电极连续缩火（画线）

五、钢板的特性

车身钢板由众多的冲压线和圆弧组成,所以维修钢板时,必须将冲压线和圆弧度的特性计算在内,以期能够修复至原来的形状。

1. 冲压过程

钢板经冲压过程(塑性变形)后制造成车身钢板,这是由于作用于钢板上的负荷超过弹性限度而使钢板发生了永久变性,如图 5-40 所示。此外,车身钢板上设计的各种车身线也是利用此冲压方式而成形的。不同形状的钢板,在受到同样的负荷时,其变形量是不一样的,如图 5-41 所示。

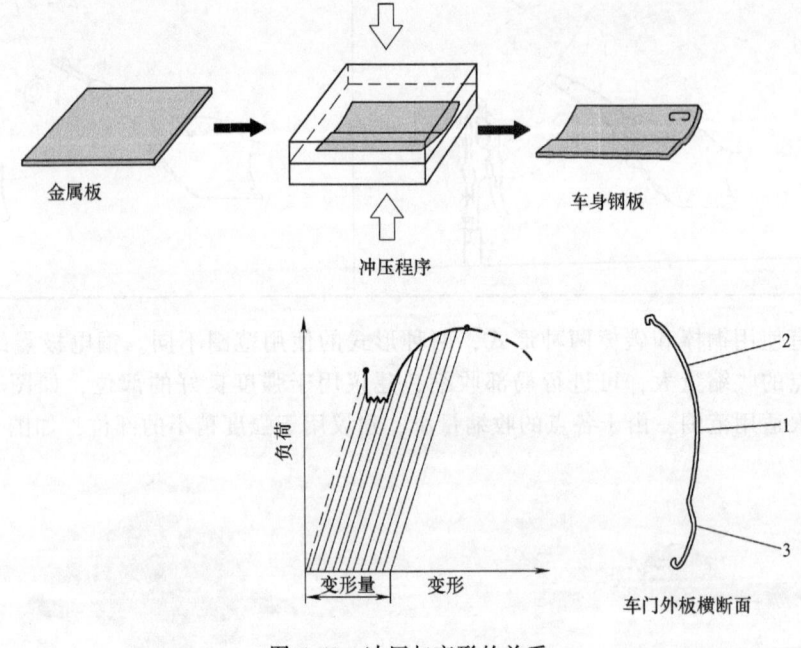

图 5-40 冲压与变形的关系

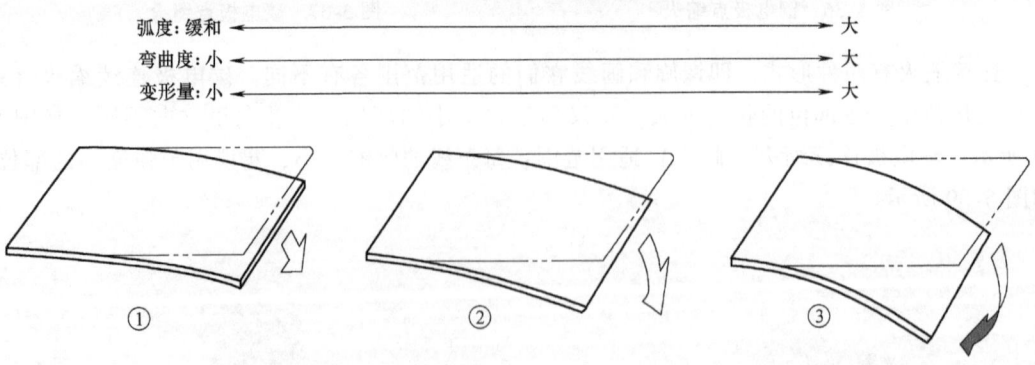

图 5-41 钢板形状与变形量的关系

施加不同负荷于钢板表面上,形成不同的圆弧度所产生的变形量比较:①<②<③,如

图 5-42 所示。

2. 二次加工冲压钢板

此部分显示钢板从最初冲压圆弧到二次冲压圆弧之间的负荷关系，此圆弧的冲压成形过程如图 5-43 "负荷-拉伸图"中的实线所示。

如果钢板被冲压成"变形①"，则当再次施加负荷到达"负荷①"将不会引起超过"变形①"的永久变形，如图 5-44 所示。这是因为此负荷值尚在钢板的弹性变形内。如果继续增加负荷使其超过"负荷①"，此时将产生新的永久变形，且会导致塑性变形，如图 5-45 所示。

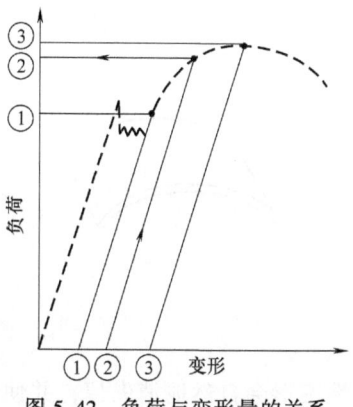

图 5-42 负荷与变形量的关系

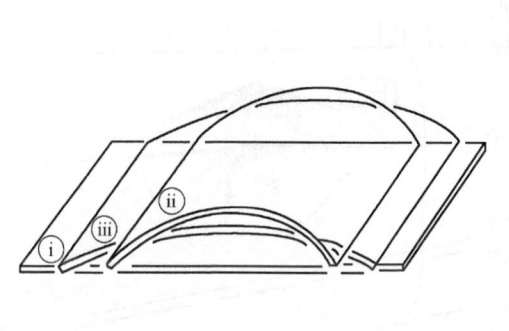

图 5-43 负荷-拉伸图

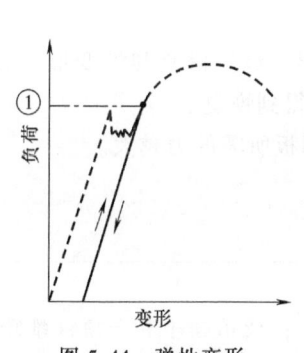

图 5-44 弹性变形

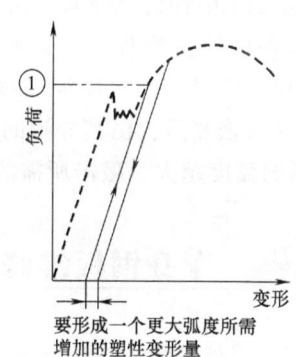

图 5-45 塑性变形

欲从原先的弧度提高至较大的弧度时，需要更大的负荷。同样地，要修正变形的钢板，必须施加大于使钢板变形的力量。产生圆弧所需的负荷根据圆弧的弧度变化而变化，塑性变形时产生较陡的弧度是因为受到的负荷较大，所以，修正时也需要较大的负荷，如图 5-46 所示。

3. 在损伤区域内的塑性和弹性变形

当车身钢板受损时，其变形量是撞击力滞留于钢板表面的结果，这是永久变形抑制了弹性变形的回弹。所以，维修此状态的钢板时，首先必须维修抑制弹性变形的永久变形，然后

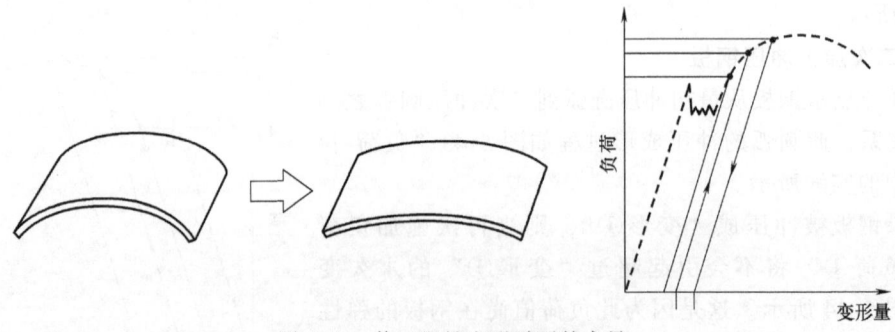

图 5-46 修正塑性变形需要的力量

弹性变形会自然地消失掉,并使钢板回复至原来的形状。

如图 5-47 所示,维修大的钢板损伤面,必须先维修较陡的永久变形 A 点处,钢板就会利用本身的弹性回弹至原来的形状。

受损的钢板会变形成许多形状,并且在维修时会产生不同的变化。所以,通过敲击修理这种变形必须依照特定的情况采用合适的技巧,其中可能包括使用锤子敲击不同的点、使用不同大小的力量、使用手顶铁或焊接垫圈支撑钢板。

考虑钢板维修条件时,参照以下两点:

① 维修钢板的正确程序。先修复弧度最大的塑性变形,其次修复较缓和弧度的塑性变形,最后修复弹性变形。需要注意的是,在塑性变形恢复后,由其导致的弹性变形也相应地得到恢复。

② 变形的弧度越大,敲击所需的力量越大,支撑钢板所需的力越大。

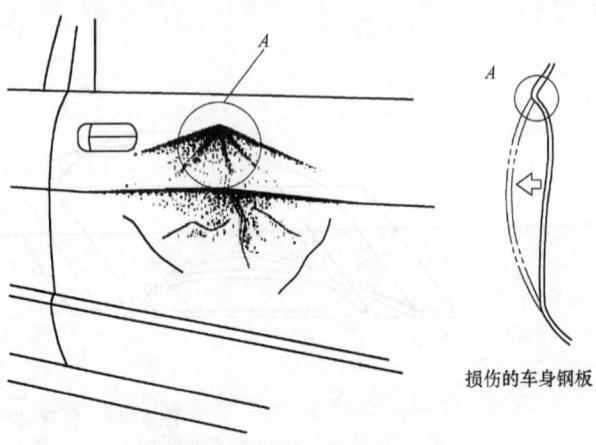

图 5-47 损坏车门板的维修顺序

单元三 车身钢板维修的工艺流程

知识点:钢板维修程序和安全防护;损伤范围判断;使用锤子和手顶铁维修钢板;使用垫圈焊接机维修钢板;钢板缩火;钢板维修质量检查。

能力点:掌握钢板维修程序和各操作中的安全防护;能正确使用 4 种方法准确判断损伤范围;掌握锤子和手顶铁维修钢板流程及各步操作方法;掌握垫圈焊接机维修钢板流程及各步操作方法;掌握钢板缩火的流程及各步操作方法;掌握钢板维修质量的检查标准。

一、钢板维修程序与安全防护

1. 钢板维修程序

一般的钢板维修程序如图 5-48 所示。

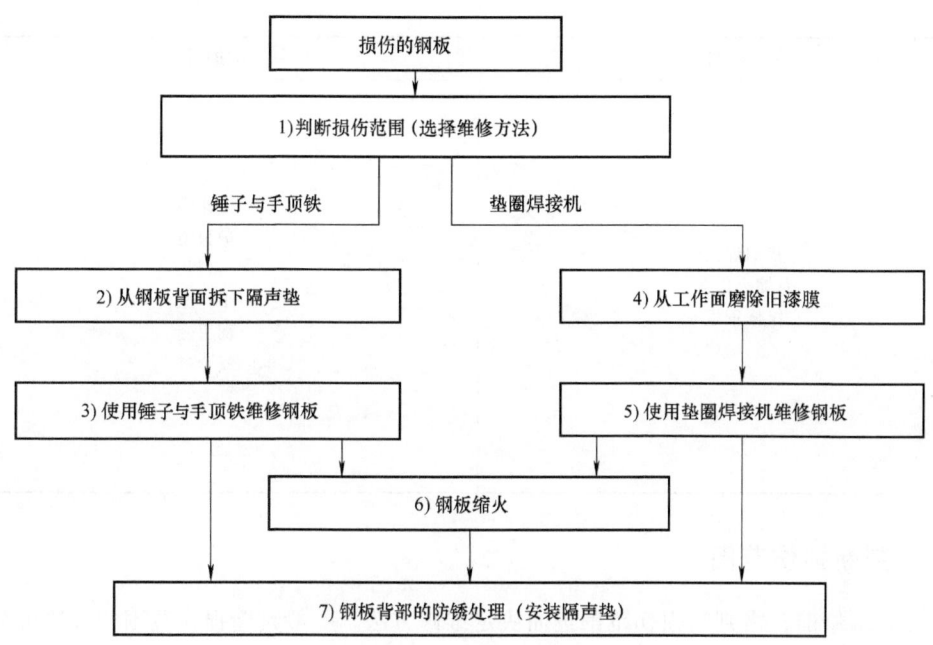

图 5-48　一般的钢板维修程序

钢板维修步骤如下：

1）评估受损范围：目视、触摸、按压和对比。

2）使用锤子和手顶铁、垫圈焊接及缩火技术维修恢复形状、强度。

3）评估维修后的钢板。恢复表面，恢复车身线和钢板边缘，恢复强度，正确连接装配件。

4）防锈处理。

2. 安全防护

为了保障个人安全，提高工作效率，在维修过程中需佩戴相应的劳动防护用品，具体见表 5-4。

表 5-4　安全防护

作业项目	防护用品
锤子与手顶铁维修钢板	工作帽 耳塞 工作服 棉手套 安全鞋

(续)

作业项目	防护用品
垫圈焊接及缩火作业维修钢板	工作帽 护目镜 口罩 工作服 棉手套 安全鞋

二、判断损伤范围

在开始维修前，需判断损伤范围进而决定维修方法。一般判断损伤范围的方法可分为以下4种：

（1）目视判断 利用钢板上折射的光线来判断损伤范围和变形的程度，如图5-49和5-50所示。在此阶段检测操作区域和周围的零件是非常重要的，因为一旦实施维修之后，将很难判断正确的损伤区域；而且，若没有维修到真正的损伤区域，则将造成喷涂面不平整。

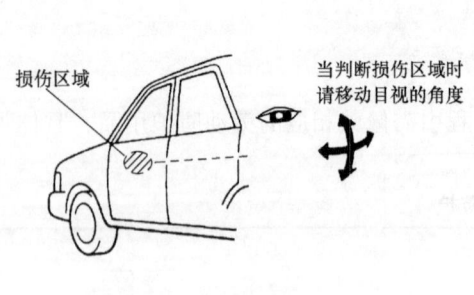

图5-49 目视判断

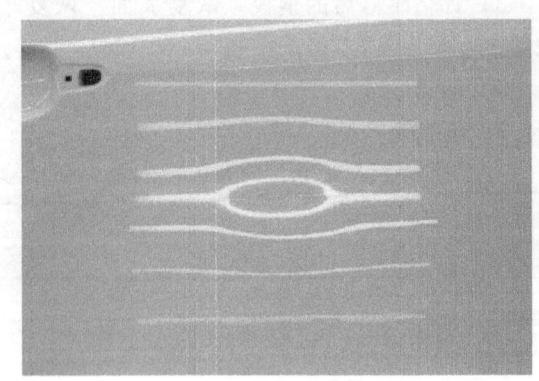

图5-50 损伤区域光线的折射

（2）用手触摸判断 从各个方向触摸损伤区域，不要施加任何力量在手上，并且要专心注意手的感觉，如图5-51所示。为了正确判断小的凹陷，手必须覆盖大的面积，也包括未受损的区域。触摸评估凹陷和突起，检查塑性变形时要佩戴棉手套，如图5-52所示。

（3）用直尺判断 先将直尺置于未受损的钢板面上，检测直尺与钢板面的间隙；然后将直尺置于受损的区域，以判断受损与未受损区域间隙之间的差异，通过空隙判断受损范围；对比受损处与未受损处标记凸起部位，如图5-53所示。若钢板受损面积较大，则使用另一侧钢板做对比。

模块五 钢板维修

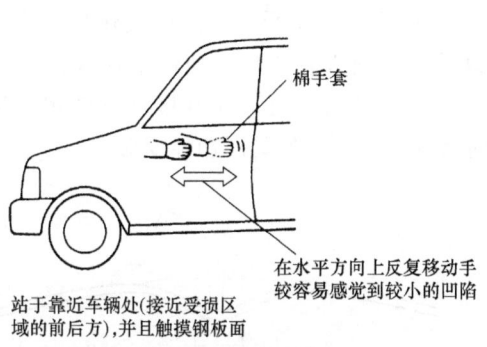

图 5-51 触摸判断

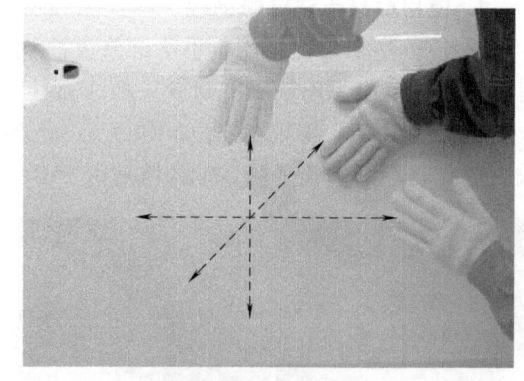

图 5-52 触摸区域

相对于其他方法而言，该方法更能定量地判断损伤区域的损伤程度。

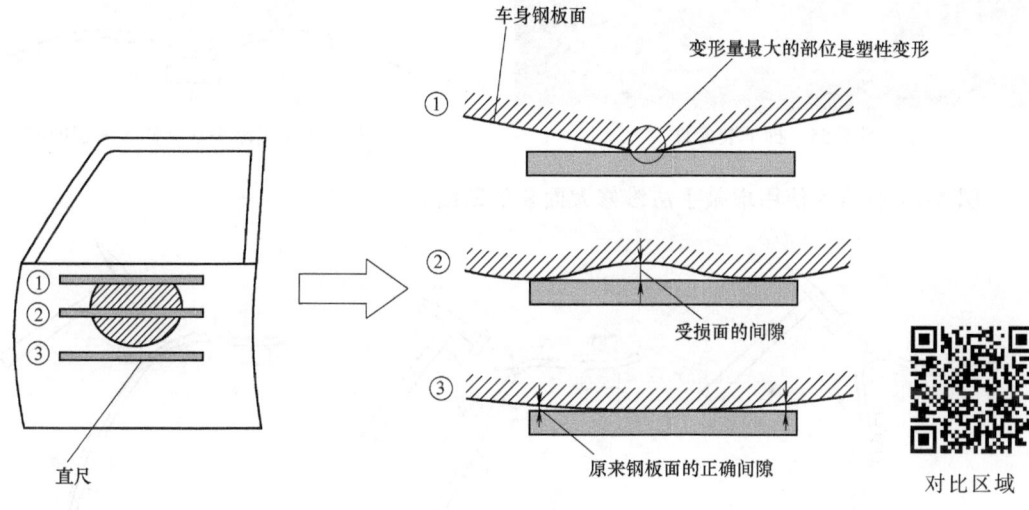

图 5-53 直尺判断

（4）按压判断　检查强度，保证钢板的强度一致。如图 5-54 所示，用大拇指按压，力度为指尖变白即可；检查整个钢板的强度；对比受损处与未受损处钢板的强度变化。

三、从钢板背面拆下隔声垫

拆卸功用类似坐垫的隔声垫，确保后部有足够的空间，使手顶铁或勺匙能够直接抵住钢板背面，如图 5-55 所示。同时，拆卸隔声垫可防止二次损伤。分类放置拆下的零件，以防装配时拿错或者遗失。

四、使用锤子和手顶铁维修钢板

依受损钢板的形状选择合适的锤子和手顶铁。

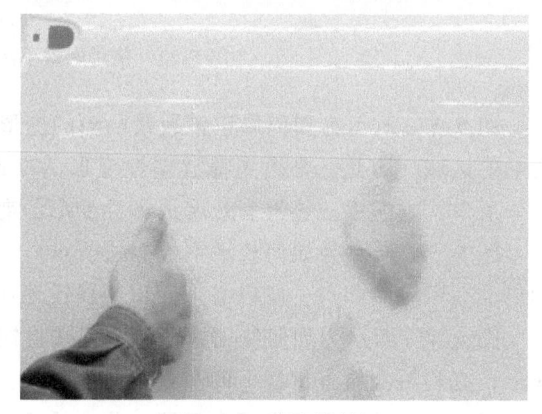

图 5-54 按压判断

1. 使用虚敲手法维修钢板

图 5-56 所示为使用虚敲手法维修大面积的凹陷。如图 5-56a 所示,在钢板外侧并无较高的部位,若以手顶铁压出钢板,则 A 部位会出现凸点,所以在维修时使用手顶铁将 B 部位压出,使用锤子敲下 A 部位。如图 5-56b 所示,将 A 区域敲下时,则 B 区域(使用手顶铁压着)将渐渐修整平顺。A 区域是由于 B 区域向后倾斜所造成的周围塑性变形。

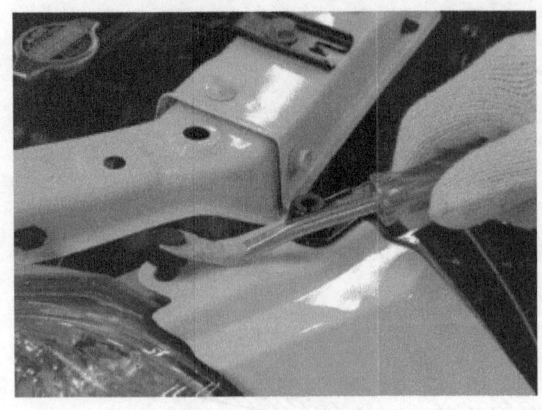

图 5-55　拆下装配件

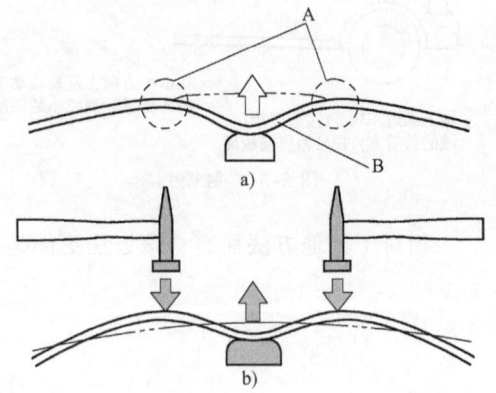

图 5-56　使用虚敲手法维修大面积的凹陷

图 5-57 所示为使用虚敲手法维修大面积的凹凸。

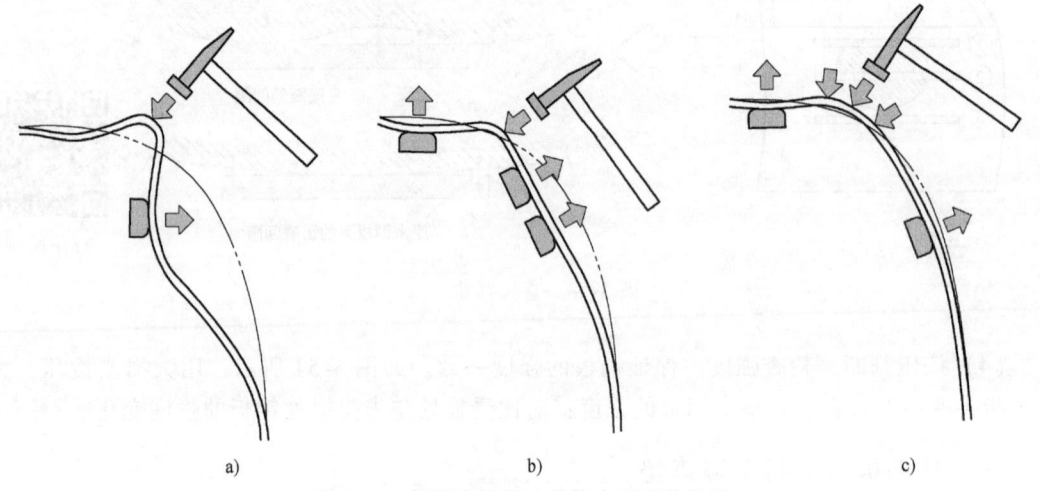

图 5-57　使用虚敲手法维修大面积的凸凹

图 5-57a 所示为如何修正钢板最凸出的变形量。此部位为塑性变形区域,也是抑制弹性变形的区域。因此,必须先释放塑性变形的变形量,钢板才会用本身的弹性回弹至原来形状。所以,虚敲手法能够有效释放塑性变形的变形量。

图 5-57b 所示为如何整平钢板上的凸点。当钢板逐渐地维修成原来的形状时,钢板的外侧仍会残留一些凸点,所以必须使用手顶铁顶住并压出凹陷部位,再用锤子敲下凸点。

图 5-57c 所示为如何使用锤子和手顶铁将钢板回复至原来形状。此时,钢板的形状已经成形,必须再次检查钢板上的凸点和凹点。

虚敲维修结束后钢板面会残留一些小的凹陷,这是因为尚未实施实敲手法的缘故。

2. 使用实敲手法维修钢板

以使用实敲手法维修有小凹陷的钢板为例进行介绍。

如图 5-58 所示，钢板面产生小的凹陷时，应使用手顶铁向外压出（与虚敲的手法相同），并从外侧使用锤子敲击钢板凹陷的部位。若不实施压出作业，则锤子敲打钢板的部位会出现圆形的凹陷。注意要随时检查凹陷和凸起情况。

如图 5-59 所示，钢板面产生小的凸点时，手顶铁不需要用力将钢板压出。只需轻轻地靠着钢板内侧，然后用锤子将凸点敲下。注意过度实敲易使钢板发生延展。

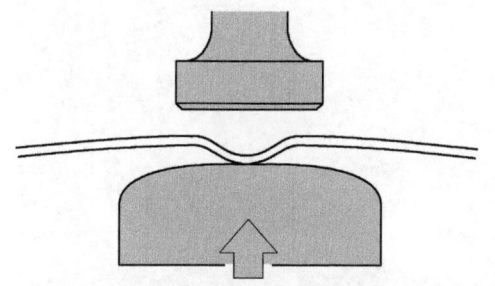

图 5-58　使用实敲手法将凹陷向外压出

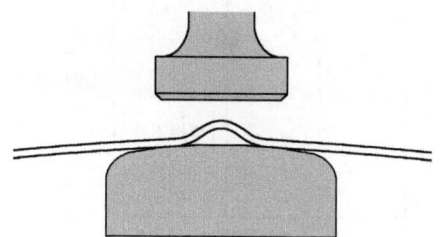

图 5-59　使用实敲手法将凸点压下

3. 使用虚敲和实敲综合修整钢板表面

根据受损情况配合使用实敲或虚敲技术，首先使用木锤，以防止钢板过度延展。木锤无法维修的变形，则使用其他锤子。

五、磨除旧漆膜

磨除隔绝焊接电流的旧漆膜如图 5-60 所示。

操作要点：研磨宽度不低于 10mm；单作用研磨机配合 60~80 号砂纸，静止起动；调节单作用研磨机的角度，使用砂纸以内 10mm 的区域研磨；搭铁连接至受损范围内且不妨碍作业的位置，如图 5-61 所示。

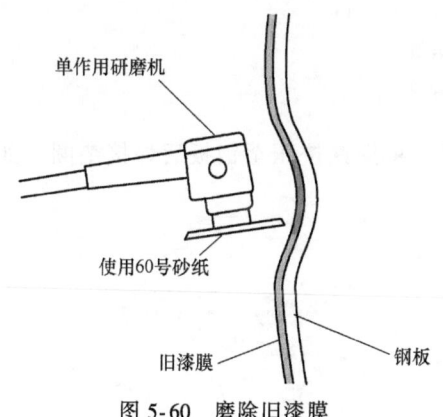

图 5-60　磨除旧漆膜

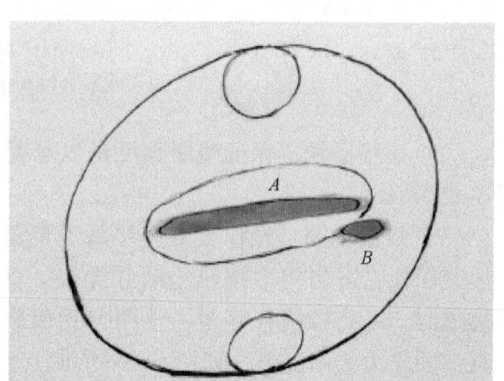

图 5-61　研磨范围

六、使用垫圈焊接机维修钢板

首先将垫圈焊接于钢板的凹陷部位，然后朝外拉拔垫圈以拉出凹陷。垫圈焊接维修程序的6个步骤：设定焊接机、连接搭铁、焊接垫圈、拉拔、拆卸垫圈、研磨。

（1）设定焊接机　在开始操作焊接机前，要先阅读焊接机的操作手册。为了获得良好的垫圈焊接，在进行作业之前必须调整电流通过的时间间隔。图5-62所示为焊接电流与时间间隔的关系。设定焊接机如图5-63所示，要保证焊接强度且热影响范围小，使用与钢板厚度相当的材料进行试焊。焊接情况的好坏情况如图5-64所示。

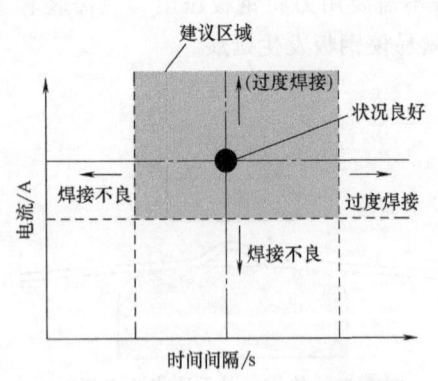

图5-62　焊接电流与时间间隔的关系

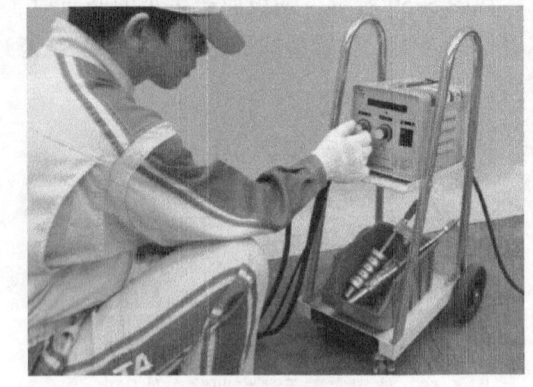

图5-63　设定焊接机

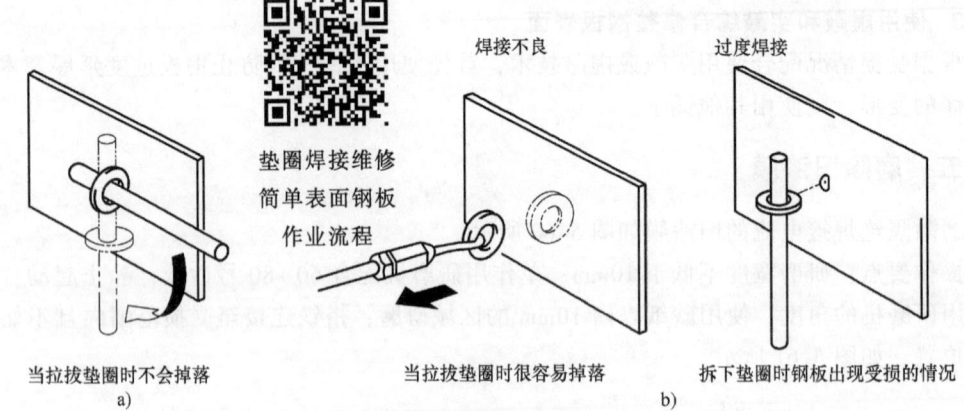

图5-64　焊接情况的好坏
a）状况良好　b）状况较差

（2）连接搭铁　保证垫圈强度足以承受搭铁重量，将搭铁按压至钢板后焊接垫圈，如图5-65所示。

（3）焊接垫圈　操作要点：垫圈焊至塑性变形最深处；适当用力按压垫圈并焊接；直线焊接垫圈，可使拉拔杆穿过；垫圈与钢板表面垂直，间隔为8~10mm，如图5-66所示。

（4）拉拔　拉拔可以把凹陷损伤修复到原始表面，如图5-67所示。拉拔操作要点：拉拔方向与未受损表面垂直，如图5-68所示；实时用直尺检查，防止拉拔过度；拉拔后表面高于原始平面2~3mm，如图5-69所示。

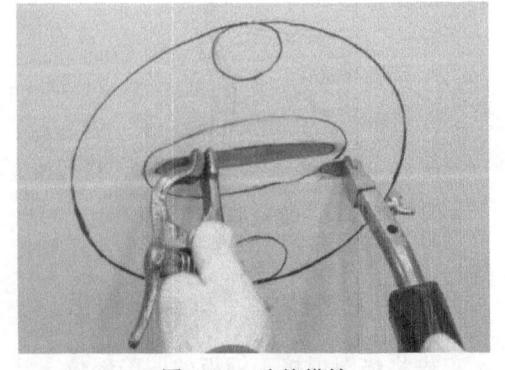

图5-65　连接搭铁

模块五
钢板维修

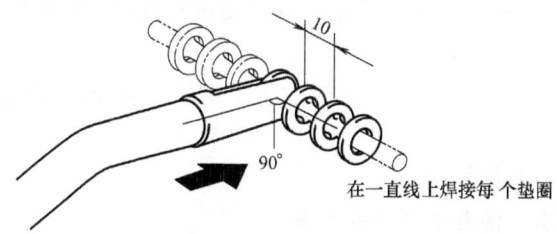
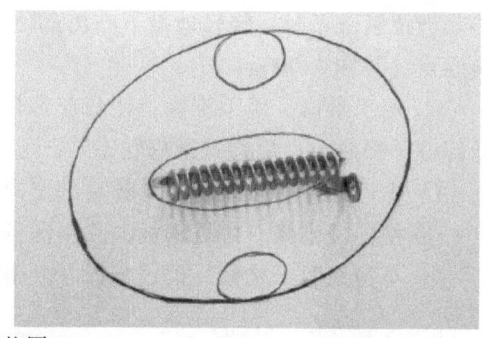

图 5-66 焊接垫圈

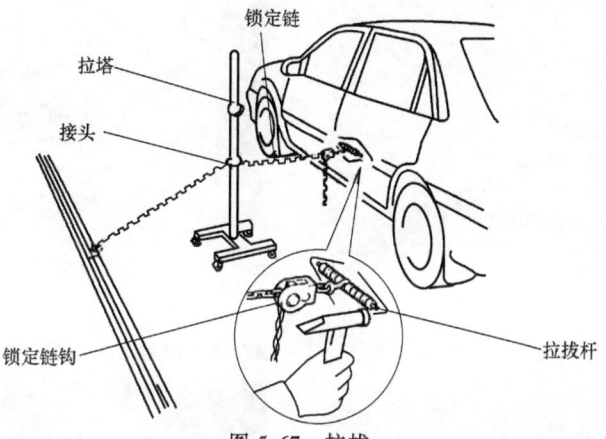

图 5-67 拉拔

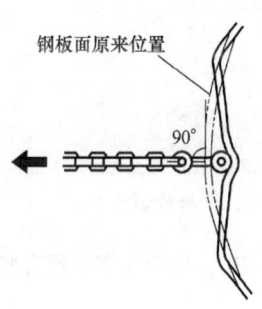
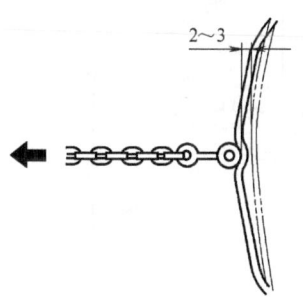
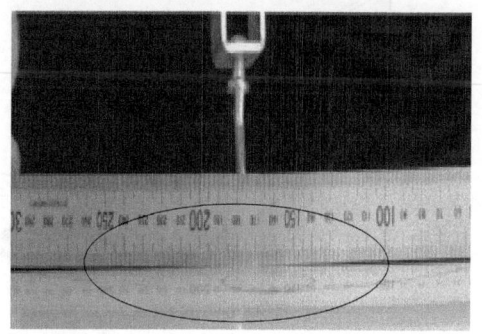

图 5-68 拉拔方向

图 5-69 拉拔量

107

当拉紧链条时,轻轻地敲下凸出部位;敲击后,确认拉拔量并视需要再次拉拔。维修操作要点(见图5-70):

① 用手维修。用手维修,使凸起部位向内移动;向外拉拔时,用手从较高部位滑至较低部位;释放拉力后检查维修状态。

② 木锤维修。拉拔时,从较高部位向较低部位维修。

③ 横向锤维修。拉拔钢板,并用锤子敲击,使变形区域变平滑。

④ 车身线錾子维修。拉拔钢板时敲击錾子,使其沿着垫圈边线移动。

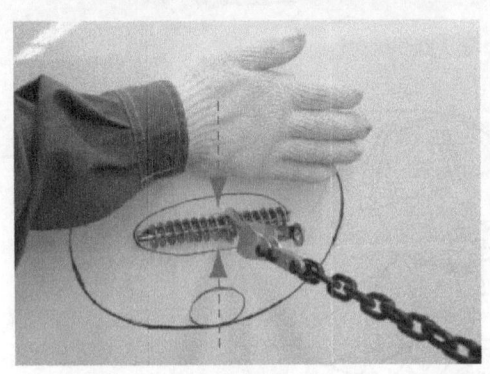
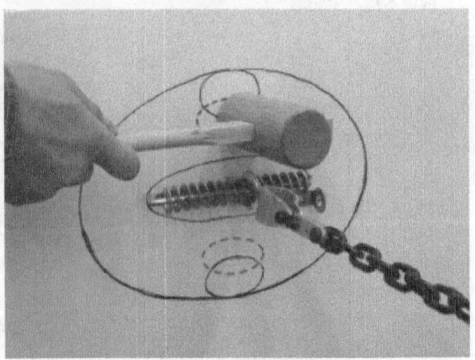
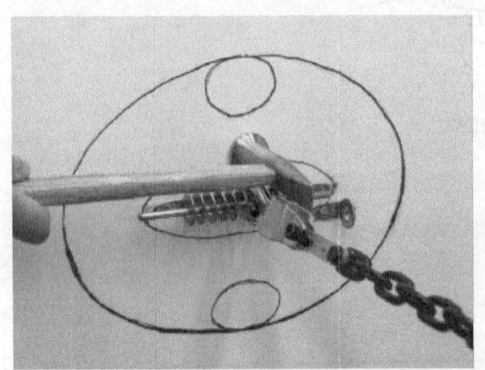
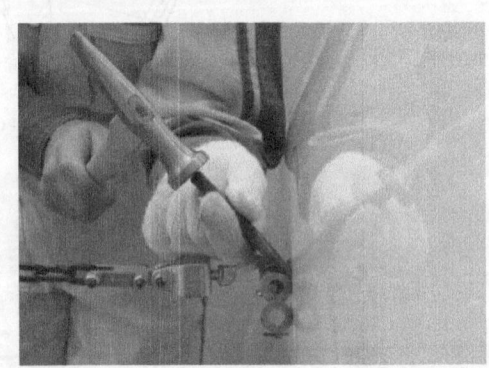

图 5-70 维修方法(依次是手、木锤、横向锤、车身线錾子)

(5)拆卸垫圈 用鲤鱼钳或杆从钢板上拆下垫圈(见图5-71),应确保钢板没有变形或穿孔。

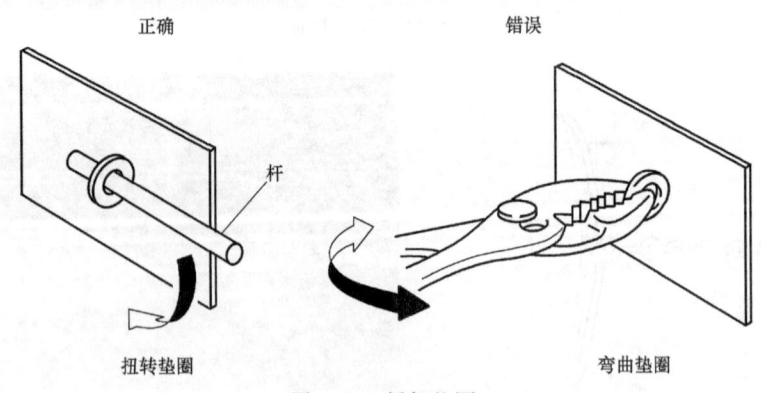

图 5-71 拆卸垫圈

（6）研磨　在拆下垫圈后，研磨表面以去除易使钢板生锈的焊接痕迹。使用单作用研磨机配合 60～80 号砂纸完全清除所有焊接痕迹，如图 5-72 所示。手持折叠砂纸清除较深的焊接痕迹。焊接痕迹研磨前后对比如图 5-73 所示。

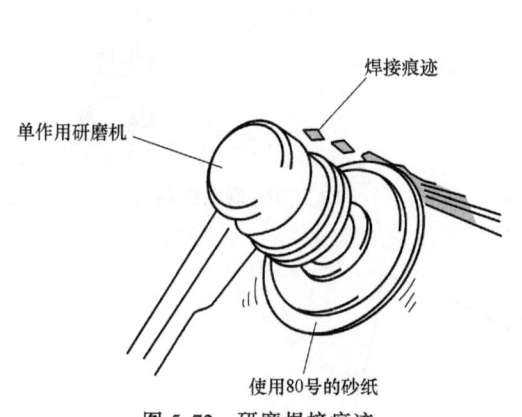

图 5-72　研磨焊接痕迹　　　　图 5-73　焊接痕迹研磨前后对比

七、钢板缩火

缩火指将延展的部位加热后冷却使金属产生收缩的现象。缩火的条件是维修后的钢板高于原始面，维修后的钢板强度降低，车身线已恢复。缩火作业的程序为判定钢板延展区域、磨除旧漆膜、焊接机设定、缩火、磨除痕迹。

（1）判定钢板延展区域　通常钢板延展都会引起局部的凸起，而凸起的面积就等于钢板延展的面积。图 5-74 所示为判断钢板延展区域的两种方法。

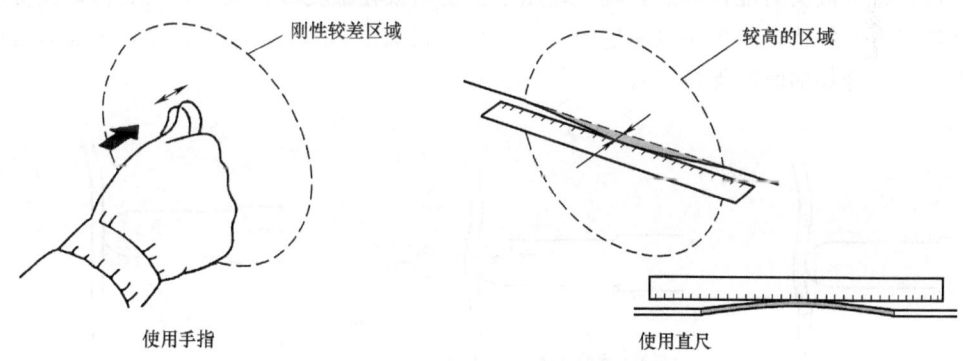

图 5-74　判断钢板延展区域的方法

（2）磨除旧漆膜　从延展区域磨除旧漆膜，方法同钢板维修中的磨除旧漆膜。

（3）焊接机设定　使用与钢板厚度相当的材料试焊，方法同钢板维修中焊接机的设定。

（4）缩火

1）选择缩火方式。点缩火可使用铜极和碳棒（见图 5-75 和图 5-76），连续缩火分为螺旋形式和画线形式。应根据钢板强度降低的情况选择合适的缩火方式。

2）检查极头。如果极头脏污或受损，将不能完全使钢板加热和平顺地移动极头，所以当发现极头有脏污或凹痕时，必须用砂纸研磨极头，如图 5-77 所示。

图 5-75 铜电极缩火

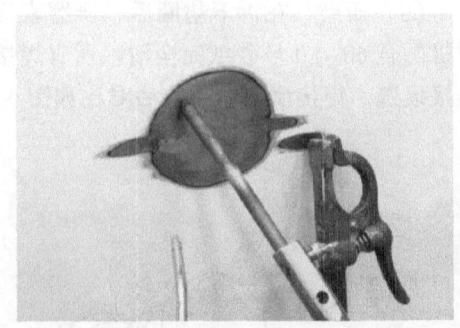

图 5-76 碳电极缩火

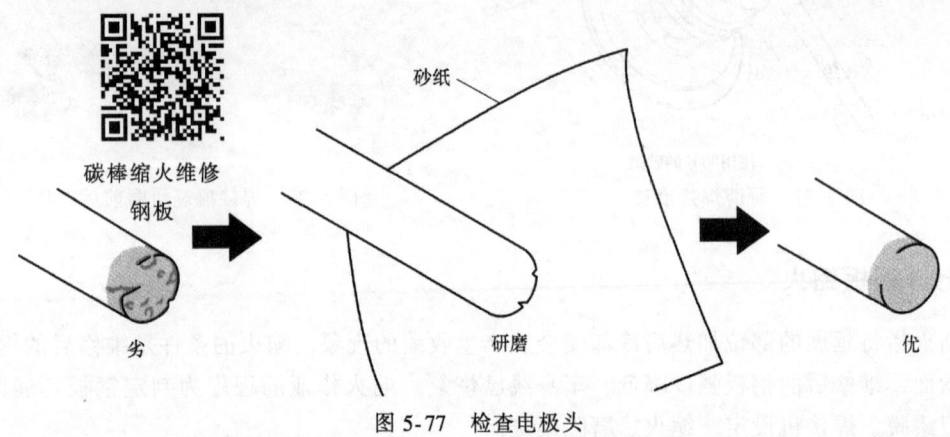

图 5-77 检查电极头

3）点缩火。点缩火的操作步骤为定位、保持和冷却，如图 5-78 所示。

定位是将电极头对准最高点并轻轻地压下，使钢板轻微变形，按下开关后，钢板将产生一些反作用力。保持是将极头以一定的力量靠住钢板面 1~2s。冷却是使用空气枪迅速地冷却缩火区域，冷却的时间保持 5~6s。

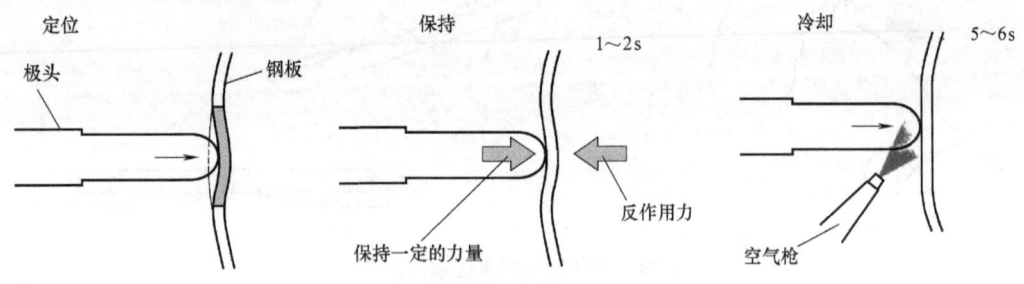

图 5-78 点缩火过程

4）连续缩火。连续缩火的操作步骤为产生热能、以螺旋方向画圆和冷却，如图 5-79 所示。

倾斜极头，并轻轻地接触钢板面，按下开关，极头将逐渐红热，此时产生热能。以螺旋方向画圆是以直径 20mm 的间距，将极头由外侧往内侧以螺旋方向运行，并且逐渐增快运行速度。冷却时，松开开关，并将极头从钢板面移开，使用空气枪迅速地冷却钢板面。

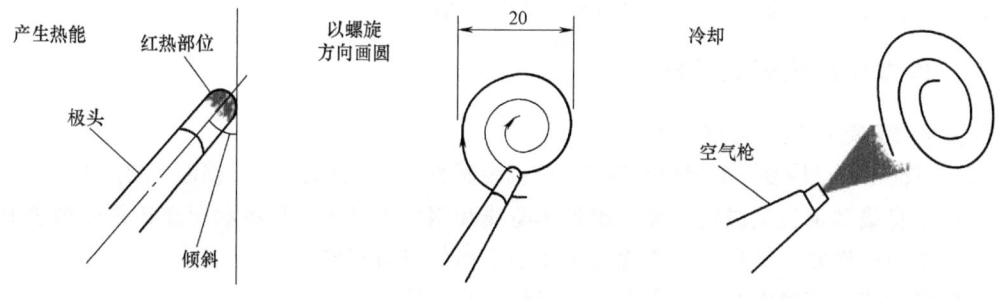

图 5-79 连续缩火过程

（5）检查钢板刚性　在钢板冷却完毕后，检查钢板的刚性。若钢板仍旧存在刚性不足，则找寻另一凸出的点，并且重复实施缩火作业，如图 5-80 所示。

（6）研磨　在实施缩火作业后，研磨表面以去除易使钢板生锈的缩火痕迹，如图 5-81 所示。

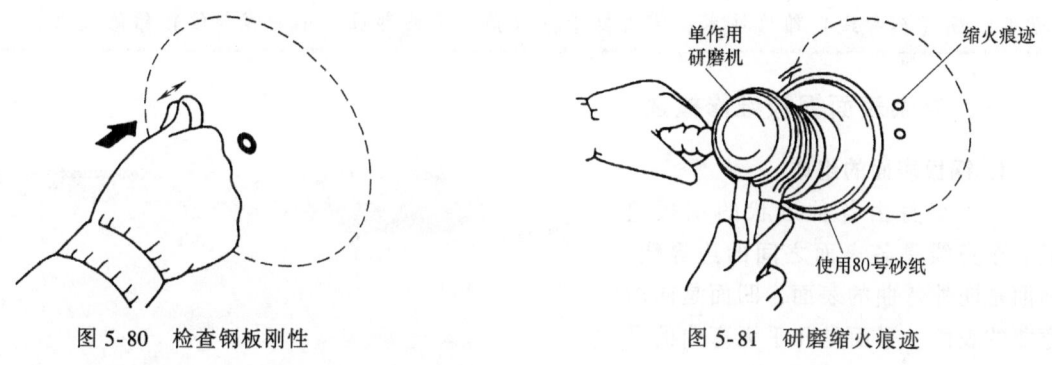

图 5-80　检查钢板刚性　　　　　　图 5-81　研磨缩火痕迹

八、防锈处理

由于在实施垫圈焊接作业或钢板缩火作业时会产生热量，因而影响钢板背面的漆层而导致容易生锈的情形，所以必须在钢板背面喷涂防锈剂。此外，使用锤子和手顶铁实施维修时，可能会使钢板背面漆层龟裂或脱落，所以也需要在钢板背面实施防锈处理，如图 5-82 所示。

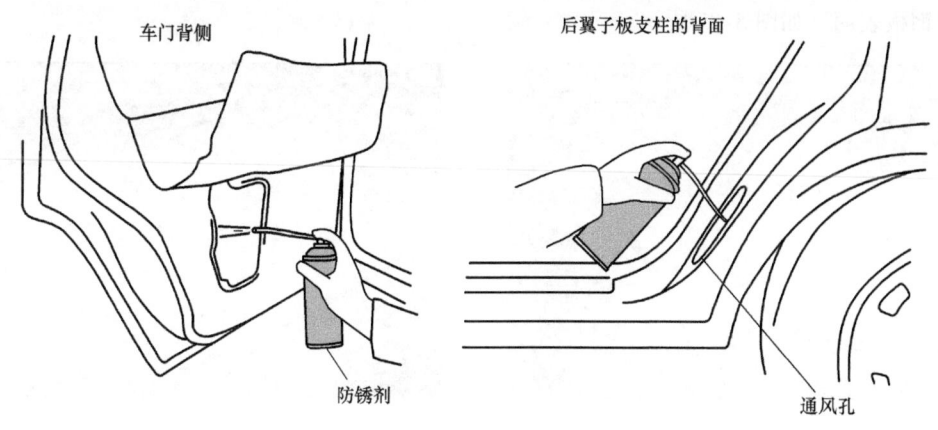

图 5-82　钢板背部的防锈处理

防锈处理注意事项参考防锈剂产品标志上的指示。

九、检查钢板维修表面状况

钢板维修质量的检查标准如下：
(1) 表面形状已恢复　确保没有高于未受损表面的部位，且低于未受损面不超过 1~2mm。
(2) 车身线和钢板边缘已恢复　确保车身线和钢板边缘修理后的状况接近未受损表面。
(3) 张力已恢复　确保受损表面与未受损表面的张力相同。
(4) 配件能够正确安装　确保配件连接到正确位置。

单元四　复杂表面钢板的维修方法

> 知识点：复杂钢板维修基础知识；车门板维修（车身线）；翼子板维修（角部弯曲部位）。
> 能力点：了解钢板表面的形状和钢板表面的组成；掌握维修复杂钢板表面的方法；掌握车门板（车身线）维修技术；掌握翼子板（角部弯曲部位、车身线部位）维修技术。

一、复杂表面钢板维修概述

1. 钢板表面的组成

汽车车身由各种形状的钢板组成。车身线是各表面之间的边界线，凸面是向外弯曲的表面，凹面是向内弯曲的表面，平面是几乎无弯曲的平坦表面，如图 5-83 所示。针对不同部位，应采取不同的维修办法。

(1) 简单表面和复杂表面　简单表面是由一个凸面组成的钢板表面，如图 5-84 所示。复杂表面是由两个以上不同形状的表面（含凹面和车身线）组成的钢板表面，如图 5-85 所示。

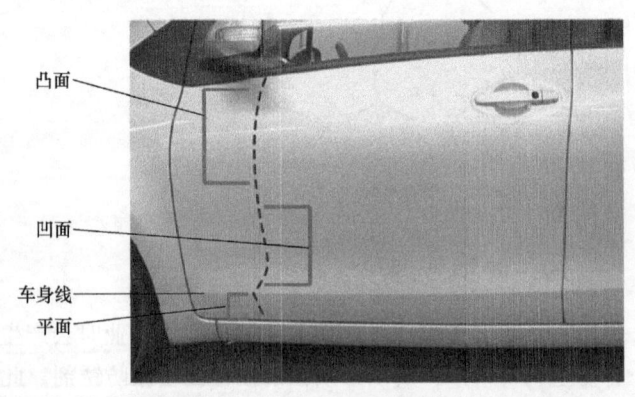

图 5-83　车身表面的组成

图 5-84　简单表面

图 5-85　复杂表面

（2）钢板刚性　钢板刚性指用手指推压外侧钢板（如车门、发动机舱盖和行李箱盖）时，所感觉到的阻力。钢板刚性是依钢板厚度与材料或钢板的弧度和冲压线来区分的。钢板各部位的刚性都不相同，因为车身钢板是由不同的曲面和冲压线所构成的。压制的钢板具有通过塑性变形塑造的车身线，可保持板件的形状和强度。钢板的刚性随各表面形状的不同而不同。当修理车身钢板时，了解每一区域的钢板刚性是很重要的。图5-86所示为部分板件钢板刚性的区域变化。此外，某些车型通过在外板的背面施涂胶粘剂及安装隔振板来保持高钢板刚性。

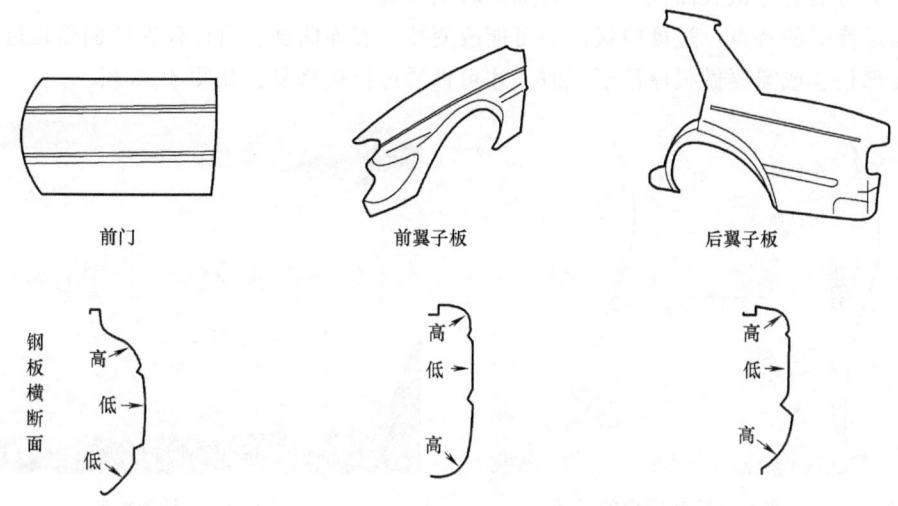

图5-86　部分板件钢板刚性的区域变化

2. 维修复杂表面

如果表面有多个塑性变形，则从刚性最高的变形开始维修。如果钢板边缘有损伤，则先维修刚性最高的钢板边缘，这样可为整个钢板形状的修整打好基础。

（1）扩展至车身线的损伤　当发生复杂表面钢板损伤时，其维修方法与发生在平面上的损伤是不一样的。首先观察其损伤部位。当损伤直接发生在车身线部位时，由于此部位刚性较强，所以要首先修理此部位的变形，再修其他部位的变形，如图5-87所示。当损伤部位不是直接位于车身线上，而是位于旁边的凸面或平坦面时，车身线可能会因撞击的强度而产生移位，如图5-88所示。在这种情况下，应先修理损伤最重的凸面或者平坦面，因为此部位是较尖锐的塑性变形区域。

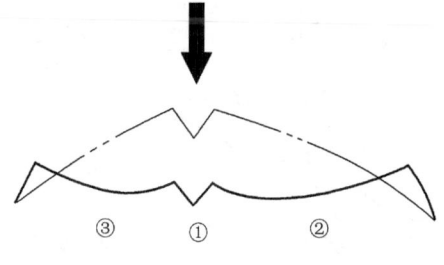

图5-87　损伤发生在车身线

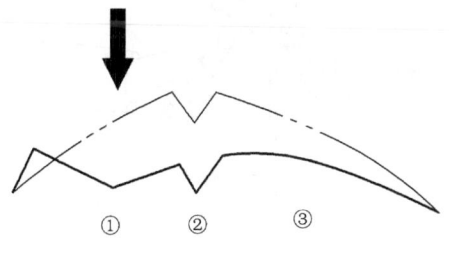

图5-88　损伤发生在曲面

复杂表面钢板的修复顺序是修整车身线、修整规则变化的曲面、修整平坦面、修整逆曲面。

（2）扩展至凸面和凹面的损坏　如果具有高刚性的塑性变形扩展到两个表面（见图5-89），维修顺序是首先粗修凸面，其次维修凹面，最后精修凸面。首先粗修凸面是由于凹面的损坏可通过凸面维修部分修正；修完凹面再精修凸面是由于凹面的维修可能会改变凸面形状。

（3）维修凹面　通常不对凹面缩火，因为损伤不会降低凹面部分的钢板刚性；同时，对凹面缩火可能会降低表面位置，因为加热时钢板易于向凸面膨胀。

凹面维修时的特点：过度拉拔凹面可能改变整个表面曲度，所以仅在凹面受损过度、或存在凸起部位、或需要做很厚原子灰时，才可以通过拉拔修复，如图5-90所示。

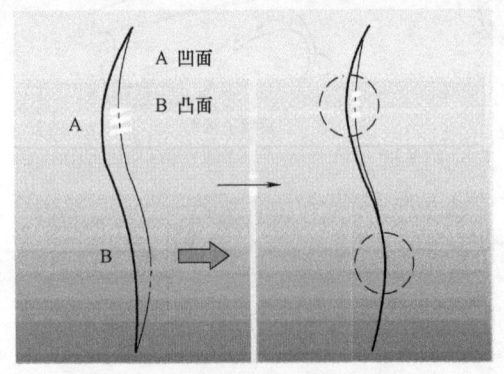

图5-89　扩展至凸面和凹面的损坏

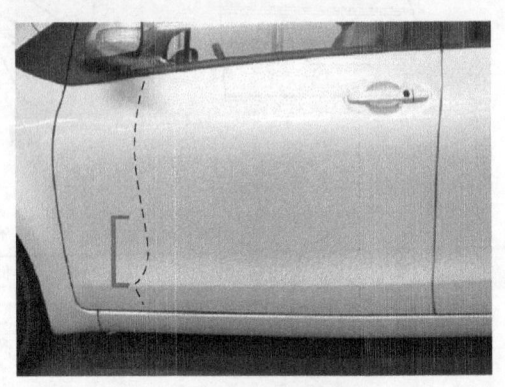

图5-90　凹面维修

二、车身线及其角度的修理

1. 车身线的修理

修理车身线的工具包括锤子、手顶铁、垫圈熔植机和錾子。

（1）使用锤子和手顶铁修理　将手伸至钢板背面，用手顶铁的边缘顶住车身线，用锤子敲打外侧，如图5-91所示。

（2）使用锤子和錾子修理　依据上述方法修理凸出的车身线后，实施凹陷的车身线修理，如图5-92所示。

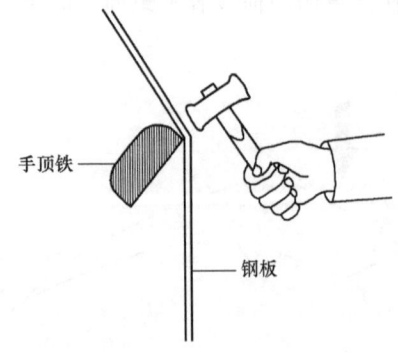

图5-91　使用手顶铁修理

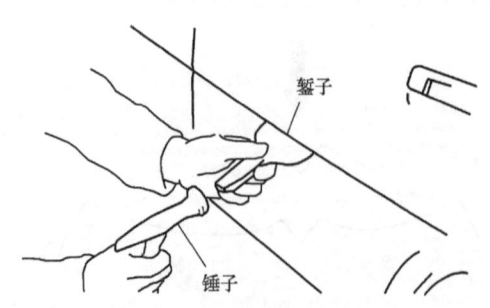

图5-92　使用锤子和錾子修理

（3）使用垫圈熔植的方式修理　当手不能伸到钢板的背面时，可使用垫圈熔植的方式来修理车身线。

首先，在车身线的最高点处熔植垫圈；其次，当车身线变形太深而使钢棒无法穿过垫圈时，可熔植更多的垫圈，使用两根钢棒穿过垫圈；再次，使钢棒穿过熔植的垫圈，并拉出车身线；最后，使车身线保持拉出状态，使用錾子修理车身线，如图5-93所示。

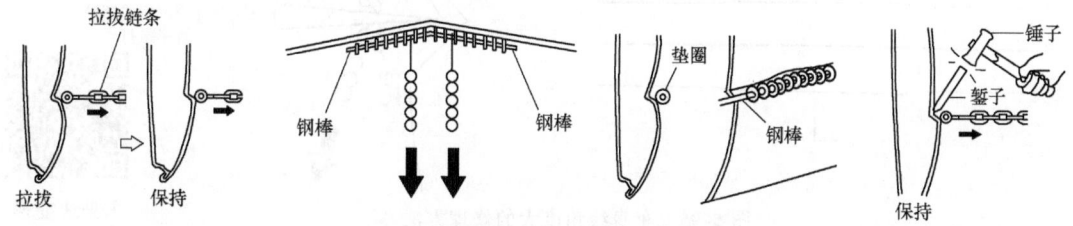

图 5-93　使用垫圈熔植的方式来修理

2. 车身线角度的修理

修理损伤的车身线时，不仅要察看车身线的高度，也要察看每条车身线间的角度和距离。

（1）距离比原来的距离窄的修理　当 A 和 C 之间的距离较窄，B 的角度较小时，在 A 和 C 车身线的边角处熔植垫圈，然后以一个方向拉出，把车身线间的距离加宽，如图5-94所示。

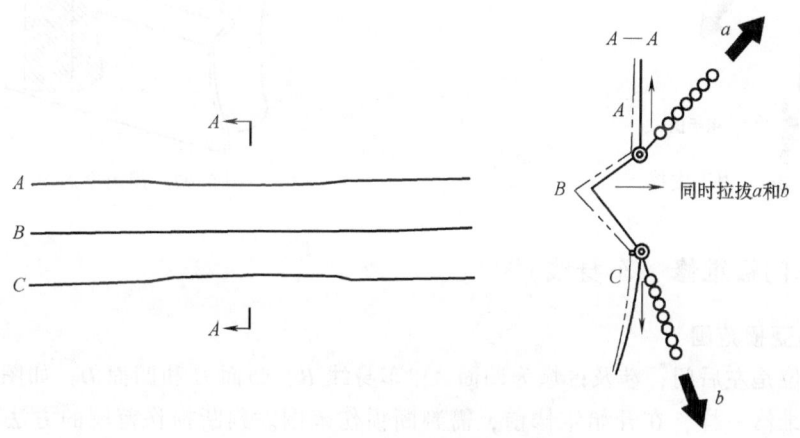

图 5-94　车身线角度小的修理方法

（2）距离比原来的距离宽时的修理　当 A 和 C 之间的距离较宽，B 的角度较大时，在 A 和 C 车身线的边角处熔植垫圈，然后以交叉方向拉拔，此时用木质或塑料錾子敲打车身线 B 的部位，使其车身线恢复原状，如图5-95所示。

3. 修理车身线的重点

（1）提高修理效率　当修理损伤的车身线时，拉拔力量若未集中在同一区域而分布至四周表面，则会降低修理效率。在这个例子中，可用手支撑四周的区域，使拉拔力量集中至车身线上，如图5-96所示。

（2）使用车身线角度规　修理车身线时，不能仅用目视检查来判断车身线间的角度，必须用角度规来检查，如图5-97所示。

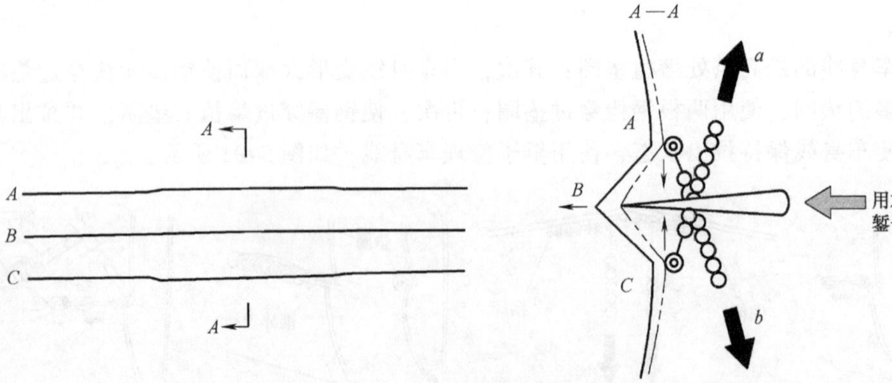

图 5-95 车身线角度大的修理方法

车身线变形太深的维修

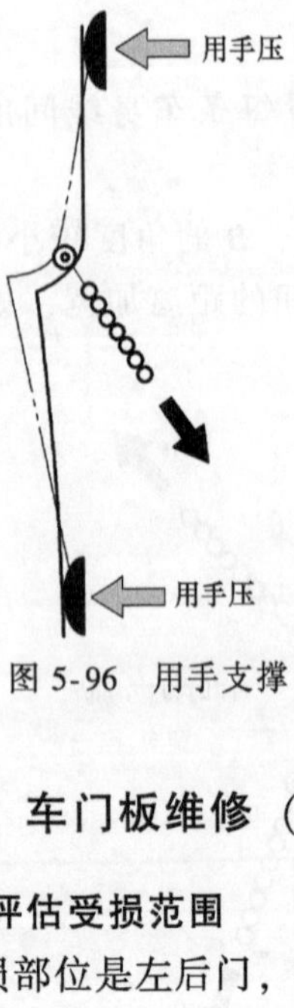

图 5-96 用手支撑

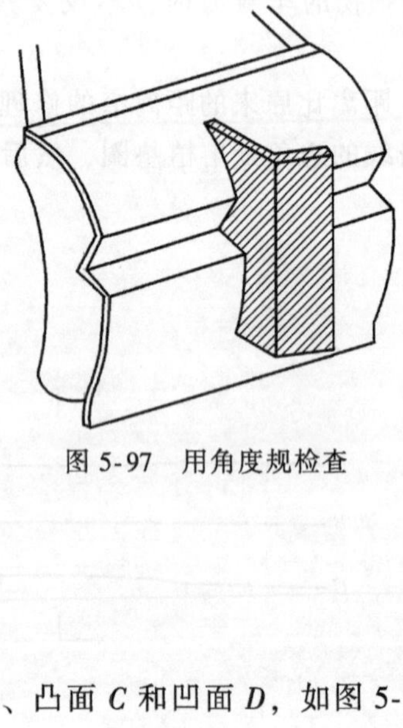

图 5-97 用角度规检查

三、车门板维修（车身线）

1. 评估受损范围

受损部位是左后门，涉及区域为凹面 A、车身线 B、凸面 C 和凹面 D，如图 5-98 所示。像普通钢板维修一样，在开始维修前，需判断损伤范围。判断损伤范围的方法有目视、触摸、按压和对比，4 种方法都有一定的优势和局限性，要恰当运用，以平滑的曲线标记出受损钢板的范围。所需防护器具有棉手套，所需物品有直尺和标记笔。

2. 使用垫圈焊接机维修

车门板维修涉及凹面、凸面和车身线，属于复杂钢板维修，如图 5-99 所示。其作业流程是清除旧漆膜、焊接机设定、连接搭铁、焊接垫圈、维修车身线、粗修凸面、维修凹面、全面维修凸面、清除烧蚀痕迹、检查维修状况。

复杂钢板维修方法与普通钢板维修方法流程基本相同，下面针对不同的地方（焊接垫圈、维修车身线、粗修凸面、维修凹面）进行说明。所需防护器具有棉手套、护目镜和防尘口罩，所需物品有研磨机、砂纸、垫圈焊机、锤子和拉拔工具。

（1）焊接垫圈 将拉拔垫圈焊接至车身线上标记的部位。操作要点：确保垫圈焊在车身线上（焊接前可先画辅助线），如果垫圈的角度或者位置不一致，则可能会导致钢板变形或垫圈脱落。垫圈焊接时，注意两个垂直（垫圈与钢板表面、车身线切线），如图5-100所示。

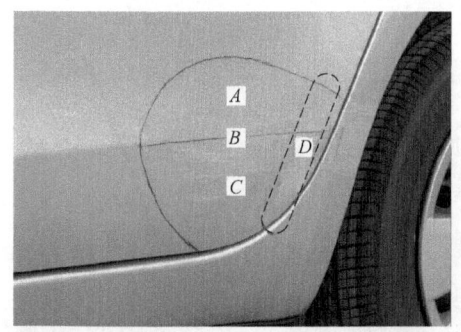

图5-98　损伤评估

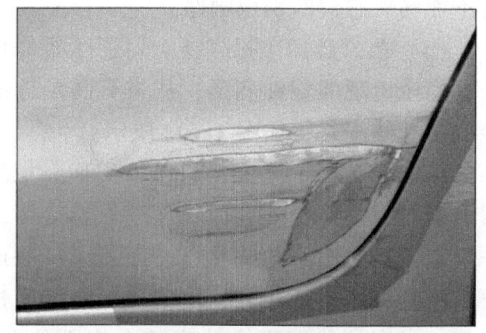

图5-99　复杂钢板维修

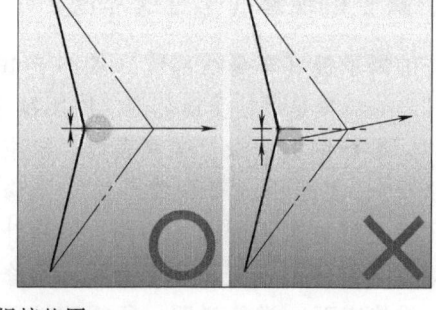

图5-100　焊接垫圈

（2）维修车身线　维修时从刚性最高的车身线开始拉拔，其作业步骤如下（见图5-101）：

图5-101　车身线维修

1）调整拉拔角度以向未受损表面上的车身线方向拉拔车身线。
2）拉拔使其略高于原始表面（考虑回弹效应，拉拔高于原始表面2~3mm）。
3）依次用手、木锤、横向锤维修。
4）用横向锤或錾子调整车身线角度。
5）检查维修状况并拆下垫圈。

注意：如果钢板外形不允许钢棒穿过，则采用滑动锤从受损情况不是很严重的部位开始拉拔修复车身线。如果车身线的高度或角度未被修正，则不能维修车身线周围的较高部位，也不能确保它们的钢板刚性。

（3）粗修凸面　操作要点：用于维修伴随凸面完全出现的塑性变形，从具有高刚性的塑性变形开始维修，如图5-102所示。

（4）维修凹面　必要时维修凹面。拉拔受损表面时，确保受损表面不高于原始表面。操作要点：拉拔凹面的条件是表面过度扩展或需要施涂较厚的原子灰时，尽量避免对凹面进行维修，过度拉拔凹面会改变整个表面的曲度，进而使受损扩大。

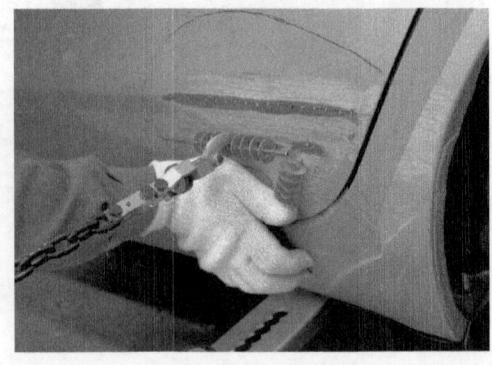

图5-102　维修凸面

四、翼子板维修（车身线部位）

损伤的翼子板（车身线部位）如图5-103所示，其维修流程是评估受损范围、使用锤子和手顶铁维修（拆下装配件、维修塑性变形和车身线、维修钢板边缘、维修表面、检查维修表面状况）。翼子板（车身线部位）维修方法与翼子板维修方法流程基本相同，下面针对不同的地方（维修塑性变形和车身线、维修钢板边缘、维修表面）进行说明。所需防护器具有棉手套，所需物品有锤子、手顶铁和零件拆卸工具。

图5-104所示为翼子板（车身线）损伤部位，其维修顺序是首先修最严重的车身线，其次修较轻微的车身线，然后修较大的平坦面，

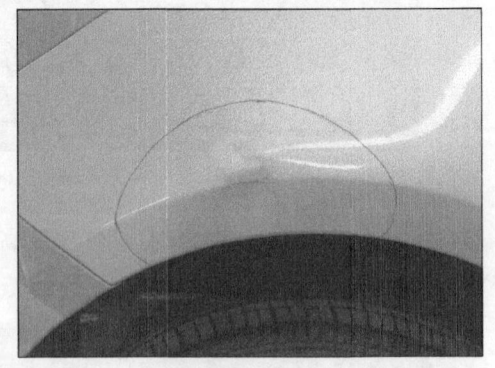

图5-103　损伤的翼子板（车身线部位）

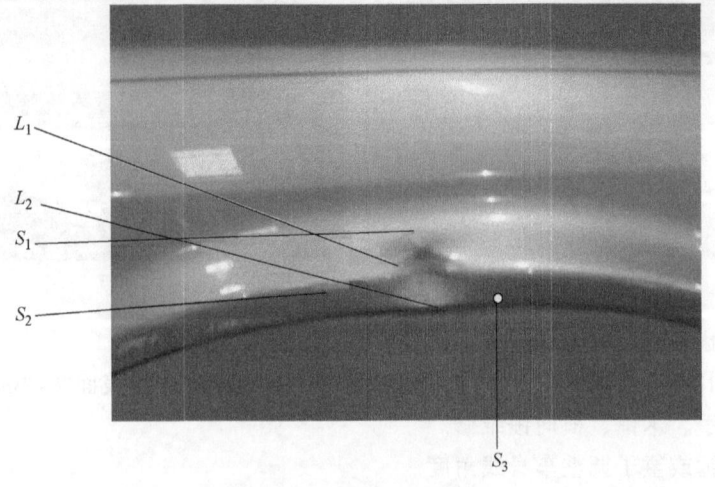

图5-104　翼子板损伤部位

最后修较小的平坦面。

（1）维修塑性变形和车身线 L_1（见图 5-105） 修复的标准是确保修复车身线的高度、形状和角度。

作业步骤：①如果钢板边缘明显改变，则先粗修该部位；②选用与车身线曲度相匹配的手顶铁，将手顶铁顶住车身线 L_1 最低处，并向外按压钢板表面；③按照从凹陷浅部位向凹陷深部位顺序敲击钢板，敲击高于未受损表面的周围部位的同时，向外按压车身线；④敲击车身线较高部位，并向外按压钢板较低部位；⑤通过实敲使表面平滑，然后修整车身线的形状。

（2）维修钢板边缘 L_2（见图 5-106） 修复的标准是修复钢板边缘的高度、形状和凸缘角度。

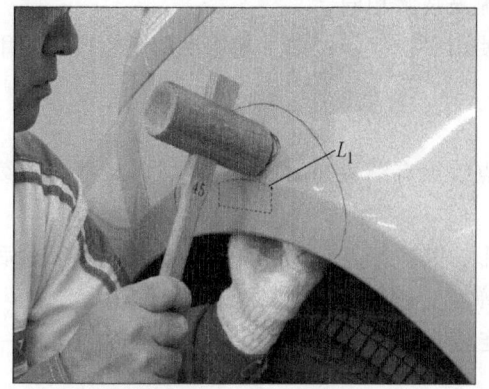 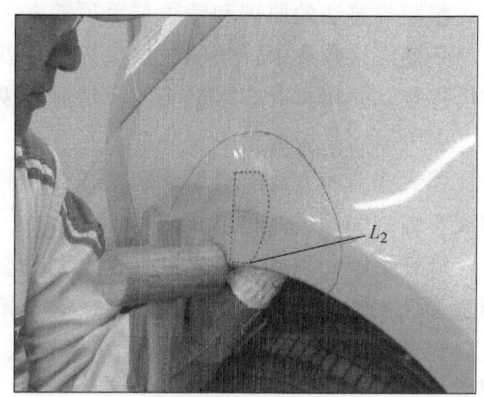

图 5-105　维修车身线 L_1　　　　　　图 5-106　维修车身线 L_2

作业步骤：①将手顶铁放在钢板边缘的最低处，并向外按压钢板表面；②敲击钢板边缘上的较低部位，并向外按压钢板较低部位；③通过实敲使表面平滑，然后修整车身线的形状；④修正凸缘角度并检查边缘形状，调整凸缘角度可能会改变边缘形状。

（3）维修表面 S_1、S_2、S_3（见图 5-107） 修整表面上的所有凹陷和凸起。将手顶铁放在最低变形部位，并向外按压钢板，同时，敲击钢板上的较高部位。

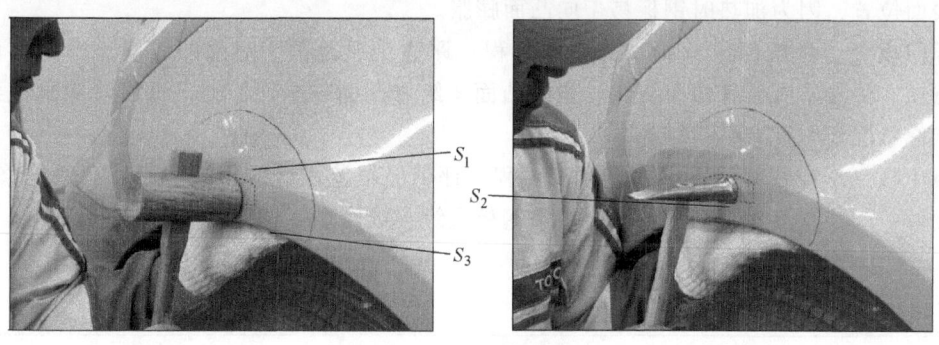

图 5-107　维修表面

归纳总结

面板损坏的类型有四种：单纯铰折、凹陷铰折、单纯卷曲和凹陷卷曲。

金属被推上去的部位称为压缩区，被拉下的部位称为拉伸区。先要确定受损部位受到拉伸还是压缩，然后才可确定修理的方法和使用的工具。

汽车外部面板上的拱形有单曲拱形、复合拱形和双曲拱形三种类型，在不同的拱形部位受到外力时产生的变形不同。

对板件进行修复时的基本原则是最后的损坏要最先修复，最先的损坏要最后修复。

钢板维修指维修受损钢板，以达到可以施涂原子灰的状态。

评估受损范围的方法有目视、触摸、按压和对比。

钢板维修中首先使用木锤，是为了防止钢板过度延展。

实敲作业和虚敲作业是锤子与手顶铁维修的两种基本方法。

虚敲手法适于维修大面积的凹凸，实敲手法适于维修小凹陷的钢板。

垫圈焊接法的原理和锤子与手顶铁方法中的虚敲技术相同。

垫圈焊接作业中，垫圈的拉拔方法可以分成使用手拉拔器拉拔、使用滑动锤拉拔、使用拉塔拉拔和使用具有焊接极头的滑动锤拉拔4种。

缩火原理是金属的热胀冷缩。

缩火作业的方法有点缩火和连续缩火两种，点缩火有铜棒和碳棒两种形式，碳棒的连续缩火有螺旋和画线两种形式。

维修钢板的程序：先修复弧度最大的塑性变形，其次修复较缓和弧度的塑性变形，最后修复弹性变形。在塑性变形恢复后，由其导致的弹性变形也相应地得到恢复。

垫圈焊接维修程序的步骤：设定焊接机→连接搭铁→焊接垫圈→拉拔→拆卸垫圈→研磨。

复杂钢板是由两个以上不同形状的表面（含凹面和车身线）组成的钢板表面。

钢板刚性指手指推压外侧钢板时所感觉到的阻力。钢板刚性是依钢板厚度和材料或钢板的弧度和冲压线来区分的。

如果具有高刚性的塑性变形扩展到两个表面，则维修顺序是首先粗修凸面，其次维修凹面，最后精修凸面。

通常不对凹面缩火，因为损伤不会降低凹面部分的钢板刚性；同时，对凹面缩火可能会降低表面位置，因为加热时钢板易于向凸面膨胀。

车门板（车身线部位）损伤的维修流程：评估受损范围、清除旧漆膜、焊接机设定、连接搭铁、焊接垫圈、维修车身线、粗修凸面、维修凹面、全面维修凸面、清除烧蚀痕迹、检查维修状况。

翼子板（车身线部位）损伤的维修流程：评估受损范围、使用锤子和手顶铁维修（拆下装配件、维修塑性变形和车身线、维修钢板边缘、维修表面、检查维修表面状况）。

复习题

1. 面板损伤的类型有哪些？
2. 箱形截面凹陷铰折变形的修理方法是怎样的？
3. 怎样判别板件上的变形哪些是拉伸区，哪些是压缩区？
4. 叙述车身板件上单向凸起和双向凸起的变形特点。

5. 叙述在损伤区域内的塑性和弹性变形的修复顺序。
6. 钢板维修方法的分类有哪些？
7. 分析实敲和虚敲作业的特点。
8. 分析各缩火方式的使用情况。
9. 叙述损伤范围判断的方法及操作要点。
10. 叙述垫圈焊接机维修钢板的作业步骤及操作要点。
11. 叙述锤子和手顶铁维修钢板的作业步骤及操作要点。
12. 叙述钢板维修质量的检查标准。
13. 描述钢板表面的形状和钢板表面的组成。
14. 叙述高刚性的塑性变形扩展到两个表面时的维修顺序，并分析其原因。
15. 试分析凹面在维修时的特点。
16. 叙述垫圈焊接机维修钢板（车身线）作业步骤及操作要点。
17. 叙述翼子板维修（车身线）作业步骤及操作要点。

模块六

钢板更换

学习目标

现代汽车上一些覆盖件受到损伤，可以通过对其进行钣金修复来消除金属板上的凸起、凹坑和折皱，对于一些损伤严重、腐蚀严重的板件，无法修复，只能进行更换。汽车上有些构件不能够整体进行更换。因此，在修理时，必须选择合适的区域对构件进行切割与更换。高品质的钢板更换是车辆安全的保障。

通过本模块的学习应该能够：
➡ 掌握钢板更换的维修品质。
➡ 掌握钢板更换的作业流程。
➡ 掌握钢板更换的形式。
➡ 掌握切割线的指示法。
➡ 掌握钢板切割位置的选择。
➡ 完成前侧梁的更换作业。
➡ 完成后翼子板的切割更换作业。

学习任务

在承载式车身结构中，所有的结构性板件都焊接在一起，构成一个整体框架。结构性板件是车身其他零件和外部板件的安装基础，结构性板件精确地定位后才能进行焊接操作。因此，正确的钢板更换对车辆维修品质非常重要。通过本模块的学习应掌握钢板更换的两种形式，掌握钢板更换的作业流程，掌握前侧梁的更换和后翼子板的切割更换等典型的操作过程。

单元一　钢板更换基础知识

知识点：钢板更换的目的和形式；钢板更换的维修品质。
能力点：掌握钢板更换的两种形式；掌握钢板更换的维修品质。

一、钢板更换的目的和形式

1. 钢板更换的目的

车身由许多块钢板所组成，如图6-1所示。若没有适当技术确保维修品质，则该受损钢板就应更换。钢板更换应以保持原构件的强度为准则。

车身是用机械紧固、焊接和黏接等方式将构成车身的众多板件连接在一起而成的。非结构性或装饰性的板件，如汽车的前翼子板、发动机舱盖、车门和行李箱盖等有关板件，通常是用螺栓联接到车身上的，更换这些板件时，只要拆卸紧固件即可。

承载式车身中，所有的结构性板件都焊接在一起，构成一个整体框架，如车身中的散热器支架、挡泥板、地板、车门槛板和前侧梁等都属于结构性板件。

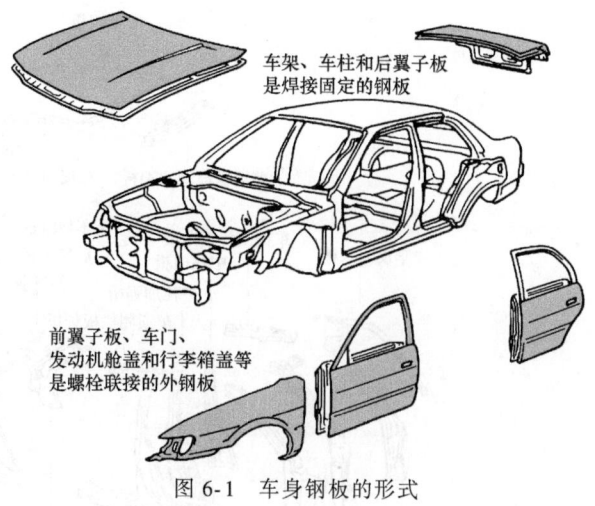

图 6-1 车身钢板的形式

2. 钢板更换的形式

钢板更换的方式可分为总成更换和切接更换两种。这两种方式的适用部位在对应车辆的车身损伤维修手册内有说明。

（1）总成更换 这个方式需按照正厂零件的供应方式整体地更换损伤钢板。此操作能更换全部零件，且不受零件接合方法影响，用于更换发动机舱罩板和车门外板等。部分零件（如前侧梁）可用于更换总成或切割更换。

（2）切割更换 这种方式需要在合适的位置对损伤的钢板进行切割，再更换相同部位的钢板，并在更换位置实施焊接。切割更换用于更换后翼子板、中柱和前侧梁等。这种方式在损伤钢板不能更换总成或是更换时技术有困难或作业效率太低时使用，并在切割端上实施对头焊接。车身需要切割更换钢板的适用范围：损伤的钢板已伤到下层钢板，以致拆卸在技术上有困难时；如果更换总成，其作业范围变得太大时；钢板的供应刚好在切割部位时；钢板只有部分受损时。

某四门轿车的钢板补给零件如图 6-2 所示，在这些钢板中，切割和焊接更换的钢板是前侧梁和后侧梁、车门槛板及各立柱。

近年来，为了要改善车身的精密度和防锈性能，在车辆生产过程中侧车身的结构已改变为一体式结构，如图 6-3 所示。

二、钢板更换的维修品质

在维修工作中，达到高品质的要求是非常重要的。基本上，必须将车辆的品质和功能恢复至事故前的状态。

高品质的维修必须具有安全、强度、美观、耐久性和防锈性。

（1）强度 使用适合钢板更换的焊接方法和指定的螺栓、螺母，以确保强度与新车相同。

车身钢板按照车身损伤维修手册中的焊接方式和焊接点数进行焊接组合，以提供全车身应有的强度和刚性。虽然汽车厂和修理厂的焊接设备及钢板结构并不相同，但是在维修时必

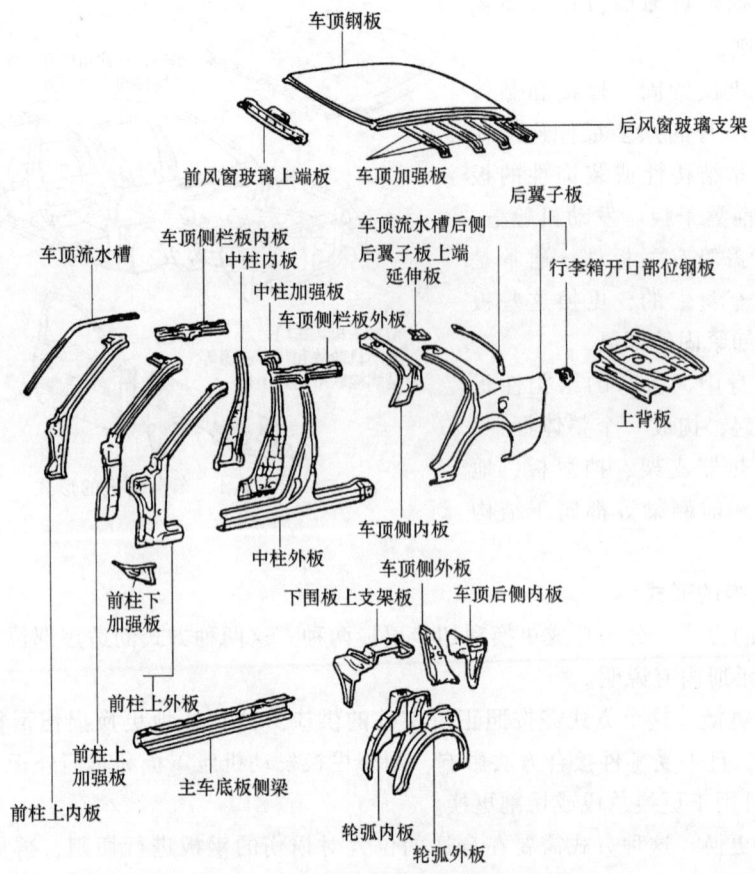

图 6-2 某四门轿车的钢板补给零件

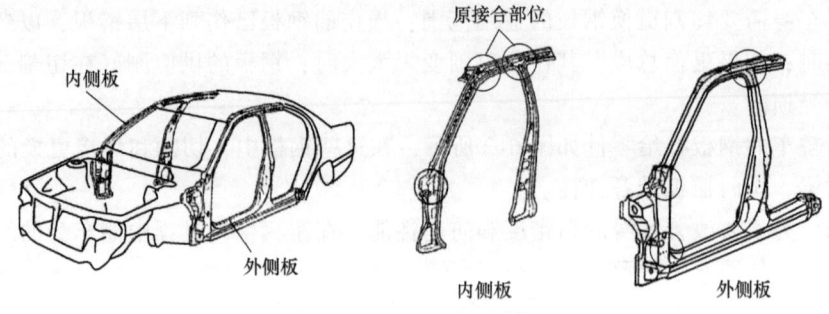

图 6-3 侧车身前后结构对比

须通过车身维修手册的辅助与专业技巧的结合,使车身获得原有的强度和刚性。

(2) 安全 焊接完成后钢板是无法实施调整的,因此必须在焊接前实施精确的安装,保证机能零件(发动机和悬架)安装至正确的位置。这些部件上将安装执行车辆基本功能(行驶、转向和停止)的功能组件。

(3) 美观 车身外板的组装并不会影响车辆的基本功能,但会影响车辆外观品质。当更换外板时,必须配合周边钢板和零件实施精确的定位。

(4) 耐久性和防腐蚀性 车辆要耐用必须具有良好的防水和防锈性能,而这些性能不能在修理完成后再去要求。当防水和防锈处理不良时，不会立即产生问题，而在出现重大问题时再想对策就会变得非常困难，故必须在维修过程中要求其品质。

由于安装完成后难以从外观上评估质量，因此应认真执行每个步骤。

单元二 钢板更换的作业程序

知识点：钢板更换作业程序；各作业步骤安全防护；切割钢板；拆卸钢板；新钢板的安装准备；新钢板的安装；减振与隔声处理。

能力点：掌握钢板更换作业程序；掌握4种切割线的指示法；掌握钢板切割位置的选择；掌握5种车身钢板接合方式的拆卸方法；掌握新钢板的安装准备；了解减振与隔声处理的形式；掌握外部装配件的调整。

一、钢板更换作业程序与安全防护

1. 钢板更换作业程序

一般的钢板更换作业程序如图6-4所示。

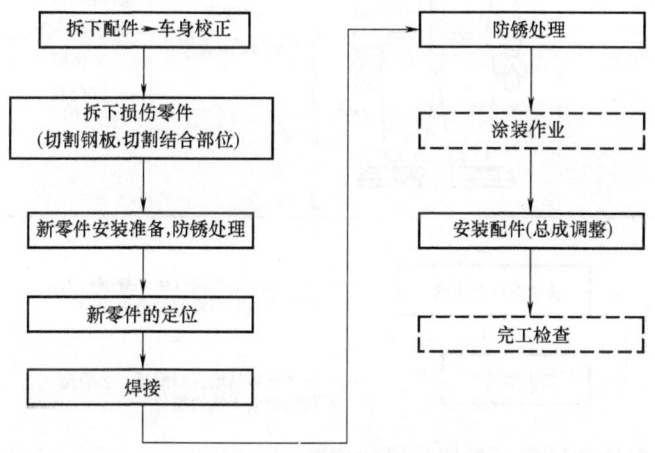

图6-4 一般钢板更换作业程序

在钢板更换作业中，拆除钢板更换部位和作业时会干扰的零部件；若受损钢板无须更换，则必须用车身校正方法维修；焊接前、后均要实施防锈处理；各零件于焊接前、后均要依其特性涂抹不同种类的防锈剂，省略任何步骤都可能造成维修缺陷。

2. 安全防护

为了保障个人安全、提高工作效率，在维修过程中需佩戴相应的劳动防护用品。部分作业项目劳动防护用品见表6-1。

二、拆卸损伤零件

1. 切割钢板

切割钢板有两种不同的目的。

表 6-1 部分作业项目劳动防护用品

作业项目	劳动防护用品	图例	作业项目	劳动防护用品	图例
钢板切割（气动锯、錾子）	工作帽 耳塞 防尘口罩 面罩 工作服 皮手套 安全鞋		CO_2-MAG 气体焊接	工作帽 防尘口罩 焊接防护面罩 护裙、护腿 工作服 皮手套	
钢板研磨，焊接准备	工作帽 安全眼镜 防尘口罩 面罩 工作服 皮手套		涂抹脱脂剂、防锈剂（密封胶、底漆）	工作帽 安全眼镜 防溶剂口罩 防溶剂手套 工作服 安全鞋	

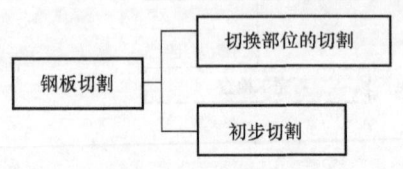

如何拆卸钢板

图 6-5 所示为中柱和后翼子板切换线的位置。

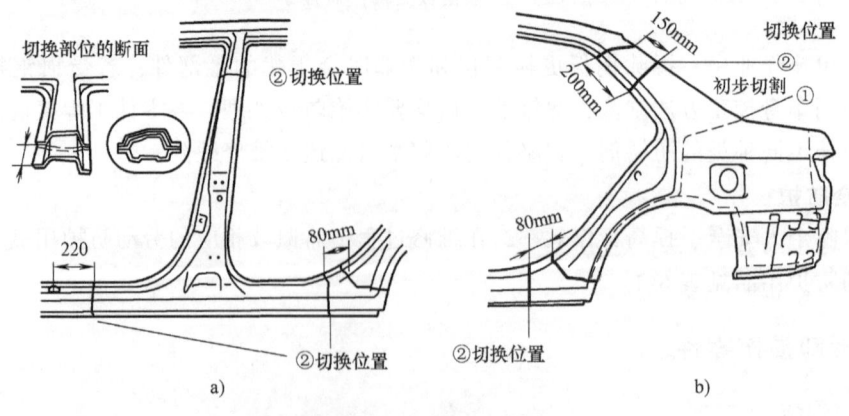

图 6-5 切换线的位置
a）中柱更换　b）后翼子板更换

切换线：在车身损伤维修手册中有指示切换线。为了防止切换线的应力集中，可以改变外板、加强板和内板的切换线。

初步切割线：在车身损伤维修手册中并未标示初步切割线，只有需要拆卸更换的钢板才能实施初步切割。

在选择车身构件的切割位置时，必须依据在撞击试验中的损伤情况和下列条件来进行：

1) 切割位置的选择不可位于撞击吸收区，不可位于负荷应力集中区，同时所选择的切割位置在焊接后，所需涂装的面积小且表面易于涂装作业。后侧梁的切割位置如图6-6所示。

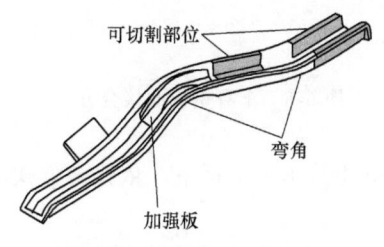

图6-6 后侧梁的切割位置

2) 钢板切换部位的切割间隙必须均匀，如果间隙不均匀，则钢板的安装和焊接品质会下降。钢板上切割线的指示法有利用钢板边缘、尺寸测量、使用塑胶样板规和切除重叠部分。4种切割线的指示法如图6-7所示。

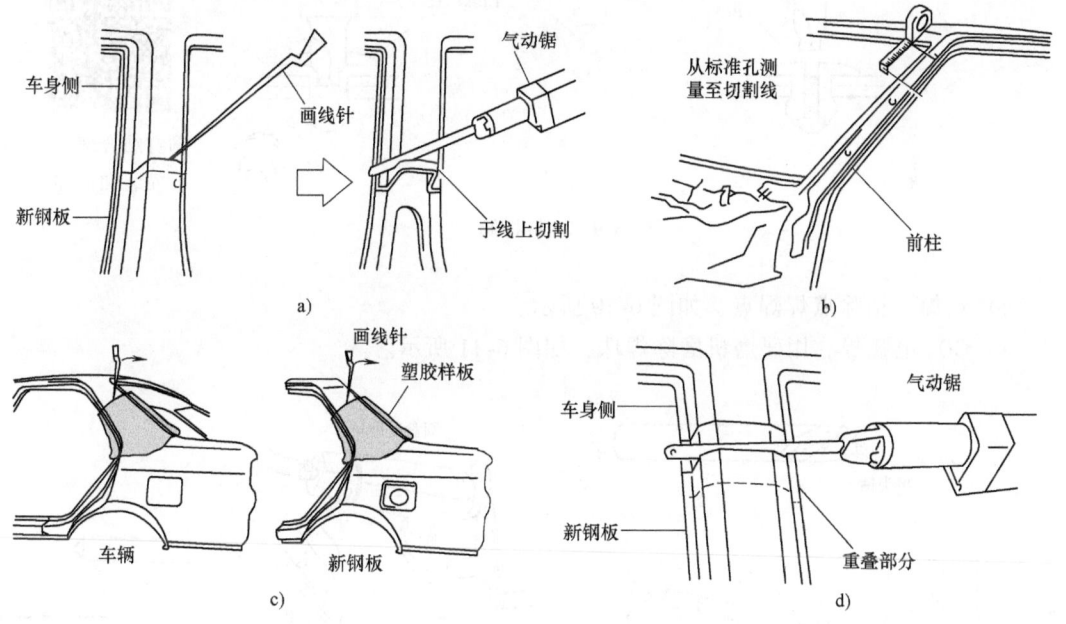

图6-7 4种切割线的指示法

a) 利用钢板边缘（需先定位） b) 尺寸测量 c) 使用塑胶样板规 d) 切除重叠部分（需先定位）

2. 钢板拆卸

要拆卸车身钢板，就必须利用各种方法来剥离接合部位。车身钢板的接合方式有下列5种，如图6-8所示。

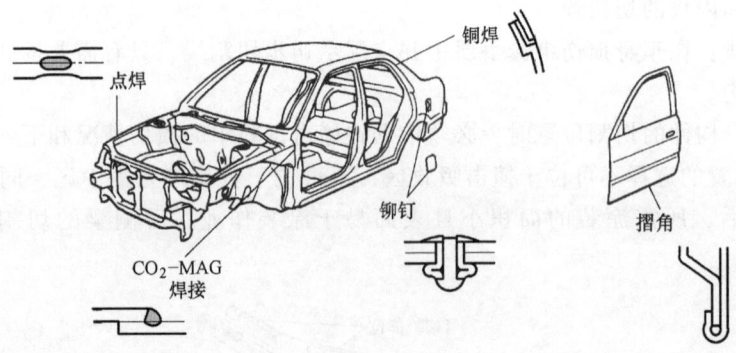

图 6-8 车身钢板的接合方式

剥离钢板接合点后,钢板就能从车身上拆下。依接合方式的不同,剥离接合点的工具和设备也不同。

1)铆钉接合。钻除铆钉凸缘,如图 6-9 所示。

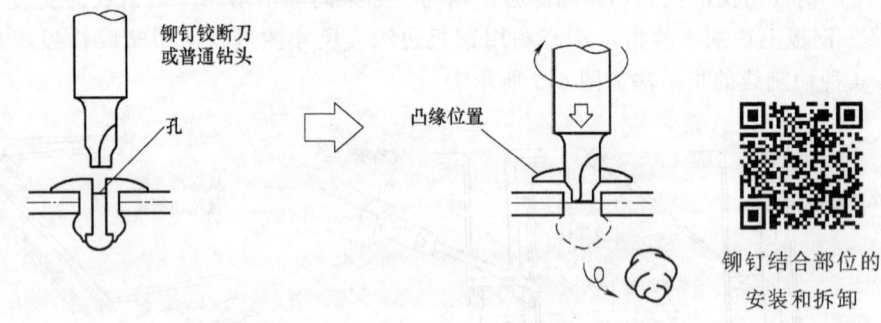

图 6-9 铆钉拆卸

2)点焊。钻除点焊焊点,如图 6-10 所示。

3)CO_2 电弧焊。用研磨机磨除焊珠,如图 6-11 所示。

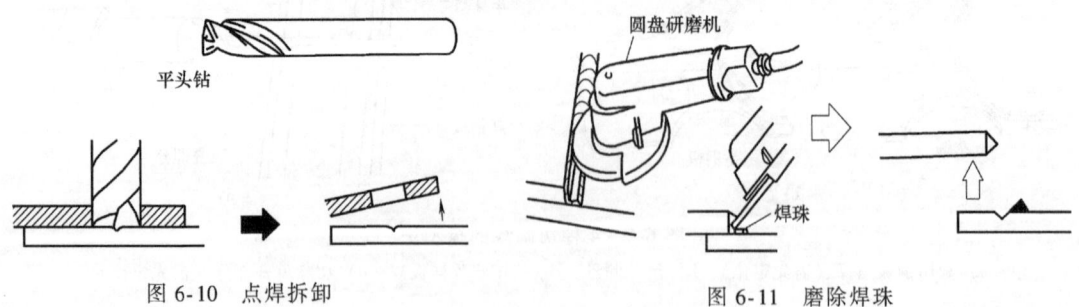

图 6-10 点焊拆卸　　　　图 6-11 磨除焊珠

4)铜焊。加热刷除铜焊部位并拆下钢板,如图 6-12 所示。

5)摺角加工。磨除外钢板的弯角,如图 6-13 所示。

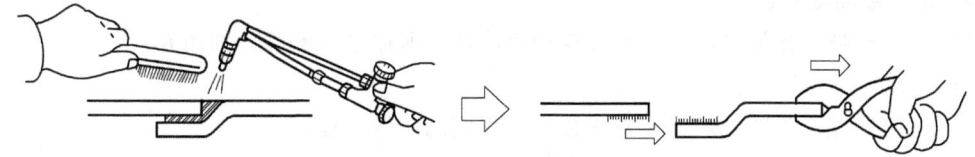

图 6-12 清除铜焊

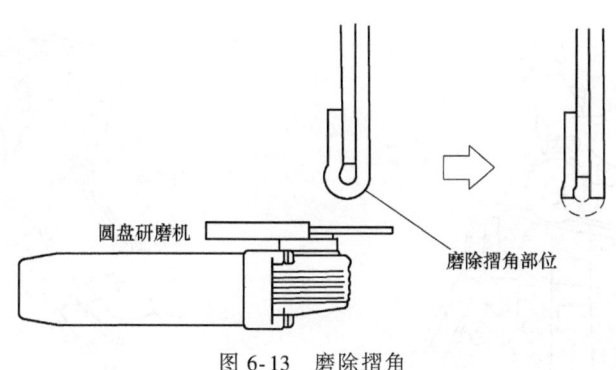

图 6-13 磨除摺角

三、新钢板安装准备

新钢板供应时,整片都有浸涂电泳涂膜。将新钢板焊接到车身上之前,必须磨除焊接部位的电泳涂膜和涂抹锌粉漆。

为确保维修品质(防腐蚀性、强度、刚性),焊接前的准备相当重要。焊接前的准备分为车身焊接准备和新钢板焊接准备。

1. 车身焊接准备

1)磨除毛边、涂膜和锈。切除钢板后会有毛边产生,这会干涉钢板的安装,所以必须磨除毛边。焊接部位的涂膜犹如绝缘体,所以必须要磨除涂膜,如图 6-14 所示。涂膜的磨除范围依焊接的方式而定。如果钢板接合端已经生锈,则必须用砂纸将它磨除。

2)焊接零件的整形。焊接部位的钢板如果有变形,则必须用锤子加以整形,如图 6-15 所示。焊接部位变形会干涉钢板的安装,因此必须将其整平到原先的状态。

3)防锈处理。内侧接合面的钢板不能在焊接后才实施防锈处理。防锈处理(涂抹锌粉漆)不仅包含内侧钢板磨除涂膜的部位,也包含内侧接合面的钢板,如图 6-16 所示。

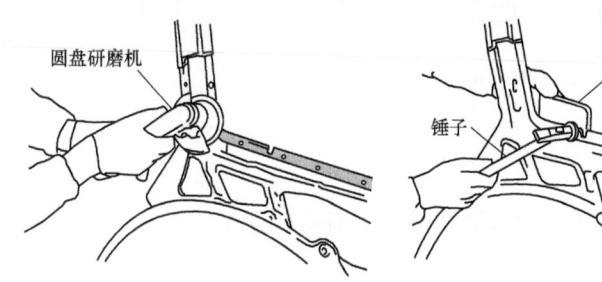

图 6-14 磨除毛边、涂膜

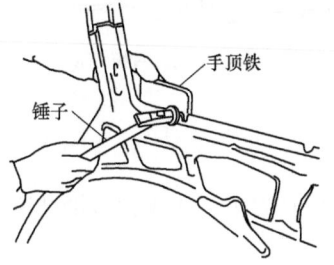

图 6-15 焊接件整形

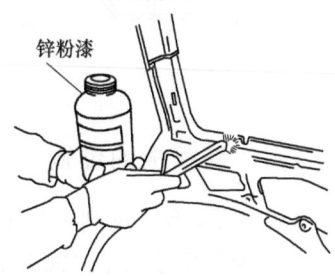

图 6-16 防锈处理

2. 新钢板焊接准备

1) 磨除涂膜。在焊接部位的涂膜犹如绝缘体,所以必须磨除,如图6-17所示。磨除涂膜的范围依焊接方式而定。

2) 防锈处理。防锈处理如车身焊接准备里面的防锈处理。

3) 打填孔焊接的孔。新钢板并没有打填孔焊接的孔,所以在钢板实施填孔焊接的位置依钢板的厚度打适当直径的孔,如图6-18所示。打孔数必须依据车身损伤维修手册的要求。

图6-17 磨除涂膜

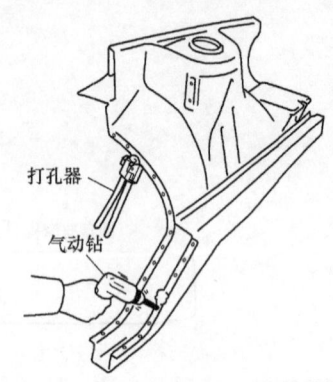

图6-18 新钢板打孔

4) 切除。新钢板是整组供应的,所以包含不需要的部位。因此,需要将新钢板上不需要的部位切除。

钢板切割线的精确性对修复品质有很大的影响。

钢板更换形态和切割线位置依车身损伤维修手册的要求,如图6-19所示。

5) 确认焊点数。拆卸钢板和安装钢板的焊点数是不同的。焊点数依据车身损伤维修手册的指示。

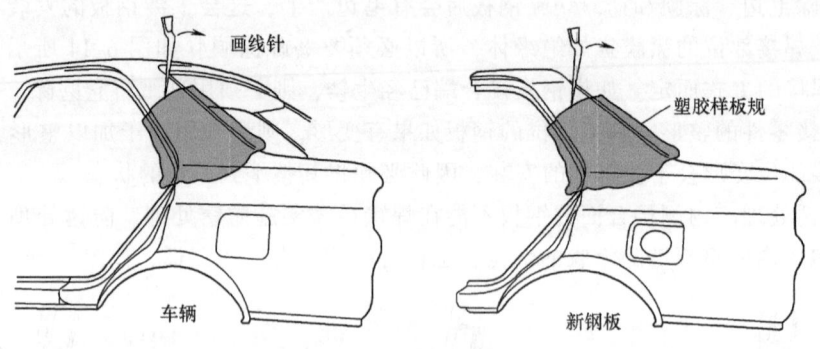

图6-19 新钢板切除

四、新钢板的位置

新钢板必须装配到车身正确的位置上,正确位置的装配有下列两种方式:

1. 使用尺寸测量方式装配

本方式需要测量新钢板的尺寸才能实施装配,如图6-20所示。本方式适用于所有钢板的装配，对车身各种梁件的装配特别有效。

在车身尺寸图内标示的数据为标准尺寸。

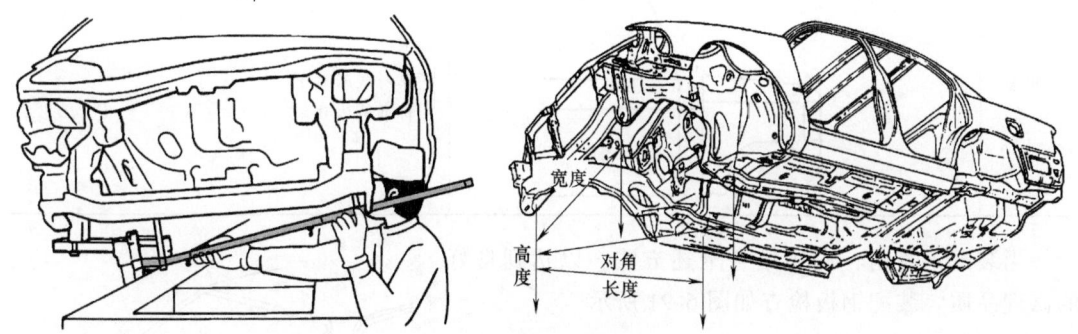

图 6-20 车身尺寸测量

2. 使用组零件校正方式安装

本方法利用与新钢板相关联的周边钢板及配备的对正来进行装配。钢板之间的配备有间隙、偏差、段差和高低差 4 种。这个方法可应用于所有钢板的装配。对于装配车身外板而言，这是特别有效的方法。

4 个安装检查项目见表 6-2。

表 6-2　4 个安装检查项目

项目	图例	特征
间隙		与周边钢板配备的间隙 每片钢板端边线的间隙 在车身尺寸中有指示标准值
偏差	$A \neq B$	间隙的偏差 偏差的标准值为 0
段差		是判断两个表面的高低差 与周边钢板配备的段差 每个表面的段差 段差的标准值为 0

(续)

项目	图例	特征
高低差 位差	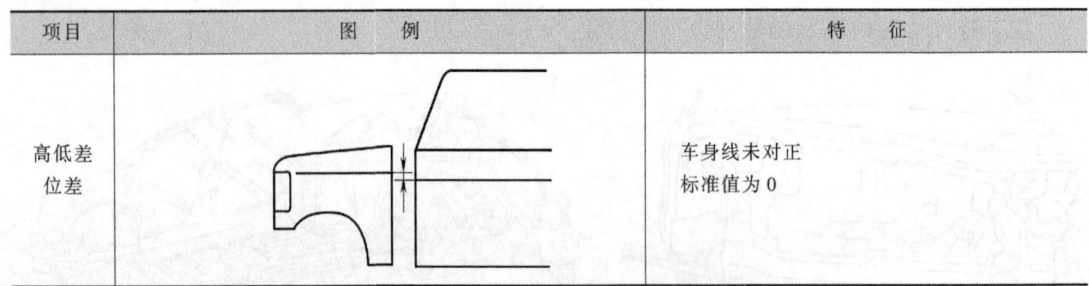	车身线未对正 标准值为 0

当装配钢板时，必须结合上述方法，以达到良好的修理品质。装配钢板检查如图 6-21 所示。

五、新钢板的安装

安装新钢板有摺角加工、铆钉接合、铜焊、点焊、CO_2 焊接和螺栓/螺母 6 种。限于篇幅，铜焊、点焊、CO_2 焊接和螺栓/螺母的接合方法这里不做说明。

（1）摺角加工　在车门内钢板上安装外钢板时用此方法。在摺角前，先涂抹车身密封胶到摺角处的内侧，再将外钢板的边缘向内弯摺平贴至内钢板上，以提升其防水性和强度，如图 6-22 所示。

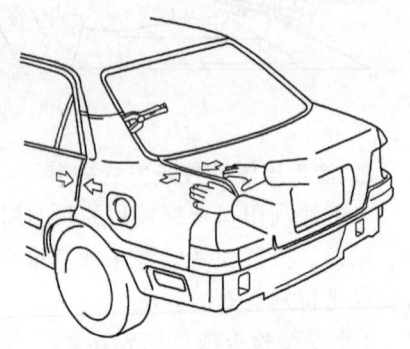

图 6-21　装配钢板检查

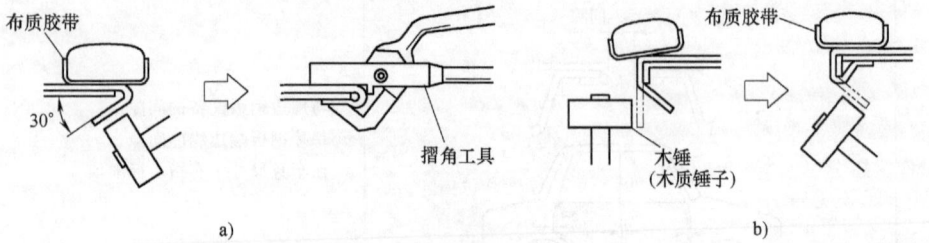

图 6-22　摺角加工
a) 使用摺角工具　b) 不使用摺角工具

（2）铆钉接合　铆钉用来代替螺栓和螺母，以减轻重量和缩短安装时间。铆钉的拆除和安装需要使用特种工具。铆钉的形式有铝制铆钉、钢制铆钉、防水铆钉和 T 形铆钉等。

1）安装程序。当拉动轴心时，会使铆钉头变形；当钢板和铆钉体紧密地接合时，持续拉动轴使轴心断裂，T 形铆钉的本体会分岔成 3 等份并敞开，如图 6-23 所示。

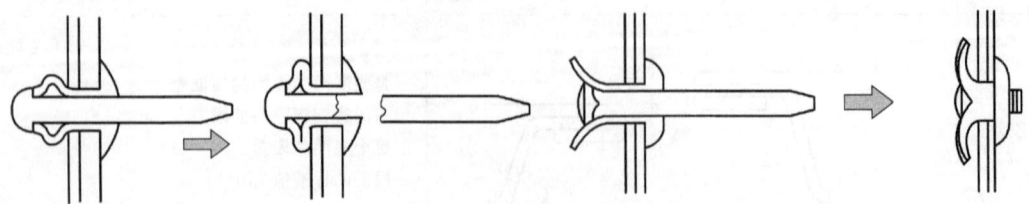

图 6-23　铆钉安装

2)铆钉安装的标准孔径。一般来说,铆钉安装的标准孔径与前面的前身孔径和后面的零件孔径有关。前面是指零件在车身的前方(铆钉推入前),后面是指零件在车身的后方,如图 6-24 所示。T 形铆钉的本体会敞开,所以其标准孔径在相对侧。

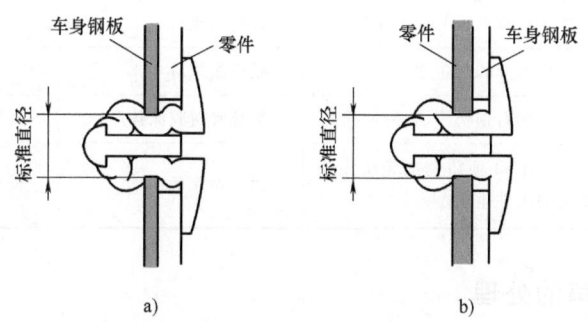

图 6-24 铆钉安装的标准孔径
a)车身钢板在下方 b)零件在下方

六、防锈处理

(1)防锈处理的目的 由于焊接前需要磨除涂膜,所以焊接周围区域较易生锈,且焊接产生的热会使得漆面烧损、钢板氧化。生锈不仅会影响外观品质,也会降低车身的耐久性和安全性。当锈已经产生时,要完全除掉是不可能的。

就车身维修而言,必须做广泛的防锈处理,以确保和新车相同等级的防锈性能。

(2)防锈的种类和目的 车身上需要防锈的部位有很多,具体的防锈剂涂抹部位如图 6-25 所示。

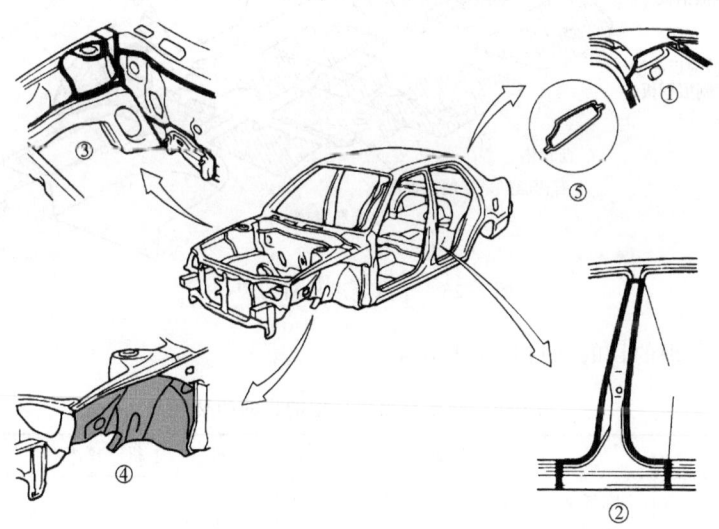

图 6-25 车身上防锈剂涂抹部位

涂抹部位施涂防锈剂的目的及使用的防锈剂类型见表 6-3。

表6-3　涂抹部位施涂防锈剂的目的及使用的防锈剂类型

涂抹部位	目的	涂抹时间	防锈剂种类
①钢板内侧接合面	防止钢板内侧接合面生锈	新钢板安装前	焊接用防锈锌粉漆
②钢板表面	防止裸露钢板的表面生锈	焊接完成后	防锈底漆
③钢板重叠摺角处	防止水分和灰尘渗入	底漆涂抹后	车身密封胶
④下车身	防止跳石损伤漆面，降低噪声	车身密封胶涂抹后	底层漆
⑤内部密闭结构	防止1~4项防锈剂无法涂抹部位的组件生锈	面漆喷涂后	防锈蜡

七、减振与隔声的处理

整体式车身易受到振动和噪声影响，所以现代轿车采用了很多的遮蔽噪声技术。车身使用了多种类的减振及隔声材料来降低振动和噪声。车身隔声材料的使用如图6-26所示。在车辆维修时容易破坏这些减振和隔声材料，为保障车身维修的品质，必须做到和新车相同等级的减振及隔声。

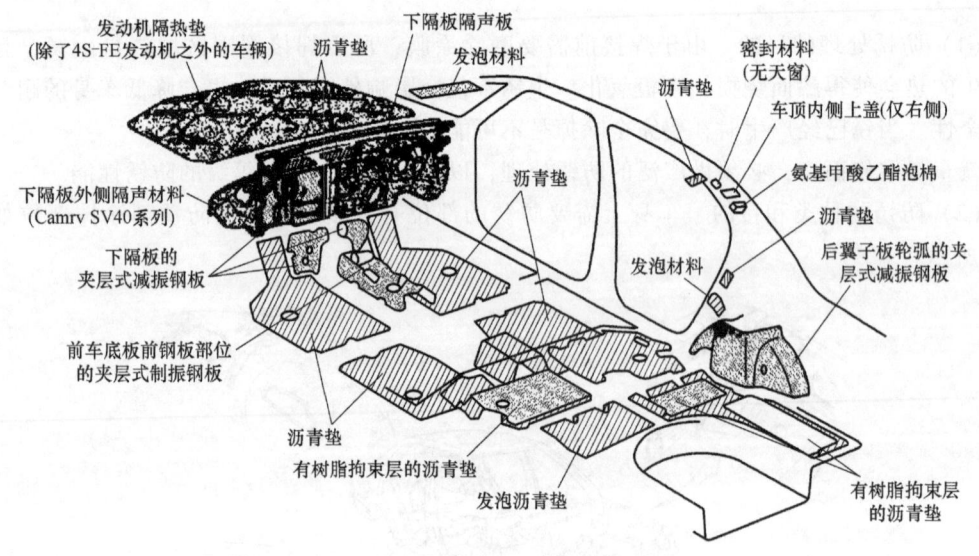

图6-26　车身隔声材料的使用

减振与隔声处理的目的和材料见表6-4。

表6-4　减振与隔声处理的目的和材料

处理部位	目的	处理时机	隔声材料
①内部密闭结构	降低来自各柱所传的风声及空气流动的噪声	焊接后	氨基甲酸乙酯泡棉
②车底板上部	降低各钢板的振动	涂装前	沥青垫
③下隔板车厢部位	降低来自发动机舱及行李箱的振动 抵制钢板本身的振动	正在焊接钢板时	隔声钢板

车身减振与隔声处理材料中使用比较多的是氨基甲酸乙酯泡棉及沥青垫。当氨基甲酸乙酯泡棉及沥青垫在车身维修时已经损坏或其他原因被拆下时,必须铺上氨基甲酸乙酯泡棉及沥青垫,具体处理参考车身损伤维修手册中的要求。

此外,车身结构中下隔板使用的是隔声钢板,隔声钢板中间的树脂膜对焊接电流来说是绝缘体,所以要使用特殊的焊接方法。

八、安装配件

在装上发动机或悬架系统的机体零件后,再将外板用螺栓安装至车体上。外板的校正对外观品质有相当大的影响,因此必须小心调整。

(1) 发动机舱盖的调整　发动机舱盖的调整包括调整发动机舱盖锁、调整间隙、调整发动机舱盖前端高度和调整发动机舱盖后端高度。

调整发动机舱盖锁时,可调整发动机舱盖安装位置,放松安装螺栓并调整发动机舱盖锁;调整间隙时,放松安装螺栓并调整发动机舱盖,依照车身损伤维修手册中的说明将间隙调至标准位置;调整发动机舱盖前端高度时,调整发动机舱盖缓冲垫高度,将发动机舱盖高度调整至与邻接的钢板同高;调整发动机舱盖后端高度时,插下固定螺栓,并增加或减少垫片数量来进行调整,将发动机舱盖高度调整至与邻接的钢板同高,如图 6-27 所示。

发动机舱盖固定螺栓是定心螺栓(即定位螺栓)。定心螺栓是一种与所安装零件具有相同半径的螺栓,用于提高新车装配线的装配效率和精度。这些螺栓有特殊的形状,使发动机舱盖和其铰链之间保持在相同的关系位置上。当需要调整钢板的安装状态时,用标准螺栓更换车辆上安装的定心螺栓,如图 6-28 所示。

为了能调整发动机舱盖,必须换用标准螺栓(标准螺栓在调整后,必须将螺栓涂上相

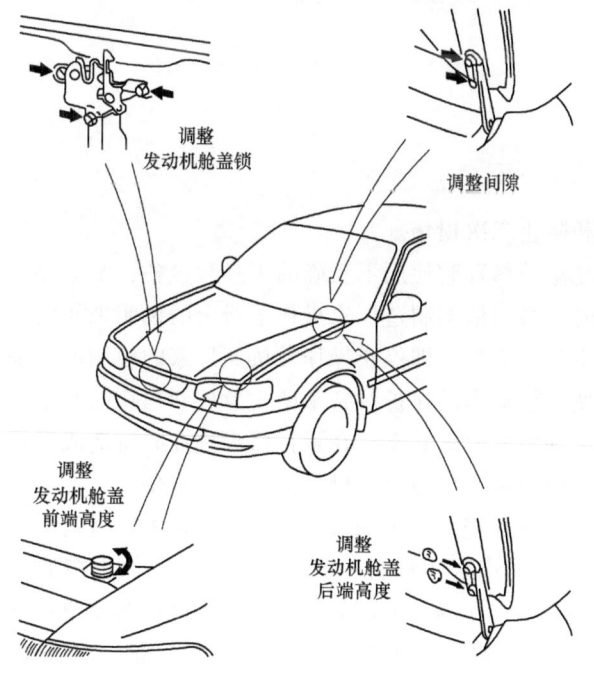

图 6-27　发动机舱盖的调整

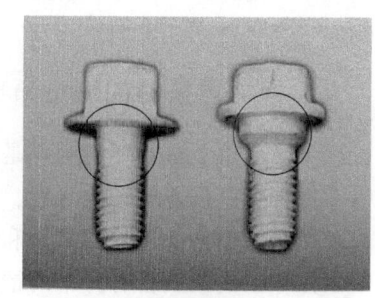

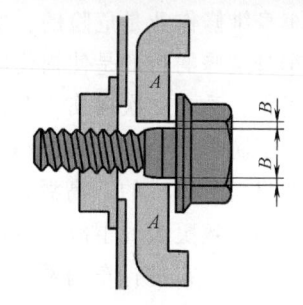

图 6-28　定心螺栓与标准螺栓

同于车身颜色的漆料)。

(2) 行李舱盖的调整 行李舱盖的调整包括调整行李舱盖锁和调整间隙。

调整行李舱盖锁时，可调整行李舱盖锁的安装位置，放松安装螺栓，调整行李舱盖锁；调整间隙时，放松安装螺栓并调整行李舱盖锁，依照车身损伤维修手册中的说明将间隙调至标准值，如图 6-29 所示。

(3) 车门钢板的调整 车门钢板的调整包括调整间隙和调整车门锁扣。

调整车门间隙有两种方式：一是放松安装螺栓，调整铰链，按照车身损伤维修手册中的说明将间隙调至标准值；二是放松安装螺栓，调整车门，按照车身损伤维修手册中的说明将间隙调至标准值。调整车门锁扣时放松安装螺栓，用铁锤轻敲锁扣来调整车门锁扣的安装位置，如图 6-30 所示。

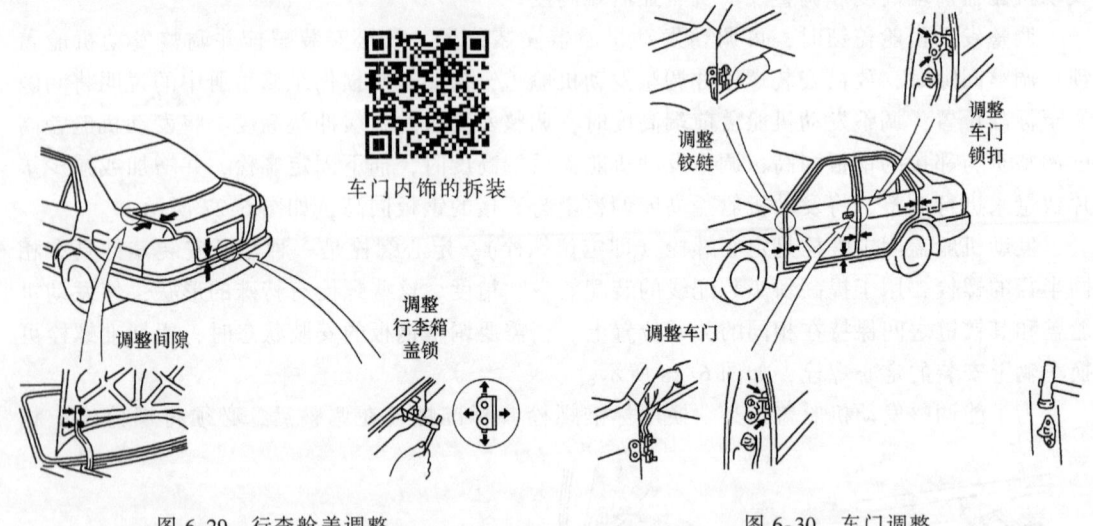

图 6-29 行李舱盖调整　　　　　　　图 6-30 车门调整

九、钢板更换时的注意事项

车身修理作业最重要的两点是安全和防止二次损伤。

在进行安全作业时需要注意，如果在车身修理时使用不正确的工具和设备，则会导致意外或更严重的损伤。当使用工具和设备时，必须依据制造厂家操作手册上的说明来使用。

当操作工具或设备有异常的情形发生时，必须立即停止操作并按照厂家的使用说明来排除。车身维修作业是危险的，所以必须使用最适当的保护装备来防止意外和损伤的发生。

车身维修的目的是使损伤的车身回复到事故前的状态。在进行修理作业时所造成车辆的任何损伤，称为二次损伤。车辆维修过程中绝对不可造成车辆任何的二次损伤。

为了防止车辆的二次损伤，在车身修复过程需要对车辆进行保护。车辆的车身是由各类不同的材料所组成的，高温或硬物体很容易损伤这些材料。燃油是易燃的，如果燃油被引燃，则会导致更大的事故。所以为了保持车辆，在容易损伤的部位必须牢固地覆盖或将其从车辆上拆下。在进行车身维修作业时，必须使用适当的防护设备来保护车辆，如图 6-31 所示。

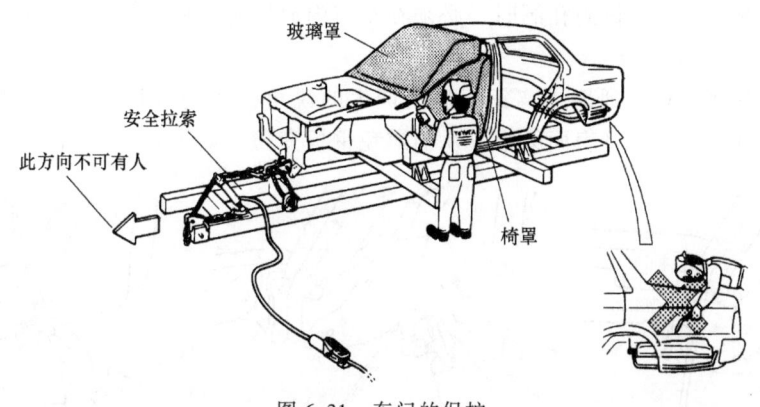

图 6-31　车门的保护

单元三　车身钢板更换实例

知识点：更换前侧梁；后翼子板的切割更换。

能力点：掌握前侧梁的更换流程和各步操作方法；掌握后翼子板的切割更换流程和各步操作方法；能对装配间隙进行调整。

一、更换前侧梁

这里介绍车身前侧梁的更换作业，此处需更换右前侧梁、散热器支架。

1. 拆除钢板

依照各车型的车身损伤维修手册确认焊点位置和焊接点数。当焊点位置被底层漆覆盖无法确认时，使用旋转式刷轮机刷除底层漆，如图 6-32 所示。

依照各车型的车身损伤维修手册确认钢板的组合形态后，选择合适的钻头直径及钻除方向，用气动钻钻除所有焊点。使用錾子检查所有焊点的钻除情形，此时不要施力于錾子上而使钢板裂开，如图 6-33 所示。

钻除焊接部位后，从车身上将钢板拆下。

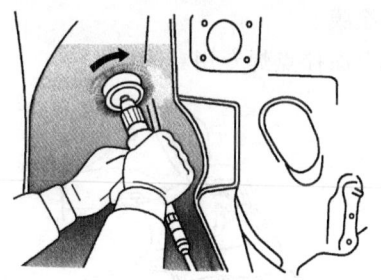
图 6-32　去除底层漆

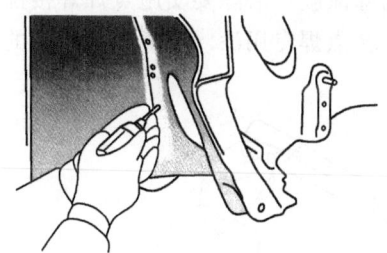
图 6-33　钻除焊点

2. 车身侧的焊接准备

（1）填充钻孔后的孔洞　使用 CO_2 电弧焊填充因钻除焊点后产生的孔洞，如图 6-34 所示。在焊接时，可将黄铜棒放在焊接钢板的背侧，使熔接作业较为容易实施。为防止火灾发生,在填充下隔板和车底板的孔洞时,必须在车室内放置防火毯。焊接后将焊珠磨平,如图6-35所示。

(2) 研磨焊接部位 研磨剥离钢板后所产生的锐角,在进行此项作业时只是研磨钻孔后所产生的锐角,不需要将表面磨平,从而避免钢板变薄,如图6-36所示。

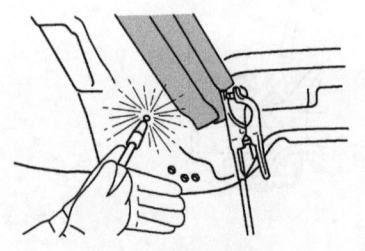
图6-34 填充钻孔

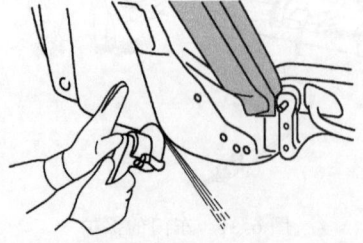
图6-35 研磨焊珠

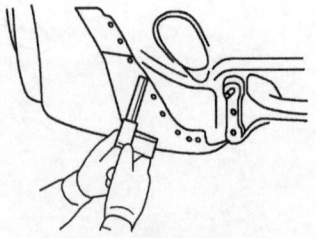
图6-36 研磨焊接部位

(3) 焊接面初步校正 在暂时固定新钢板时,将变形量修正好,如图6-37所示。

(4) 清洁焊接面 使用钢刷刷除钢板焊接部位周围的车身密封胶及底层漆。

(5) 涂抹点焊专用漆 在清洁和去蜡后,在钢板焊接的接合面涂抹点焊专用漆。在涂抹时,不要溢出钢板的表面,如图6-38所示。

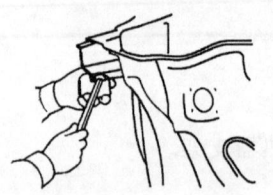
图6-37 焊接面处理

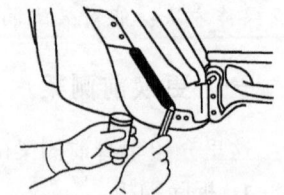
图6-38 涂抹点焊专用漆

3. 新钢板焊接前准备

(1) 焊点位置定位 在点焊或填孔焊的位置做上不同的记号,以便辨认,并在新钢板上做记号,如图6-39所示。在做记号时,可先确定两端的位置,再分配其余的焊点数。

(2) 钻填孔焊孔 依照板厚要求的钻孔孔径实施钻孔,如图6-40所示。钢板定位后将3块钢板的接合面焊接在一起。

(3) 磨除涂膜 磨除要实施点焊焊接部位的涂膜。

(4) 涂抹点焊专用漆 在磨除涂膜后的表面上涂抹点焊专用漆。

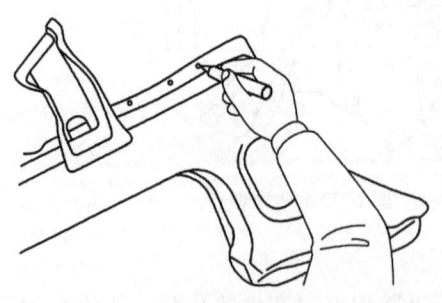
图6-39 焊点位置定位

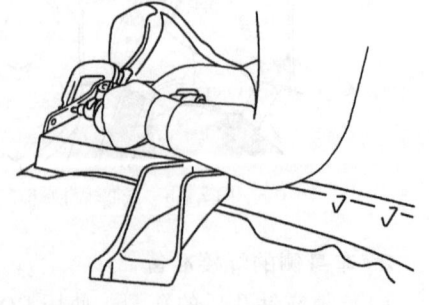
图6-40 钻填孔焊孔

4. 新钢板的定位

（1）下车身

1）暂时固定新钢板。固定新钢板时可依标准孔或旧零件的安装痕迹来定位；固定位置选择在不妨碍尺寸测量的地方，如图 6-41 所示。

2）调整长、宽、高及对角线的尺寸。新钢板在定位时，不仅要考虑标准尺寸，也要考虑左、右尺寸的差异，以使整体平衡，如图 6-42 所示。新钢板定位的顺序是先实施作为定位基准的前侧梁及前横梁的定位，然后才做翼子板隔板及其他的定位。

3）调整尺寸后，实施暂时定位焊。在考虑可再次拆卸的情况下实施暂时定位焊，如图 6-43 所示。

定位焊选择钢板密合情形良好的部位。

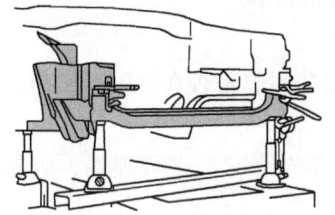
图 6-41 固定新钢板

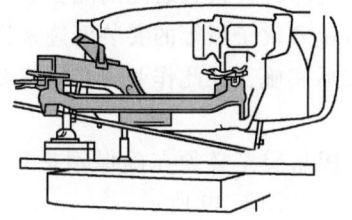
图 6-42 尺寸测量

图 6-43 定位焊接

（2）上车身

1）暂时固定新钢板。安装散热器侧支架和发动机舱盖锁支架时，可依标准孔或旧零件的装配痕迹来实施暂时固定，如图 6-44 所示。

2）调整尺寸。尺寸调整的重点是先进行悬架上支座 B 点及前翼子板隔板前端 A 点的定位，如图 6-45 所示。

3）散热器侧支架定位。首先将车身尺寸量规设定至标准值后再使用，用车身尺寸量规检查零件与前照灯左、右尺寸的差异，并调整到完美的状态，如图 6-46 所示。

4）检查左、右侧翼子板隔板上端的高度平衡状态。使用类似中心量规的测量方法，将防涂胶带或钢板置于零件下方，在一定的距离下目视检查。

5）在各钢板定位后，实施暂时固定。实施暂时固定的方法是在夹具的固定部位实施定位焊，如图 6-47 所示。

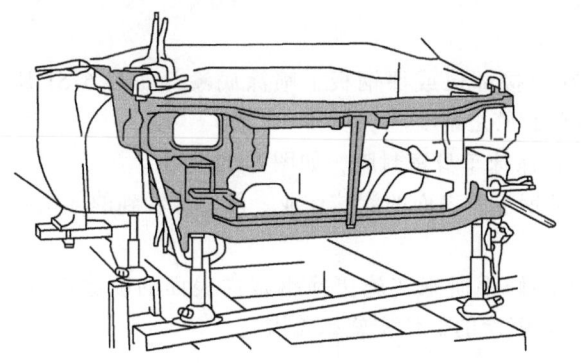
图 6-44 暂时固定新钢板

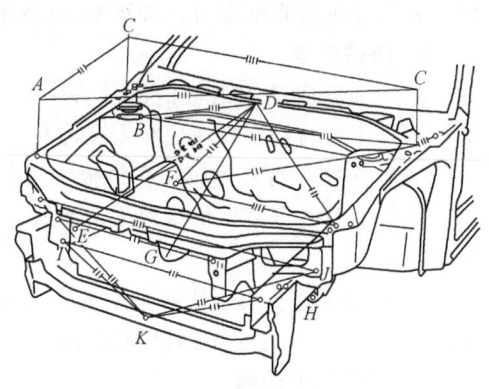
图 6-45 调整尺寸

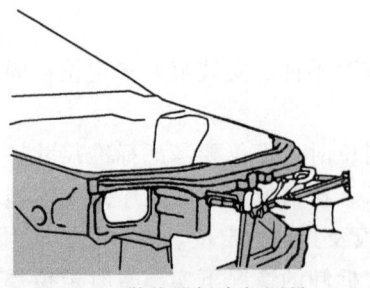

图 6-46 散热器侧支架测量

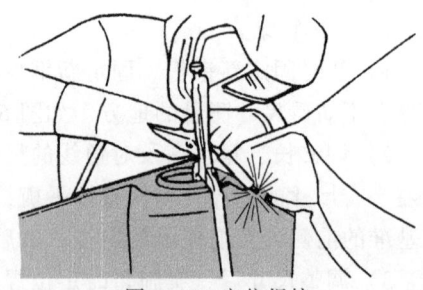

图 6-47 定位焊接

5. 暂时固定零件

组装发动机舱盖、前翼子板等零件并检查装配间隙,如图 6-48 所示。

组装时可利用发动机舱盖铰链和翼子板等的安装痕迹来进行。

最后的安装间隙调整在焊接后实施,在此作业中必须判断安装间隙是否在调整范围内。

6. 焊接

1)焊接新钢板。为保证焊接品质,必须在确保钢板在密合的情况下进行焊接,焊接时,从强度较高的部位开始焊接,如图 6-49 所示。

为了减少焊接变形,不要由单一方向依序焊接,而是要均等地焊接所有的部位。

2)焊接后拆下固定装置,并测量尺寸。

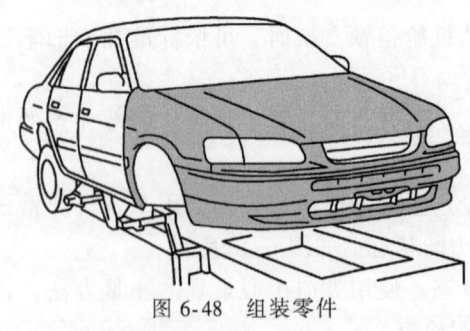

图 6-48 组装零件

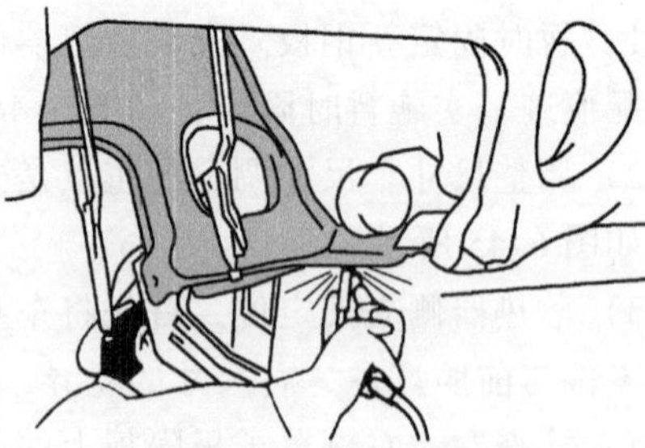

图 6-49 焊接新钢板

7. 焊接部位的修整

研磨填孔焊接部位的焊珠。能明显看到的部位必须研磨至平滑,而要喷涂底层漆的部位则只要稍微研磨修饰即可,如图 6-50 所示。

8. 防锈处理

(1)喷涂底漆 钢板清洁及去脂后,在焊接部位或裸钢板上喷涂底漆,如图 6-51 所示。需要注意的是,喷涂底漆需在涂抹车身密封胶之前实施。

(2)涂抹车身密封胶 在钢板的接合部位涂抹车身密封胶,如图 6-52 所示。

依各车型的车身损伤维修手册来实施更换钢板内表面的涂抹作业。能明显看到的部位必须加以修饰。

(3)喷涂底层漆 依各车型的车身损伤维修手册来实施更换钢板内表面的喷涂作业,如图 6-53 所示。先喷涂钢板的接合面,在无须喷涂的部位实施遮盖措施。

9. 调整装配间隙

涂装作业完成后,由下列顺序来组装零件和实施调整,如图 6-54 所示。

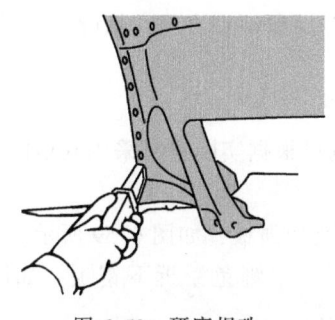

图 6-50 研磨焊珠

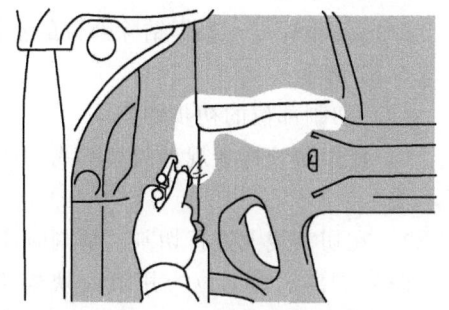

图 6-51 喷涂底漆

① 对正发动机舱盖和翼子板的前端。
② 调整发动机舱盖和翼子板左、右侧的间隙差与偏差。
③ 调整发动机舱盖高度。
④ 调整车门与翼子板的车身线高度和曲率。

调整时,要注意左、右侧要一样;在螺栓安装孔的范围内调整;在钢板安装后,调整零件的装配间隙。

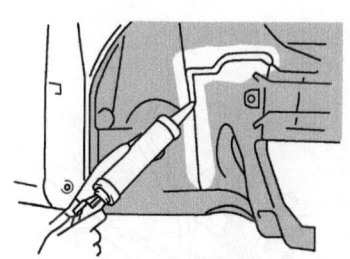

图 6-52 涂抹密封胶

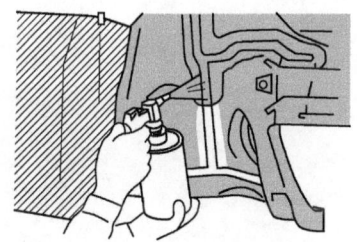

图 6-53 喷涂底层漆

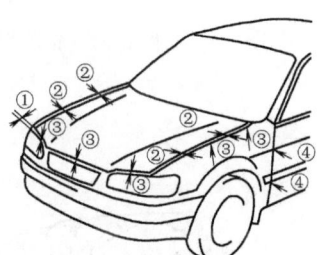

图 6-54 调整装配间隙

二、后翼子板的切割更换

这里介绍车身后翼子板的切割更换,需更换的钢板如图 6-55 所示。

1. 初步切割

因为要使用点焊专用钻除器钻除焊点,所以先切除焊接部位的周围。

切割时,要考虑更换钢板和残留钢板,并在切割位置做记号;避免在加强板或内板的接合部位实施初步切割,如图 6-56 所示。

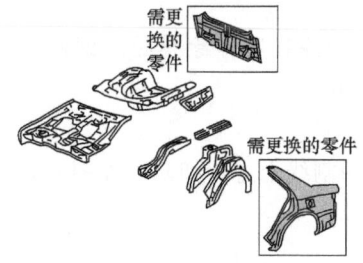

图 6-55 需更换的钢板

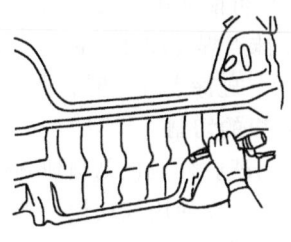

图 6-56 初步切割

2. 拆卸钢板

（1）钻除焊点　根据钻除部位的不同，选用合适的工具和钻头直径，钻除所有的焊点，如图 6-57 所示。

（2）切割部位的初步切割

1）使用塑胶样板规刻画切割线，如图 6-58 所示。也可根据实际情况采用其他的切割线指示法。

2）在切割线上进行切割，切割时注意不能切割内板及加强板，如图 6-59 所示。

（3）剥离铜焊部位　用氧乙炔焊枪加热铜焊部位后，用鲤鱼钳拆下钢板，如图 6-60 所示。

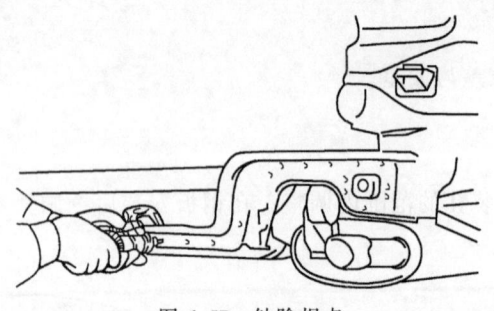

图 6-57　钻除焊点

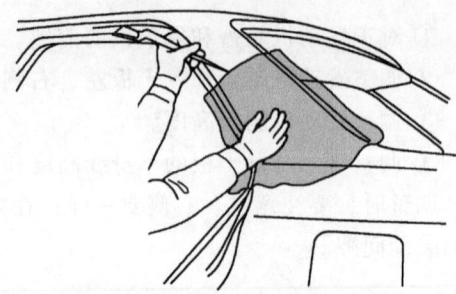

图 6-58　划切割线

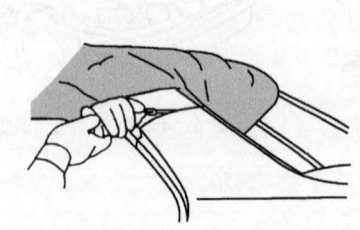

图 6-59　切割钢板

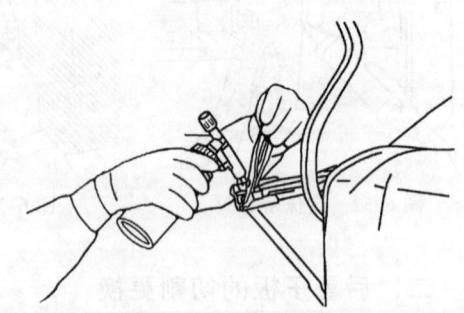

图 6-60　拆除铜焊部位

3. 车身侧的焊接准备

（1）研磨焊接部位　使用研磨机磨平所有焊点，如图 6-61 所示。

（2）去除粘着物　磨除接合面上的涂膜、锈及周围的车身密封胶。

（3）修饰焊接面　为了能使更换钢板密合，必须修正车辆侧的钢板，如图 6-62 所示。在修正时，尽可能使用木锤，且不要使钢板过度延伸。

（4）涂抹点焊专用漆　清洁、去脂后，涂抹点焊专用漆在磨除涂膜后的钢板面上，如图 6-63 所示。施涂点焊漆时，要注意不要涂抹到其他钢板上。

4. 新钢板的切割

首先使用塑胶样板规刻画切割线，其次用气动锯在切割线上进行切割，如图 6-64 所示。需要注意的是，在使用气动锯切割时，要防止钢板变形。

5. 新钢板的定位

（1）新钢板的暂时固定　固定新钢板时可依标准孔或旧零件的安装位置实施组装，同

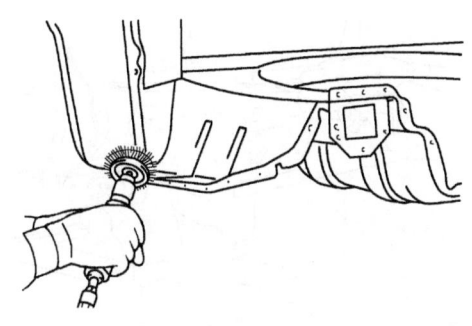
图 6-61 研磨焊接部位

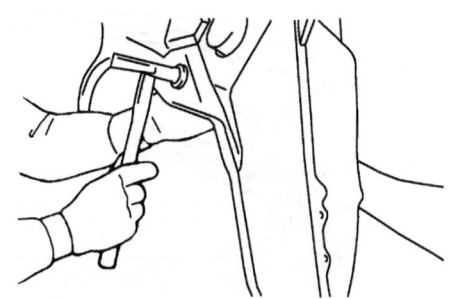
图 6-62 修饰焊接面

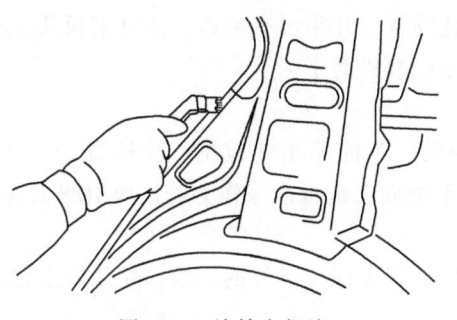
图 6-63 涂抹点焊漆

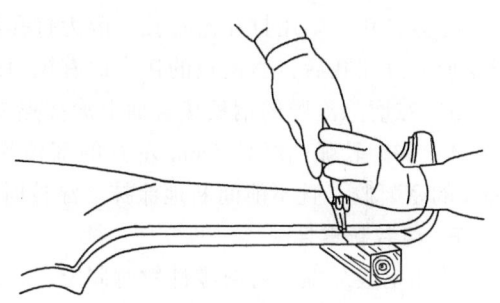
图 6-64 新钢板切割

时,参考拆下钢板时所测量的尺寸,组装后翼子板。

(2) 后翼子板的调整

1) 确认与后车门的装配间隙,同时调整前、后方向,并用夹钳固定车门开口部位的凸缘。

2) 确认与行李舱盖的装配间隙(前面),同时调整左、右方向,在后风窗玻璃下端固定。

3) 确认与行李舱盖的装配间隙(后面),同时调整左、右方向,在下围板处用固定夹钳固定。

(3) 下围板的调整 利用左、右对称零件的安装孔调整后翼子板及下围板的位置。具体的做法是利用零件的安装孔使左、右侧无宽度差和高度差。

(4) 安装钢板牙螺钉 首先使用 $\phi 3mm$ 钻头在固定夹钳位置附近钻孔,然后安装钢板牙螺钉,如图 6-65 所示。

(5) 安装零件 拆下固定夹钳并安装零件,以确认车辆整体的均衡。

6. 切换部位的切割

根据各车型的车身损伤维修手册确认切换部位,切除新钢板与车身侧钢板的重叠部位,拆下新钢板并切除车身侧残留的钢板,如图 6-66 所示。

7. 新钢板的焊接准备

1) 磨除要实施点焊部位的涂膜。在新零件上做上不同记号及数量,以辨别是要实施点焊还是填孔焊接,磨除点焊焊接部位的涂膜。

2) 依板厚选择合适的钻头,以实施填孔焊接用的钻孔作业。在实施钢板钻孔时,若能

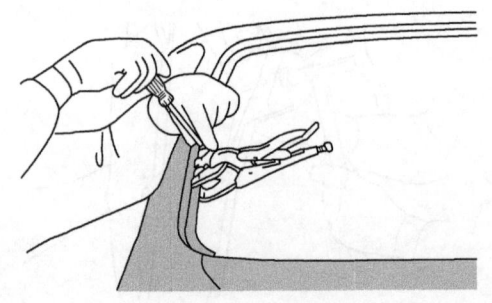 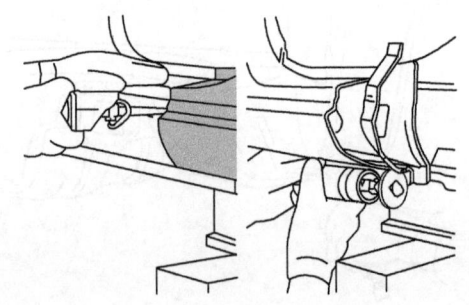

图 6-65 安装钢板牙螺钉　　　　　　　图 6-66 切换部位的切割

用打孔器打孔,则用打孔器打孔,因为打孔器打的孔圆整,几乎没有毛边,而且钢板几乎不会变形。打完孔后,当钢板的接合面有锐角时,使用研磨机磨平。

3）在磨除涂膜的钢板接合面上涂抹点焊专用漆。

4）在距轮弧凸缘处 5mm 左右的部位涂抹密封胶,不能超出此范围。涂抹直径为 3～4mm 的密封胶,且不能间断地涂抹。涂抹时,可将手指放在钢板边缘作为胶枪导引的工具。

8. 组装新零件

使用钢板牙螺钉将新零件暂时固定。在钢板牙螺钉固定部位以外的部位,使用固定钳将钢板确实地密合在一起。

9. 焊接

(1) 点焊焊接　在点焊焊接前,先检查电极头前端的状态。若有磨损或脏污,则必须实施研磨。

为防止钢板热变形,应避免由单一方向依序地实施焊接,而是要整体均等地焊接。

焊接后,在焊接点之间插入錾子以确认焊接强度。

(2) 填孔焊接　若钢板之间有间隙,可用固定钳将其夹紧。

(3) 对头焊接

1）实施暂时焊接。可先暂时焊接车身线部位。若有段差,可使用平口螺钉旋具调整后实施暂时焊接。

2）实施对头焊接。为防止钢板热变形,必须将焊接部位分开焊接,如图 6-67 所示。

(4) 铜焊　依各车型的车身损伤维修手册确认铜焊部位后实施铜焊焊接。在实施铜焊时应使钢板密合在一起,且不可让钢板融化。

10. 研磨焊接部位

研磨焊珠及焊道,如图 6-68 所示。轻轻地研磨焊点部位表面的痕迹。能明显看到的部位必须研磨至平滑,而不明显的部位则可大略研磨。

11. 防锈处理

(1) 喷涂底漆　先在没有涂抹的部位实施清洁和去脂作业,然后喷涂底漆,如图 6-69 所示。

(2) 涂抹车身密封胶　依各车型的车身损伤维修手册,将车身密封胶涂抹在更换钢板的背面。在进行涂抹作业时,先在涂抹面实施清洁和去脂作业,然后涂抹车身密封胶,如图 6-70 所示。涂抹车身密封胶后,应在明显可以看到的部位进行修饰。

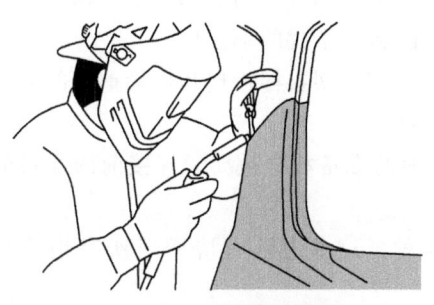
图 6-67　实施对头接焊

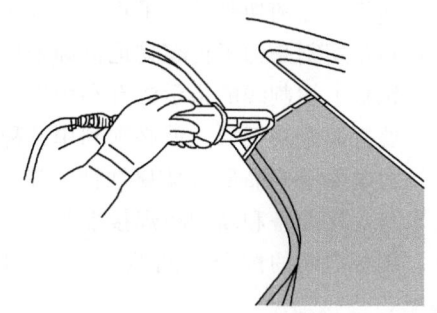
图 6-68　研磨焊接部位

图 6-69　喷涂底漆

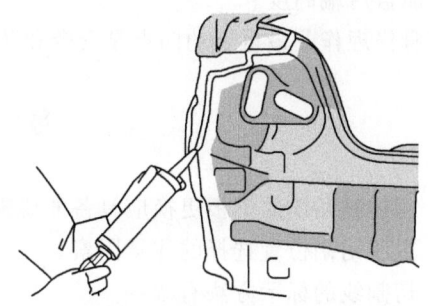
图 6-70　涂抹车身密封胶

（3）喷涂底层漆　依各车型的车身损伤维修手册，底漆喷涂在更换钢板的背面。无须喷涂的部位要实施遮盖作业。

12. 调整装配间隙

零件的暂时安装以下列顺序来实施调整，如图 6-71 所示：

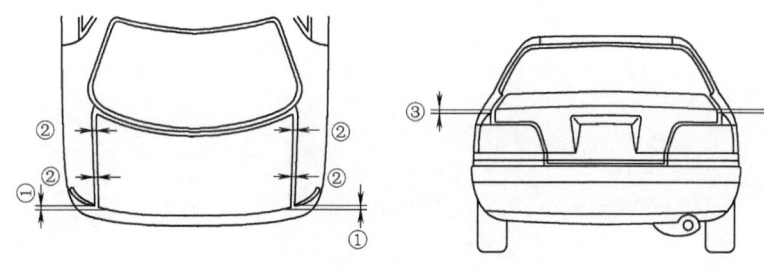
图 6-71　调整装配间隙

1）调整行李舱盖的前、后方向（将行李舱盖和后翼子板后侧对齐）。

2）调整行李舱盖和后翼子板的左、右间隙及偏差。

3）调整行李舱盖的高度。依左、右侧的间隙来进行调整；在安装孔内实施调整；调整钢板的装配间隙后，调整零件的装配间隙。

归纳总结

钢板更换的方式大致可分为总成更换和切割更换两种方式。

钢板高品质的维修必须具备有安全、强度、美观、耐久性和防锈性。

切换部位的切割是为了将新钢板接合至车身钢板上，两块钢板的切割部位必须相同。

初步切割是为了更容易地拆卸钢板，所以必须先切除造成干扰的部位。

钢板上切割线的指示法有利用钢板边缘、尺寸测量、使用塑料样板规和切除重叠部分。

要拆卸车身钢板，就必须利用各种方法来剥离接合部位。

为确保维修品质（防腐蚀性、强度和刚性），焊接前的准备相当重要。焊接前的准备分为车身焊接准备和新钢板焊接准备。

钢板之间的配合有间隙、偏差、段差和高低差4种，这些方法可应用于所有钢板的装配。

发动机舱盖的调整包括调整发动机舱盖锁、调整间隙、调整发动机舱盖前端高度和调整发动机舱盖后端高度。

车身修理作业最重要的两点是安全和防止二次损伤。

复 习 题

1. 阐述高品质的钢板更换应具备的要素。
2. 说明切割位置选择的注意因素。
3. 切割线的标示方法有哪些。
4. 车身钢板的接合方式有哪些？
5. 装配车身外板时，钢板之间的配备方式有哪些？
6. 车身修理作业如何防止二次损伤？
7. 阐述前侧梁的更换流程和各步操作注意事项。
8. 阐述后翼子板的切割更换流程和各步操作注意事项。

模块七

车身测量与校正

学习目标

车身的测量工作是车身修复程序中必须进行的操作,在事故车的损坏评估、校正、板件更换及安装调整等工序时都要进行测量工作。车身测量工作对于成功的修复损坏是非常重要的。车身校正是一个非常重要的操作过程,车身校正工作的好坏直接影响汽车的安全性、修理所用时间以及整车的修理质量。

通过本模块的学习应该能够:
- 掌握车身三维测量基准的确定。
- 识读车身测量数据图。
- 掌握常见的车身尺寸测量方法。
- 利用奔腾 shark 测量系统进行三维测量。
- 掌握校正操作的安全与防护。
- 分析汽车车身的碰撞损伤类型。
- 掌握安全、可靠的车身固定形式和夹具安装形式。
- 掌握安全、高效的拉拔。
- 利用校正平台对前侧梁进行校正。

学习任务

汽车车身变形的测量是现代汽车车身修复的重要内容,汽车其他总成的安装是否正确与汽车车身形状和位置密不可分。车身尺寸是否正确将直接影响汽车的总体性能,因此车身修复人员必须足够重视车身变形的测量,熟练掌握车身常用测量设备的安装、日常维护和正确使用,为事故车的损伤评估和校正打下基础。通过一些常见的校正作业项目,使学生能够正确使用车身校正设备,掌握车身校正作业的基本方法,形成一定的车身校正技能。通过对一些常见损伤的处理,培养学生分析故障原因和部位,掌握校正修复的基本思路。

单元一　大损伤及损伤评估

知识点: 大损伤;大损伤修理流程;损伤评估;碰撞损伤类型。

能力点: 掌握大损伤的定义;了解大损伤修理流程;掌握目视评估方法(整体和局部)的应用;掌握车身碰撞损伤的 5 种类型及特征。

一、大损伤的修理

1. 大损伤概述

由于车辆受到严重撞击而造成外钢板和车架结构变形的损伤，必须使用车身校正台来校正车身，并使用焊接机来更换钢板的损伤修复，属于大损伤。

锤子和手顶铁或垫圈焊接机是修理小损伤的常用工具，这些常用工具不能用于大损伤的修理，因为车架非常强固和坚硬。车架如果严重损伤，则必须使用车身校正台来回复至原来的正常位置和形状。车身校正台由两个装置组成：一是将车身固定于定位位置的装置，另一个是将损坏的钢板拉出的拉塔（使用油压缸）装置。

2. 大损伤修理的流程

为了掌握大损伤的修理方法，了解全部的修理程序是非常重要的。一般大损伤的修复流程如图7-1所示。

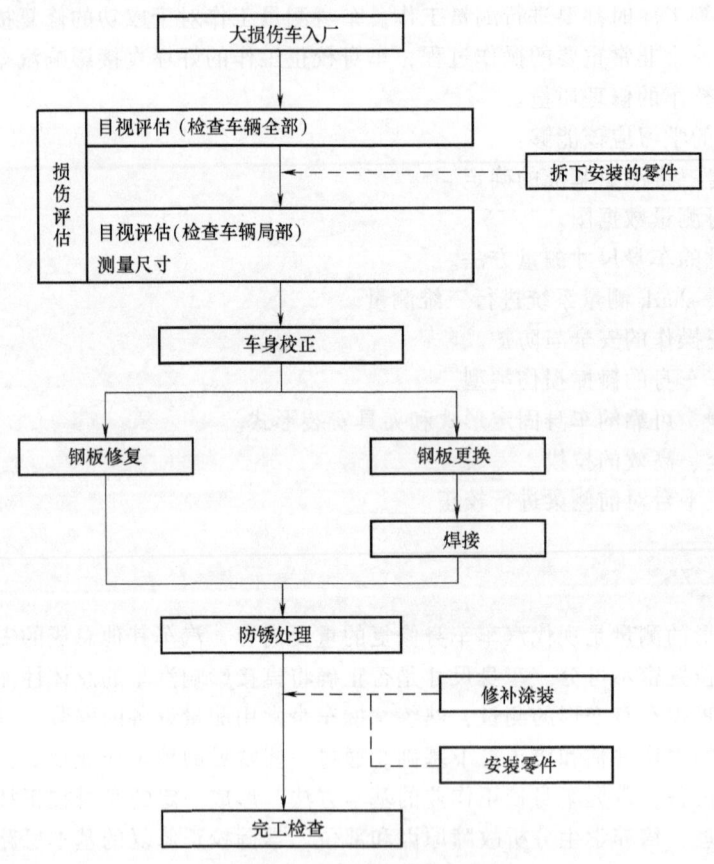

图7-1 一般大损伤的修复流程

二、损伤评估

1. 损伤评估的目的

损伤评估是利用目视或用测量设备来检查受损车辆的过程。

损伤评估的目的是正确地掌握受损车身的部位和程度，以便决定适当的修理方法和程序。若损伤的评估错误，则会造成修理方法不正确或修理顺序错误，因而耗费较长的工作时间，并影响修理品质，严重时可能需要再次修理。为了有效率地执行修理工作并确保维修品质，正确的损伤评估是很重要的。

2. 损伤评估的方法

某些有经验的钣金技术员凭借经验，只需观察受损的车辆便能掌握损伤的程度。然而，这些评估仅能掌握受损车辆大略的损伤。损伤评估是决定修理方法流程非常重要的一个过程。通常来说，损伤的程度是以下列的流程来评估的，如图7-2所示。

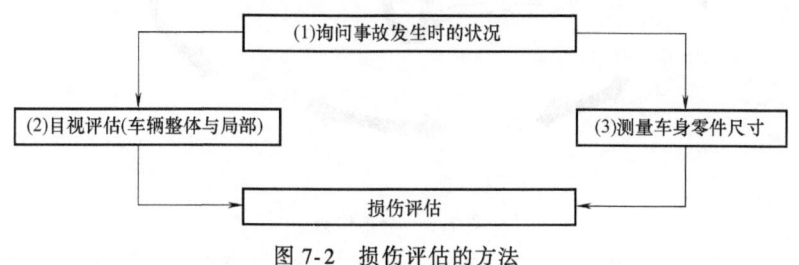

图7-2 损伤评估的方法

（1）询问事故发生时的状况　随着事故发生时的状况不同，车辆的损伤程度也不同。因此，询问事故发生时的状况是损伤评估的第一步，如此才能使钣金技术员执行有效率且无错误的评估。然而，因为钣金技术员不可能直接向顾客询问相关的情况，所以此工作委托给业务接待员进行。

询问的重点是尽可能找出事故发生时的相关情况，具体的重点如下：与车辆撞击的物体（尺寸大小、形状、位置、硬度和速度等）；发生撞击时的车速；撞击时车辆的角度和方位；撞击时车内的人数及乘坐位置。

（2）目视评估　目视评估是用眼睛检查，它是损伤评估的第一步。首先应从全车检查开始，然后做损伤部位的局部检查。目视评估的目的是发现一些无法明显辨认出来的损伤，如钢板上的变形、刮伤、扭曲或裂痕。

虽然可以用眼睛来看出钢板或车架是否扭曲变形，但无法精确说明到底扭曲变形量是多少。因此，对于目视评估而言，依靠测量工具来确认变形量非常重要。

1）全车检查。不论是承载式车身或是非承载式车身，其车身结构都是由坚硬的车身零件焊接而成的。因此，在撞击区域中的撞击力会由车身钢板传遍至周围钢板，在大部分的撞击事故中，撞击力甚至会传至车辆的相对侧。全车检查如图7-3所示。

利用事故发生时的相关信息，钣金技术员可在全车检查时找出最初遭受撞击的部位，这样便可判断遭受撞击的方位。然后，钣金技术员沿着撞击力的传导方向检查车身的损伤。而且，钣金技术员必须将车身损伤区域与维修工单内容相比较，如果工单的作业内容与现状不符，则必须向业务接待员说明。

通过检查装配间隙可以判断损伤程度，如图7-4所示。外侧车身钢板（如车门、翼子板和后翼子板）用螺栓固定或焊接在车身车架上。各车柱和翼子板隔（形成车体结构）的损伤程度，可以由检查各车门和发动机舱盖打开或关闭（检查锁扣和发动机舱盖开启器的连接情形）的情形来判断，也可以由检查相关周围钢板的装配间隙来判断，如图7-5所示。

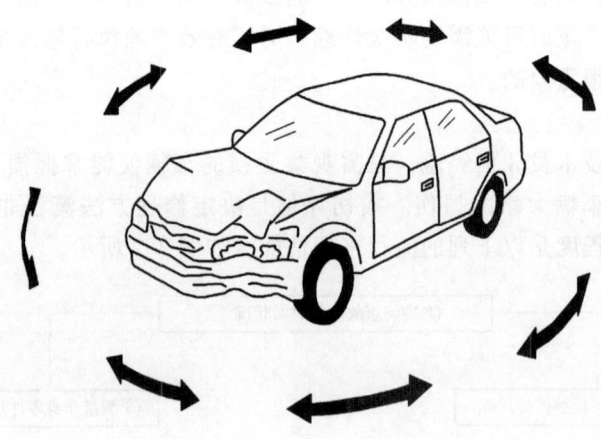

图 7-3 全车检查

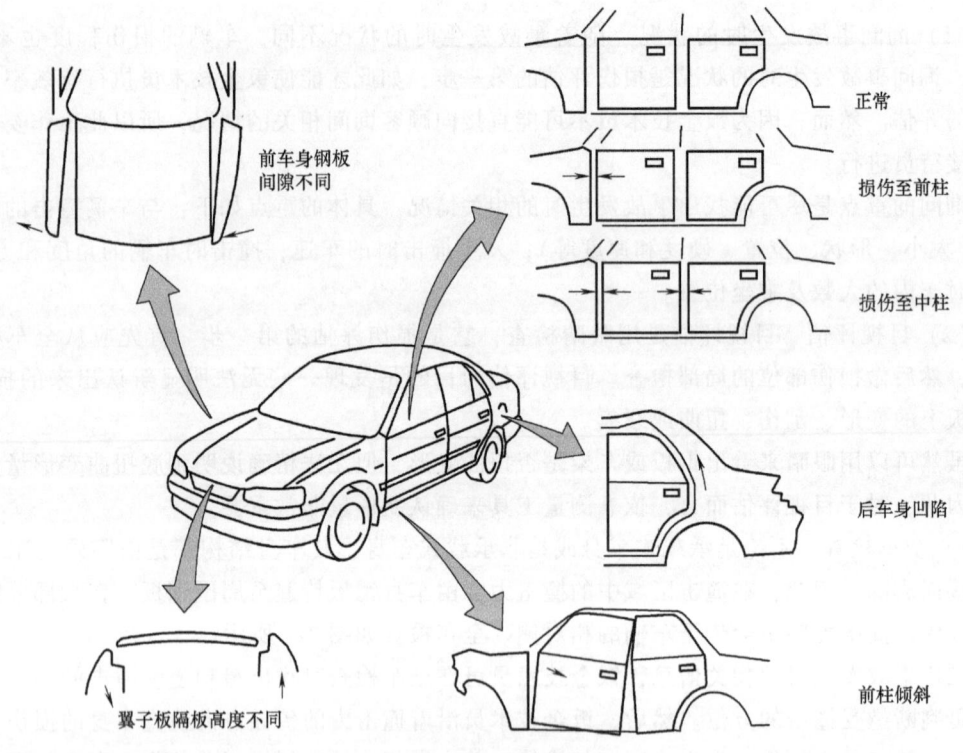

图 7-4 检查装配间隙

如果在这些部位上发现任何不正常情形,就必须使用测量工具测量这些异常部位的尺寸。

车身钢板的组合间隙必须是车辆四轮全部在地面上时才能做检查。如果车辆被举升机举起,则全部车身可能会伸缩,可能会影响车门的组合情形。

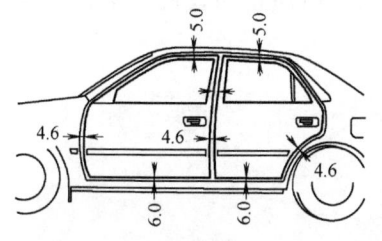  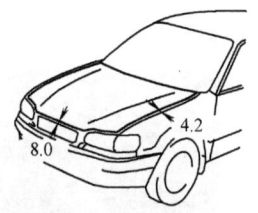

图 7-5 某车型装配间隙标准

要详细检查车身钢板和组合零件是否安装在适当位置是很困难的。所以，当拆下饰板和机能零件时，车身必须做详细的检查。

2）详细检查车辆。车身设计的目的是有效地吸收和分散撞击力，以使驾驶室保持完整。车身的前、后部位（包括发动机舱和行李箱）均配备有能量吸收区域，其设计的功用是当车辆受到撞击时，能使车身变形以吸收撞击力并将传达至驾驶室的撞击力减至最小，如图 7-6 所示。

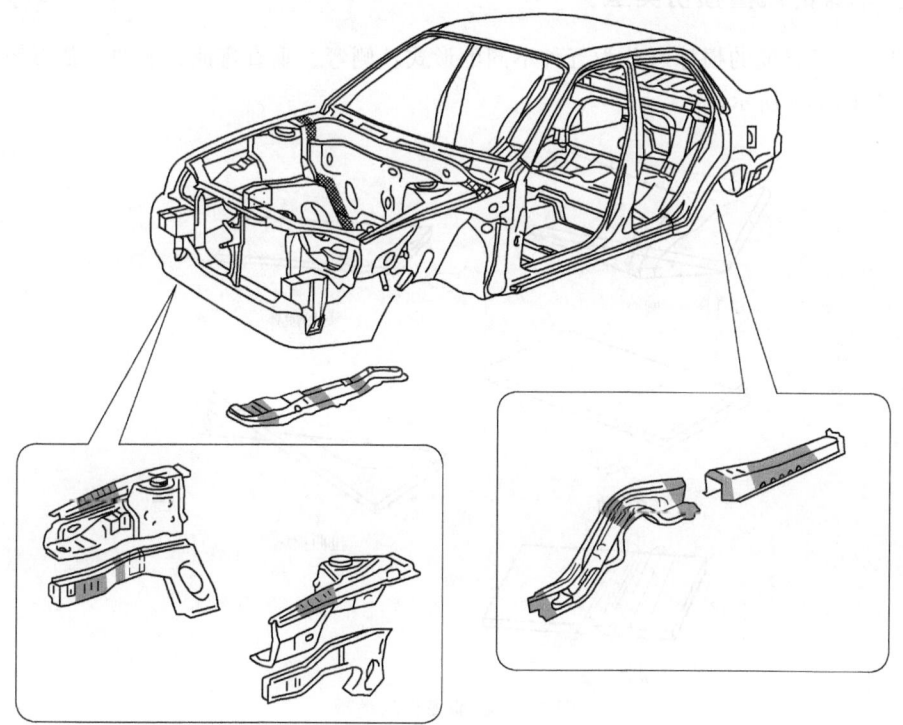

图 7-6 车身能量吸收区域

同时，因驾驶室使用有效吸收和分散撞击力的加强梁，所以驾驶室强度较强，也不容易变形。因为能量吸收区域比较容易变形，所以当执行目视评估时，必须记住能量吸收区域这个重点。

因为撞击力是由车身来传递的，所以除了能量吸收区域外，绝不可忽视检查其他区域车身钢板的变形。

波纹加工区域、钢板厚度改变区域和钢板形状改变区域是吸收撞击力的部位，如图 7-7

所示。车身中有加强梁的部位不易变形,如发动机、悬架、燃油箱和铰链等零件的安装部位。

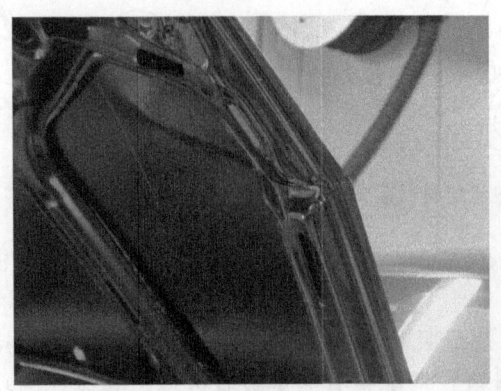
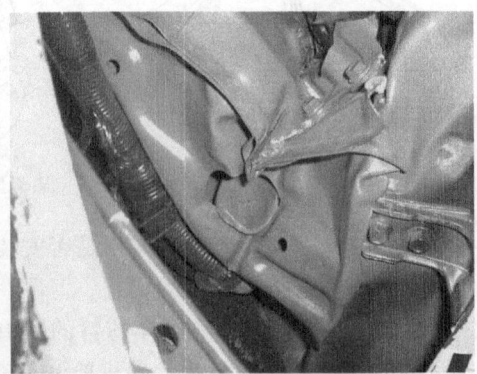

图 7-7　撞击吸能变形区域

三、车身的碰撞损伤类型

车架和车身碰撞的损坏可分为五种不同的形式:侧弯、垂直弯曲、皱曲、菱形损坏和扭曲损坏,如图 7-8 所示。

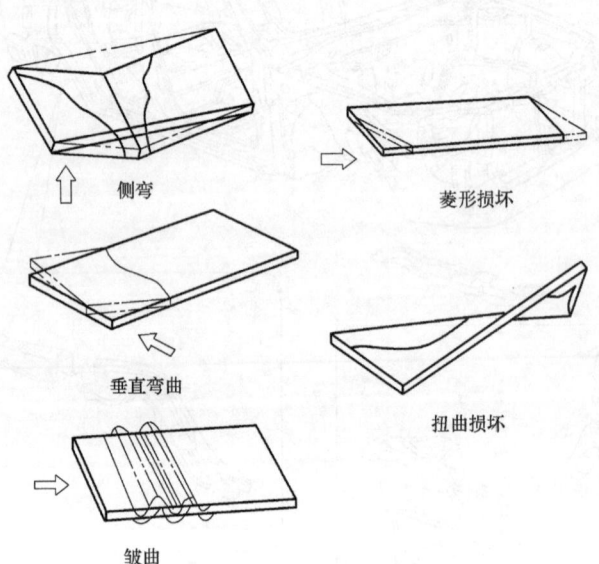

图 7-8　碰撞损伤的类型
注:箭头为撞击力方向

垂直弯曲:当发生前、后碰撞时,汽车会产生垂直弯曲变形。

侧弯:当发生侧向碰撞时,汽车的前部、中部或后部会向左或向右弯曲,发生侧弯损坏。

皱曲:一般发生在前横梁之后或后轴上部的车架区域。

菱形损坏:当汽车的角部受到猛烈撞击时,汽车的一侧发生位移,使其车身和车架不再是方形,而形成一个接近平行四边形的形状。

模块七 车身测量与校正

扭曲损坏：一般发生在非承载式车身承受很大载荷的车架受到撞击的情况下，这种碰撞使车架发生翻转，边梁发生扭曲，超出了水平面。

当一辆车发生事故时，一般应该对其进行车身、车架检查，确定其损坏程度。当汽车前部受到撞击时，不管它是承载式车身还是非承载式车身，车架受损的顺序大致如下：首先是侧弯损坏，然后是垂直弯曲、皱曲、菱形损坏和扭曲损坏。另外，需要根据受到冲击的程度来决定。

当汽车受到冲击时，总能检查到一定量的侧弯破坏。当车辆受到更严重的撞击时，就会发生垂直弯曲。如果侧弯超过13mm或垂直弯曲超过9mm，就会发生皱曲破坏。对非承载式车身的车架，当受到严重的碰撞时会发生菱形和扭曲破坏的情况。而承载式车身具有抵抗菱形和扭曲破坏的能力。

单元二　车身测量

> **知识点**：车身测量基准；车身尺寸图；一般测量工具的使用方法；车身测量系统。
>
> **能力点**：掌握车身测量的三个基准面；掌握高度尺寸的测量；能够对车身尺寸图进行识读，并能读取测量点的数据；掌握一般测量工具的使用方法；掌握标准值测量法、左右对比测量法和中心测量法；掌握超声波测量系统的应用。

一、车身测量的重要性

碰撞导致汽车车身变形之后，车身整体定位参数就发生变化，对行驶性、稳定性、平顺性、安全性和使用性等都产生至关重要的影响。整体定位参数指那些对汽车发动机、底盘和车身主要构件的装配位置有着直接影响的基础数据，如汽车的前轮定位、轴距误差和各总成的装配位置精度等。

以整体定位参数为表征的测量工作，一方面可以用于对车身技术状况的诊断，另一方面可以用于指导钣金维修。

在高超的车身维修技术中，测量占据着极其重要的地位，因为测量所得到的数据是车身故障诊断的可靠依据。车身整体变形的认定主要依赖于对关键要素的测量结果。

车身的测量就是用专用工具和设备测量车身上各参考点的位置，将测量结果和理想位置（未受损的车身参考点）进行比较，就可以确定车身所受损坏的范围、方向和程度，为车身的诊断和校正提供依据。

对车身的矫正或更换主要构件，都需要通过测量来保证其相关的形状、尺寸和位置精度。车身构件的位置偏差不能过大，一般不超过3mm。否则，装配在车身上的总成（如转向、悬架等总成），将改变其理想位置，从而破坏汽车的操纵稳定性。车身测量就是要找出这些位置偏差，特别是要找出用肉眼辨别不出的位置偏差，指出哪些板件偏离了正常位置，并确定偏移方向和程度。在维修过程中不断测量车身定位参数值所处的状态，可以判定修复作业是否循序渐进地进入质量控制之下。

以钣金维修工艺为基础的测量一般分为三个步骤：作业前的检测，旨在确认车身损伤状态和掌握变形程度；作业过程中的检测，有助于对修复的质量控制；竣工后的检测，为验收和质量评估提供可靠的数据。

二、车身测量基准

（1）控制点　车身、车架校正时，常用到4个控制点，即前横梁、前围板横梁、后车门横梁、后横梁。以这4个点为边界可把车身分为三个部分：前部车身、中部车身和后部车身，如图7-9所示。

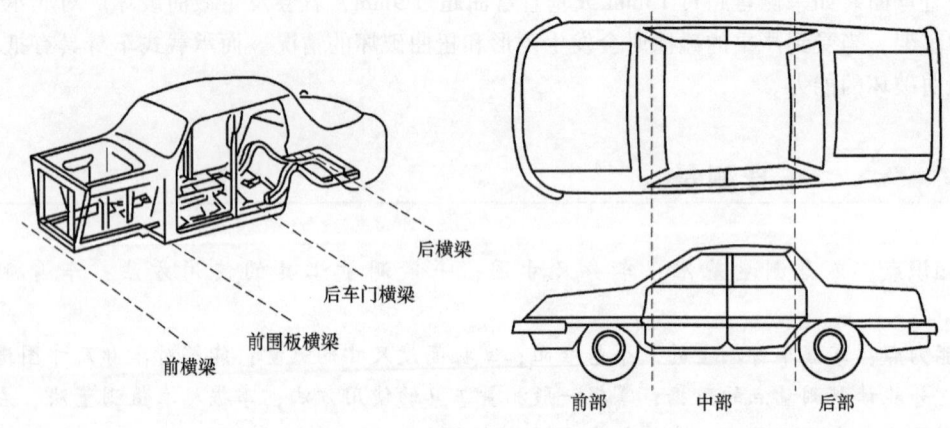

图7-9　车身上的控制点

确定控制点位置时，首先在车辆的中部车身上找出一个水平面，然后在这个水平面上确定4个未受破坏的控制点的位置，这样可以确定一个未受破坏的长度、宽度和高度。如果在中部车身上找不出4个未受破坏的控制点，应该在向前和靠后的位置用测量的办法找出可以替代的控制点，直到其符合制造厂商的技术标准。

（2）基准面　基准面（基准线）是汽车设计时，为了便于测量车身高度尺寸而假想的一个平滑的平面，如图7-10所示。该平面与车身地板平行，并与之有固定的距离。生产厂家测量得到的汽车高度尺寸都是以该基准面为基础进行测量而得到的。它也是汽车撞伤修理

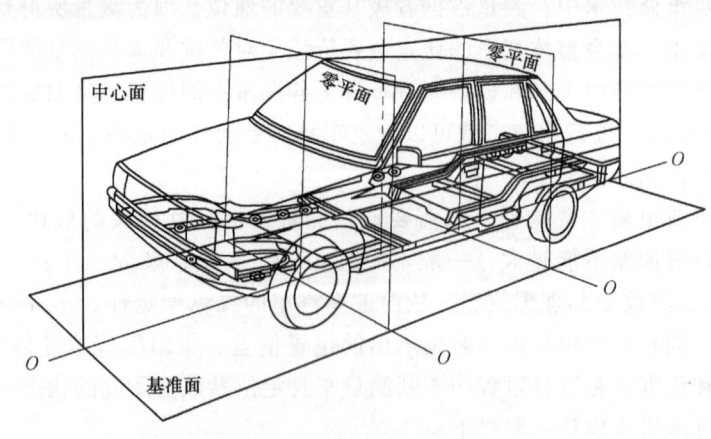

图7-10　基准面、中心面、零平面

的主要参考平面。

因为基准面是一个假想平面，所以与车身地板之间的距离可以进行增减，以方便测量。即如果测量过程中以设定的基准面安装测量仪器困难，则可以增加基准面的高度，选取合适的安装位置。但应记住，最后的测量结果应减去调整值。基准面读数可以采用单独的测量仪器，利用测量仪器或激光测量系统进行测量。

承载式车身基准面位于车门槛板下方 500mm 处，如图 7-11 所示；非承载式车身基准面位于低于中间梁上部 300mm 处，如图 7-12 所示。

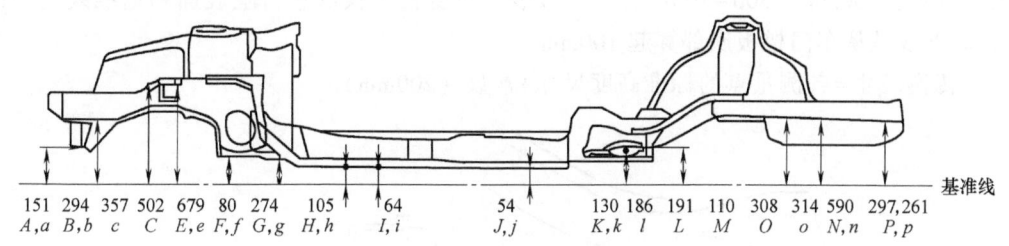

图 7-11 承载式车身的基准线

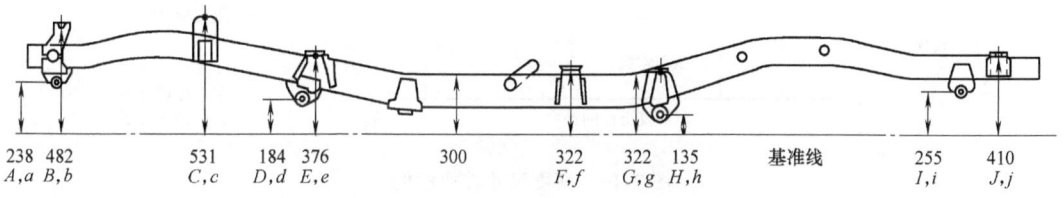

图 7-12 非承载式车身的基准线

（3）中心面（线） 中心面是一个假想的平面，它在长度方向将车辆分为相等的两部分，即左半部分和右半部分。所有的宽度尺寸或横向尺寸都是以中心面为基准测量的，如图 7-10 所示。对称车辆右半部某一点距中心线的测量结果与左半部相应点上的测量结果是相等的。

（4）零平面（线） 为了正确分析车辆的损坏情况，将车身分成如图 7-9 所示的前部、中部和后部三部分，分割三部分的基准面称为零平面。汽车撞伤时往往影响到多个部分，但因为车身中部被制造得很坚固（用来保护乘客），不会轻易地弯曲，所以通常采用这个部分作为一个测量基准来测量不同零部件的宽度或长度。

在这个部分的边缘上定义了前、后两个零平面。前面的零平面在前围板横梁处，后面的零平面在后车门横梁处。长度方向的测量结果就是以零平面为基准测得的。设立两个零平面是因为车辆可能发生前部或后部的损坏，或者两部分都受到损坏，因此必须要有一个参考点来进行长度的测量。但是，有些车型在车身数据图只设一个零平面。

（5）高度尺寸测量 高度尺寸为测量点和想象的基准线之间的距离。实车上看不到基准线，因为它只存在于车身尺寸图上。因此，在执行实际工作时，基准线必须转换成可实际看得到的一些事物。车身校正仪的平台上表面是平的，因此它可以用来当作基准线。然而，因为基准线和车身校正仪的平台上表面的高度不同，所以高度尺寸必须经由计算之后再转换。

高度尺寸转换流程如下：
1) 车门槛板的主夹具顶点高度设定成相同的高度（将车辆和平台上表面设定成平行）。
2) 计算常数（平台上表面至基准线的距离）以转换成高度尺寸，把各测量点与基准线之间的距离转变成各测量点到车身校正仪的平台上表面的距离。
3) 将常数和各测量点的标准高度尺寸相加，以获得各测量点高度尺寸的标准转换值。
高度尺寸转换示例如图 7-13 所示。
1) 车门槛板底部（车门槛板的夹具顶点高度）：300mm。
2) 常数：200mm（300~100mm）。常数表示车身校正仪的平台上表面和基准线之间的尺寸，基准线是从车门槛板底部算起 100mm。
3) 转换尺寸 = 各测量点的标准高度尺寸 + 常数（200mm）。

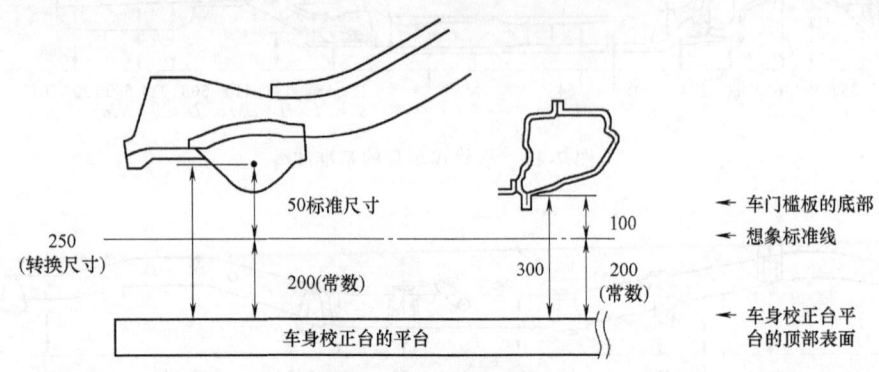

图 7-13　高度尺寸转换示例

将各测量点高度尺寸的标准转换值与各测量点高度尺寸的测量值（由车身校正仪的平台表面测得）进行比较，可以判断测量点位置的高低。

三、车身尺寸图的识读

各汽车公司的汽车都有车身数据，有些车身测量维修设备公司也通过测量来获得数据。不同的维修设备公司和厂家提供的数据格式可能不同，但要表达的基本内容是一致的，都要提供车身主要结构件、板件（车门、发动机舱罩、行李箱盖和翼子板等）的安装位置，机械部件（发动机、悬架和转向系统等）的安装尺寸。不同公司提供的车身尺寸图在形式上可能有所不同，但是基本的数据信息是相同的，一般都注明了车身上特定的测量点，而且都要反映出车身上测量点的长、宽、高的三维数据。以此为基准对车身的定位尺寸进行测量，可以准确地评估变形及其损伤的程度，是比较可靠也较为常用的方法。

图 7-14 和图 7-15 所示为某车型的车身尺寸图。图的上半部分是俯视图，下半部分是侧视图。要读取数据，首先要找到图中长、宽、高的三个基准。

（1）宽度数据　在俯视图中间位置有一条贯穿左右的线，这条线就是中心面，又称为中心线，它把车身一分为二。俯视图上的字母符号表示车身的测量点，一般的测量点是左右对称的，如点 A、a。两个字母之间的距离有数据显示，单位是 mm（有些数据图还会在括号内标出英制数据，单位是 in），每个测量点到中心线的宽度数据是图上标出的数据值的一半。

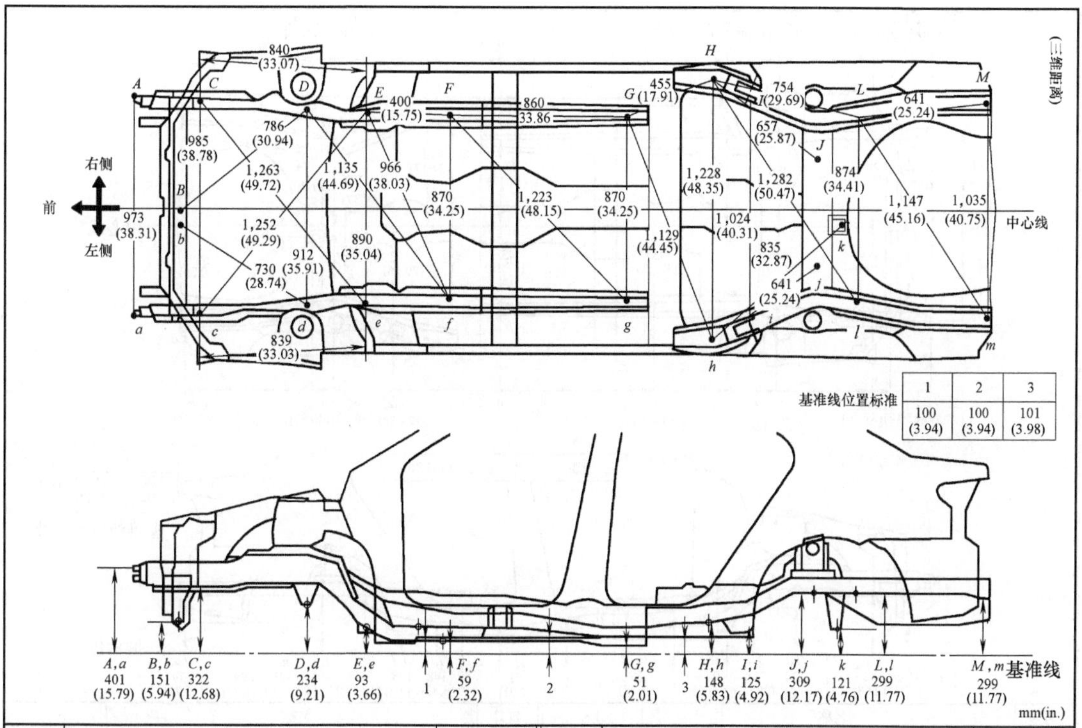

模块七 车身测量与校正

图 7-14 车身底部数据图（三维）

符号	名称	孔径	符号	名称	孔径
A,a	前保险杠加强件安装螺栓	8(0.31)螺栓	H,h	后地板侧梁标准孔	25(0.98)
B,b	中间梁安装螺母	10(0.39)螺母	I,i	牵引臂安装孔-内	13(0.51)
C,c	前侧梁标准孔	18(0.71)	J,j	后地板2号横梁标准孔	10(0.39)
D,d	前悬架横梁安装螺母	14(0.55)螺母	K,k	后地板4号中间梁加强件标准孔	8(0.31)
E,e	前悬架横梁安装螺母	14(0.55)螺母	L,l	后地板侧梁标准孔	16(0.63)
F,f	前侧梁标准孔	18(0.71)	M,m	牵引钩安装螺母	12(0.47)螺母
G,g	前地板下加强件标准孔	10(0.39)	—	—	—

（2）高度数据 在侧视图的下方有一条线，这条线就是车身高度的基准线（面）。线的下方有从（A，a）至（M，m）的字母标注，表示车身测量点的名称，对应字母的大小写表示的测量点一般在俯视图上部显示两个左、右对称的测量点。俯视图上每个点到高度基准线都有数据表示，这些数据就是测量点的高度值。

（3）长度数据 在图 7-15 中，车身中部字母 H 和 h 的延长线就是长度方向的零点。在俯视图中可以看出汽车前部与后部每个测量点到零平线的长度数据。每个测量点的名称和位置如图 7-15 中符号释义所示。这个车型对应的长度基准只有一个。

例如：要找（A、a）点的长、宽、高的尺寸，首先要在图 7-14 中找出 A 测量点在俯视图和侧视图上的表示位置，从俯视图中可以找出左右 A、a 点之间的距离是 973mm；在图 7-15 中 A 点至中心线的宽度值是 497mm，a 点至中心线的宽度值是 496mm，从侧视图的高度基准线可以找出 A 点的高度值为 401mm，从俯视图中可以找到 A 点到零平线（H-h）的长度值为 2369mm，a 点到零平线的长度值为 2372mm。

（4）对角线数据 对于非承载式车身，对车辆进行交叉检查以确定车身下部是否存在菱形变形。在交叉检查时就需要用到对角线数据，如果对角线数据至少存在 6mm 差值，那么就说明存在菱形损伤。

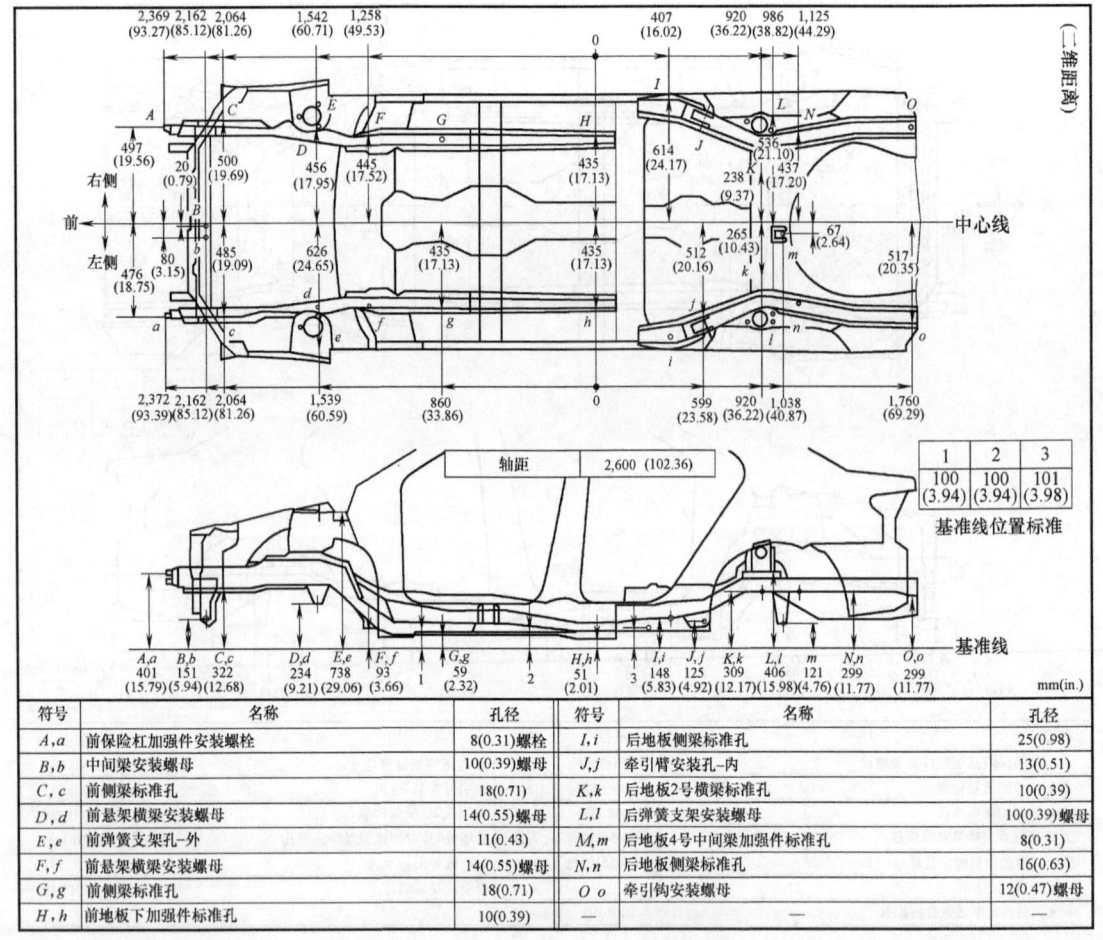

图 7-15 车身底部数据图（二维）

使用这种数据图配合测量系统进行测量时，首先要把测量系统的宽度基准调整到与车辆的宽度基准一致或平行，然后调整车辆的高度，让车辆的高度基准与测量系统的高度基准平行，长度基准就在车身下部的基准孔位置。找到基准后，可以使用各种测量头对车身进行三维测量。

无论是承载式车身的车架还是非承载式车身的车架，其定位基准和测量参数存在着密切的关联性。这种数据链关系一方面说明车身定位参数的变化"牵一发而动全身"，在一定程度上增加了校正与测量的复杂性；另一方面说明即使是较为严重的机械损伤，也可以利用目标参数来实现对车身、车架的校正与修复。按车身定位尺寸图既可以满足设计要求，又可以保证测量结果的可靠性和重现性。

四、一般测量工具的使用方法

1. 车身尺寸种类

车身尺寸图中有直接尺寸和平面尺寸两种，发动机舱数据是直接尺寸，车身底盘数据有直接尺寸和平面尺寸，车门等开口部位的数据是直接尺寸。直接尺寸与平面尺寸的特性见表 7-1。

表 7-1 直接尺寸与平面尺寸的特性

类　型	图　例	特　　　性
直接尺寸		通常，所有尺寸以直接尺寸来表示，包括长度、宽度、对角线和高度 长度、宽度和对角线代表两个基准点之间的距离。高度代表基准点和想象标准线之间的距离 直接尺寸是使用中最典型的尺寸，而且是利用车身尺寸量规或卷尺量得
平面尺寸		在车身尺寸图中，只有整体式车身结构的下车身以平面表示，包括长度，宽度和高度 长度、宽度、高度代表基准点和想象标准线之间的距离。有三种形式的想象标准线分别代表长度、宽度和高度。平面尺寸为一种特别尺寸，使用于车身校正台上

2. 测量工具

使用测量工具来测量车身和车架的尺寸后，以数据形式来判断损伤的程度。将尺寸测量结果与标准值做比较，维修人员可以通过测量数据来了解车身遭受撞击损伤的程度。将损伤程度以数据表达，维修人员可以制作适当的车身校正计划，以掌握修理的程度及正确地判断出最终结果。

不管车辆或车身校正台的种类如何，钢卷尺、车身尺寸量规和中心量规等都是当作通用测量工具。

（1）钢卷尺　钢卷尺可较为精确地测量点对点之间的距离，可以用来测量车身和大梁尺寸，也可用来测量车身尺寸图中的高度尺寸。钢卷尺的使用方法简便、易行（见图 7-16），但测量精度低、误差大，仅适用于那些要求不高的场合。尤其是当测量点之间不在同一平面或其间有障碍时，就很难用钢卷尺测量两点间的直线距离。当用钢卷尺测量控制点孔的直径时，最好按图 7-17 中所示的正确方法测量，即从卷尺的一个整数（如 10cm）处开始测起，而不是错误测量法，这样可以避免由于钢卷尺头部挂钩的松动而引起的测量误差。

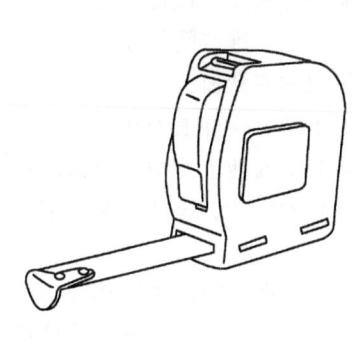

图 7-16　钢卷尺

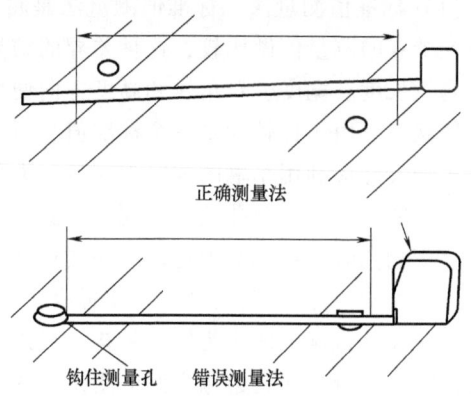

图 7-17　钢卷尺的测量方法

(2) 车身尺寸量规　车身尺寸量规可精确地测量点对点之间的距离，附有卷尺，可直接读出测量结果，使用指针配件，可用来测量大孔位之间的距离（见图7-18）。车身尺寸量规还可以测量车身和车架尺寸。当两个测量点不在同一平面或其间有障碍时，用车身尺寸量规测量非常便利。当车身尺寸量规测量控制点孔的直径时，孔径通常比测头的直径大。

为确保测量的精确性，测量工具必须做适当的校正。校正即归零，指将测量工具上的指示值与归零尺上的指示值之间的差异做校正的过程。车身尺寸量规是可滑动部位的测量工具，不仅在使用前必须做校正，在使用后也必须做校正。校正后的注意事项：测量作业中指针不可碰触任何物品，否则重新校正。如果指针长度或角度已经改变，则务必重新校正。如果指针与其他物体有过接触，则务必重新校正。如果在卷尺锚定侧的指针打滑，则务必重新校正。

(3) 中心量规　中心量规可以通过目视确定车身、车架的弯曲和扭曲量，以此来判断车身和车架是否存在损伤，但损伤程度无法以数据表示。中心量规一般有杆式和链式两种形式。中心量规都是一个自定心单元，如图7-19所示，每个测量腿的端部上各有一个可滑动的销子，这样可以很方便地与车架边梁的内、外侧相接触，无论边梁是箱形结构还是槽形结构。在某些类型的车架上，可以采用磁性体固定仪器，因为有些孔和卷边是接触不到的。有时为提高观察的精确度和方便性需要使用外接附件。

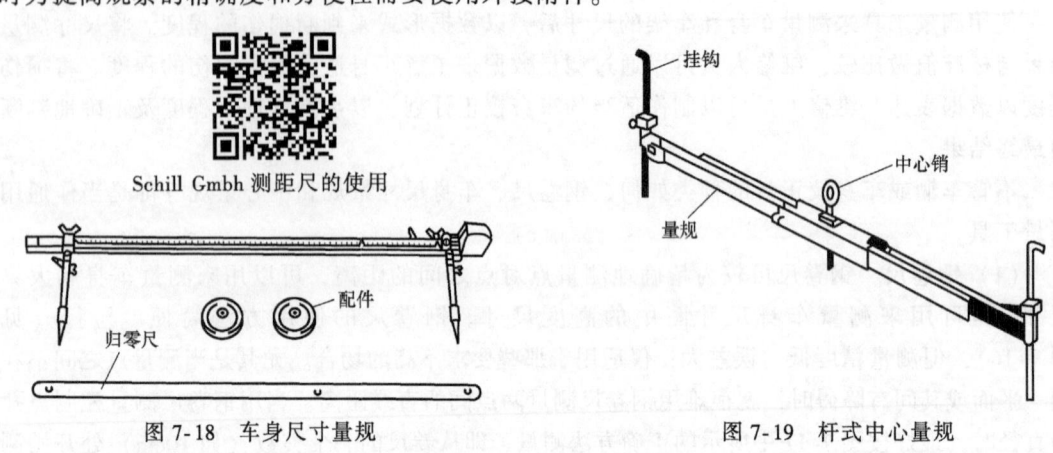

图7-18　车身尺寸量规　　　　　图7-19　杆式中心量规

3. 测量方法

(1) 标准值测量法　标准值测量法是将车身尺寸图上已知点的直接尺寸（标准值）与车身各个点的测量值做比较，这种差异的结果便可用来判断损伤的程度和撞击的方向。

测量长度、宽度、对角线和高度方向便可判断损伤的程度，以三维空间尺寸分析图来掌握损伤状态。由于比较物是一个标准值，所以可以获得非常精确的测量值。

车身尺寸应利用车辆的控制点测量。大部分控制点实际是车辆结构件上的孔，尺寸就是孔中心间的距离。当两孔孔径相同时，测得的孔同侧边缘之间的距离即中心距；当被测各孔的大小不相同时，可先测内边缘之间的尺寸，然后测外边缘之间的尺寸，将两个测量结果相加后减半即中心点距离，如图7-20所示。

车身尺寸量规的侧头为锥形结构，可以测量孔的中心线，即使两个被测量的孔径不等也不受影响。应测量两孔边缘之间的距离（见图7-21），比照上述方法从孔的边缘测量计算中心距。

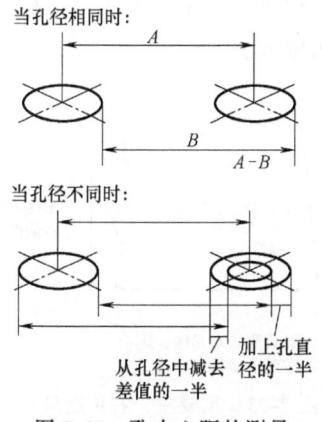

图 7-20　孔中心距的测量

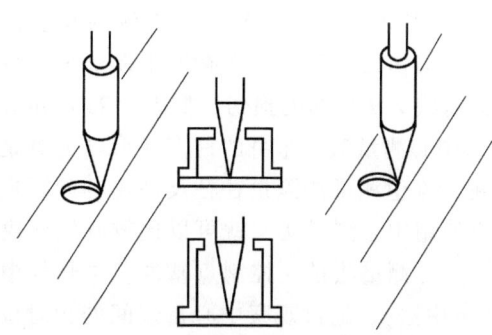

图 7-21　车身尺寸量规测量孔距

车身尺寸测量值必须记录并通过另外两个控制点进行相互校核，其中应至少有一个为对角线测量值。

制造商规定了汽车的正确尺寸和技术规格。如果没有制造商的技术规格，可以从一个没有损坏的同型号汽车上测得所需的结果。测量中应注意，不能以损伤的基准孔作为测量依据。

(2) 左、右差异测量法　左、右差异测量法是一种通过测量车辆左、右相同点的尺寸后，依其差异来判断损伤程度的方法。此种方法可以用来判断长度、对角线和高度的损伤情形。此种方法可用来测量没有参考资料的部位。使用此种方法比使用标准值测定法更有效率、更精确。参考侧没有损伤是非常重要的，因为损伤后无法提供参考尺寸。

1) 比较对角线。如图 7-22 所示，对角线的尺寸是测量车身左、右相对点的地方，而左、右相对点尺寸的测量若有不同，即可用来判断损伤的状况。采用比较对角线方法可以非

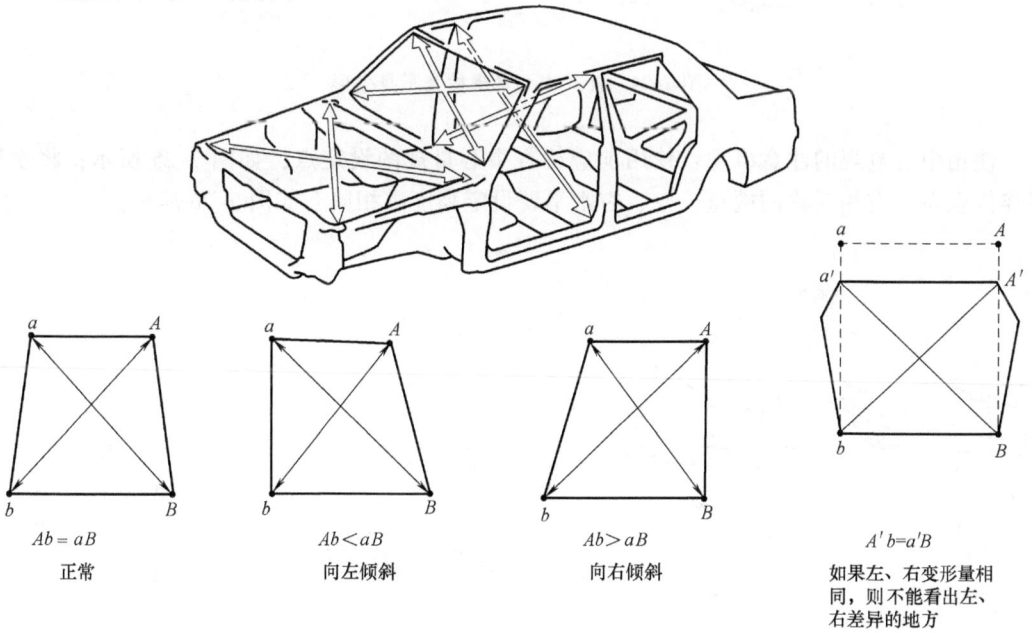

图 7-22　比较对角线

常方便地判断左、右对称的车身是否发生翘曲。当无法找到发动机舱和车身底板等部位的原始数据，或车辆在翻车事故中严重损坏时，均可采用对角线测量方法。

2）比较长度尺寸。比较左、右侧的长度，便可更详细地检查损伤的程度。这样有助于钣金技术员判断用对角线测量法无法判断的损伤，如图7-23所示。

（3）中心测量法　车身的许多变形（尤其是综合性变形）用标准值测量法测量往往反映出的问题也不够直观。如果使用中心测量法，就可以比较好地解决这类测量问题。中心测量法是在控制点基准孔中悬挂中心量规（也称为定中法），通过观察中心量规间的相对位置来判断车身的变形。

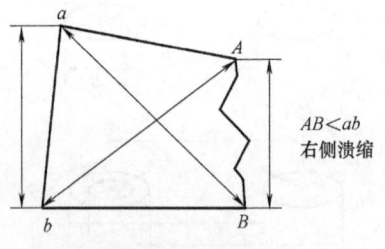

如果只测量对角线，则会判定变形量偏向左边

图7-23　比较左、右长度尺寸

中心量规由中心环、悬架钩和水平臂组成，固定于车辆的左、右相对点以检查车身是否扭曲或中心线是否弯曲。依据连接损伤部位的中心量规与连接至未损伤部位的中心量规的对正情况来判断损伤的程度，可判断对角线和高度方向的损伤程度，如图7-24所示。此种方法可以用在没有提供参考尺寸的部位，但是参考端必须是没有损伤的。中心测量法配合标准值测量法能提升作业效率和精确性。

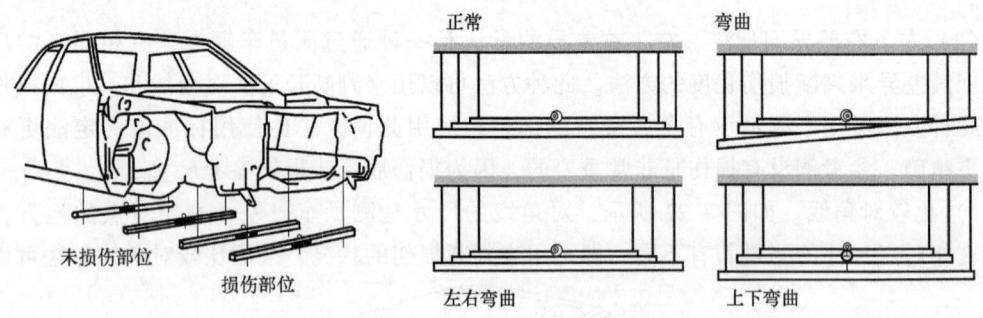

图7-24　杆式中心量规检查车身变形

使用中心量规的注意事项：使用前应检查中心量规的设定点，如图7-25所示；将水平臂连接至左、右相对称的端点，左、右水平臂设定高度需相同，如图7-26所示。

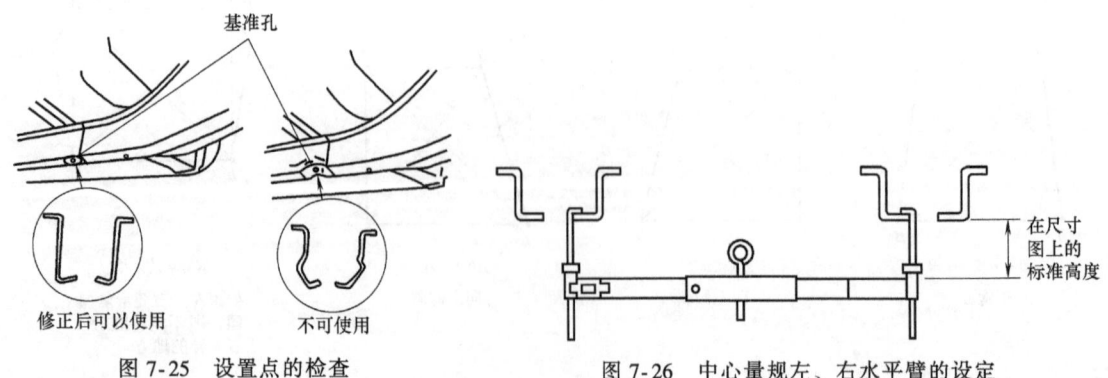

图7-25　设置点的检查　　　图7-26　中心量规左、右水平臂的设定

五、车身测量系统

由于车身校正台厂家的研发,每一种车身测量系统都具有精密测量车身尺寸的特性。量具的设定和测量都依据专用的数据库来实施。

奔腾 SHARK 电子测量系统的使用

1. 机械式测量系统

图 7-27 所示的桥式测量仪是一种典型的机械式通用测量系统。桥式测量仪也称为轨道式测量仪或通用桥式机械测量系统,用于测量车身和车架的损坏。桥式测量仪由导轨、移动式测量柱、测量杆和测量针等组成。

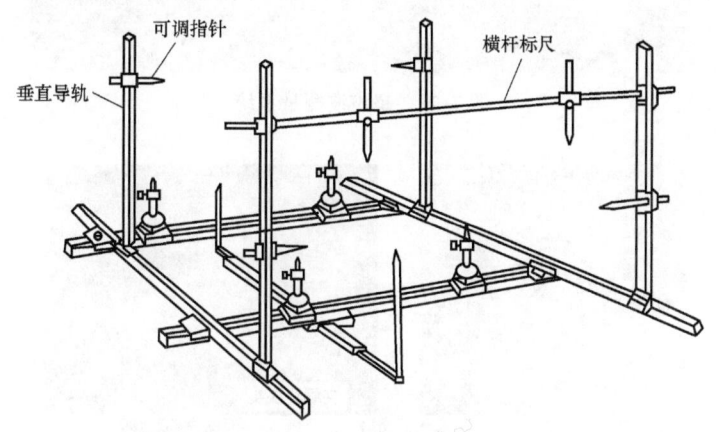

图 7-27 桥式测量仪

桥式测量仪的测量针应根据车身尺寸参数安装在测量架上。测量过程中,可以根据需要调整其与车身的相对位置,使测量针在接触到车身表面的同时,还能够直接从导轨、立柱、测杆及测量针上读出所对应的测量值。使用桥式测量仪进行测量时,应采用生产厂家的车架和车身结构尺寸,根据车身的对称性,可测量相互对称的部位,从而可准确地判定车身的损伤情况;在校正过程中,可控制损伤部位的校正,以便准确地使车身结构恢复到原来的形状。

2. 超声波测量系统

电子测量系统使用计算机和专门的电子传感器来迅速、便捷地测量车身结构的损坏情况,性能好的电子测量系统能够在车身拉伸校正过程中给出实时的测量数据。在测量系统计算机的数据库中,存储了大量的不同厂家、不同年代的车身数据,这些标准车身数据图可以随时被调出。这样系统就可以自动地将实际的测量值与标准值进行比较,不用人工翻查印刷数据手册或记录测量值,它们都可以在计算机屏幕上显示出来。

电子测量系统主要有激光测量系统和超声波测量系统。本节主要讲述超声波测量系统。

(1)超声波测量系统的原理 该系统采用超声波测量技术,在每个测量点上都安装有超声波传感器,发射器发送超声波,横梁上装有高频麦克风接收超声波。由于声音是以等速传播的,从而可以快速、精确地测量声波在车辆上不同基准点之间传播所用的时间。计算机则根据每个接收器接收的数据自动计算出每个测量点的三维数据。

(2)超声波测量系统的组成 超声波测量系统如图 7-28 所示,主要包括:用于产生超声波的发射器;用于检测发射器发出的超声波的接收装置;用于操作系统和存储修理数据的个人计算机;用来把超声波发射器连接到车身上的各种转接适配器,如图 7-29 所示。

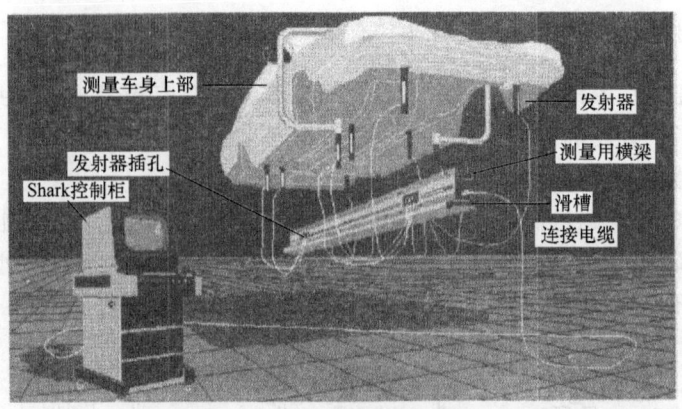

图 7-28 超声波测量系统

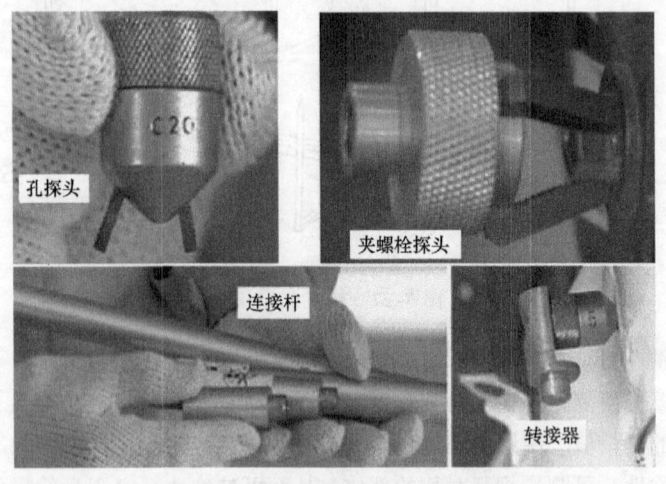

图 7-29 超声波发射器转换适配器

(3) 测量方法　超声波测量系统的操作相对简单，使用方便，可用快捷键来操作。具体操作步骤和含义如下：

1) 进入系统界面，选择语言的种类。为了方便各国的使用者，系统内安装了包括汉语在内的主要语言的选择。

2) 记录用户信息，包括车辆的信息和车主的信息，这些信息可以和后面测量的结果一并存储，如图 7-30 所示。

3) 根据事故车的类型，选择汽车公司、汽车品牌和生产年代，从系统内调出符合的车型数据图，如图 7-31 所示。

4) 使用超声波测量系统，大大简化了操作过程，由于每个超声波发射器有两个发射器，接收装置也有多个，系统可以自动计算出宽度和高度的基准，不用人工调整。根据车辆的损坏情况选择长度基准，汽车前端发生碰撞，则选择后面的基准点作为长度基准；若汽车的后端发生碰撞，则选择前面的基准点作为长度基准。如果中部发生碰撞，则要对中部进行整修，直到中部 4 个基准点有 3 个尺寸恢复。图 7-32 所示为测量基准点及参考点的选取。

5) 测量基准点及参考点选定以后，首先对选定的基准进行测定，看选定的基准是否满

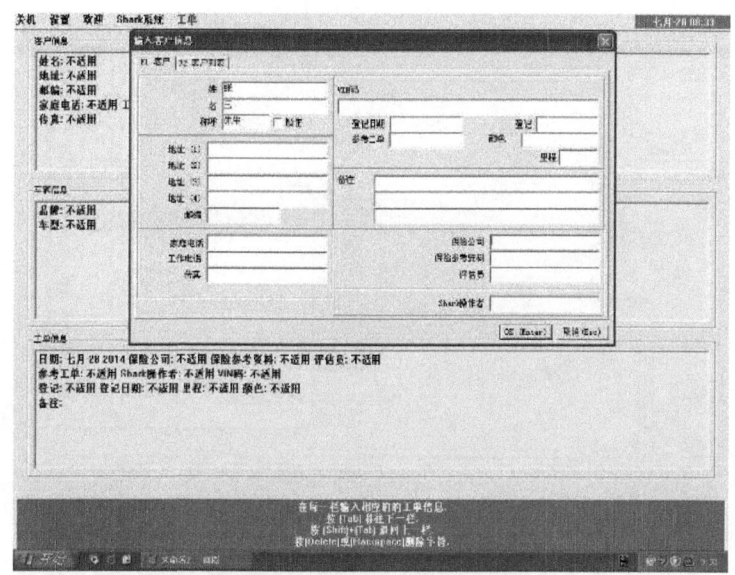

图 7-30　车辆信息和车主信息

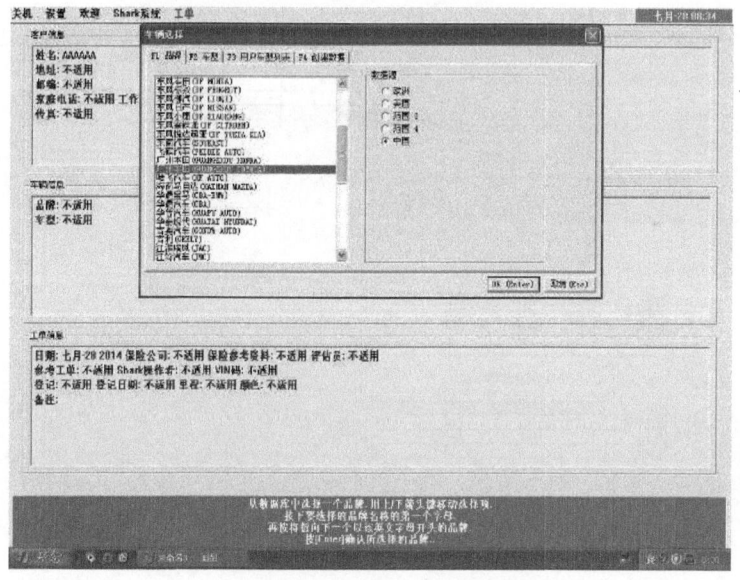

图 7-31　测量用车的车型数据图

足要求（误差在±3mm 内），计算机会自动地把测量的结果、标准数值和两者差值显示出来，如图 7-33 所示。

6）在测量基准满足要求的前提下，根据车身的损坏情况选择车身上需要测量的点。按照计算机的提示选择合适的传感器连接杆和适配器。计算机可以显示被测量点在车身上的位置图像，当传感器的连接线连接到测量横梁上选定的接口后，计算机便显示传感器与车身的连接情况。

7）在拉伸校正过程中，一次可以测量多个测量点，可对几个点同时进行监控。选择持

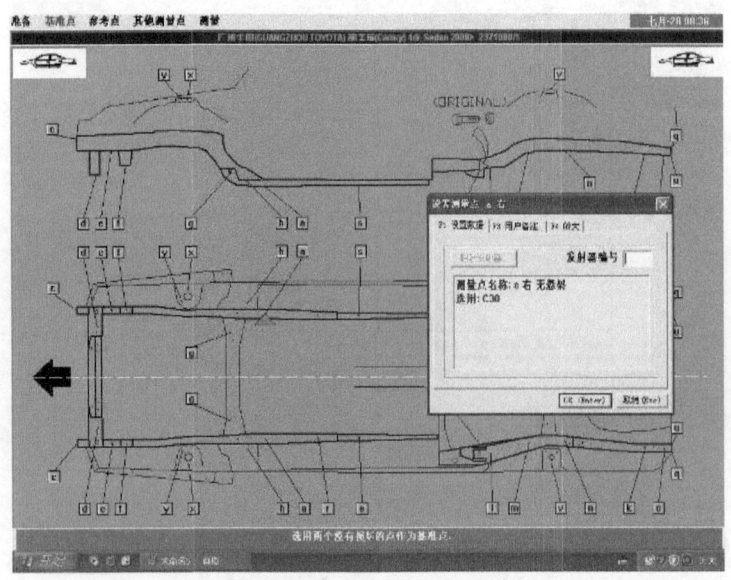

图 7-32 测量基准点及参考点的选择

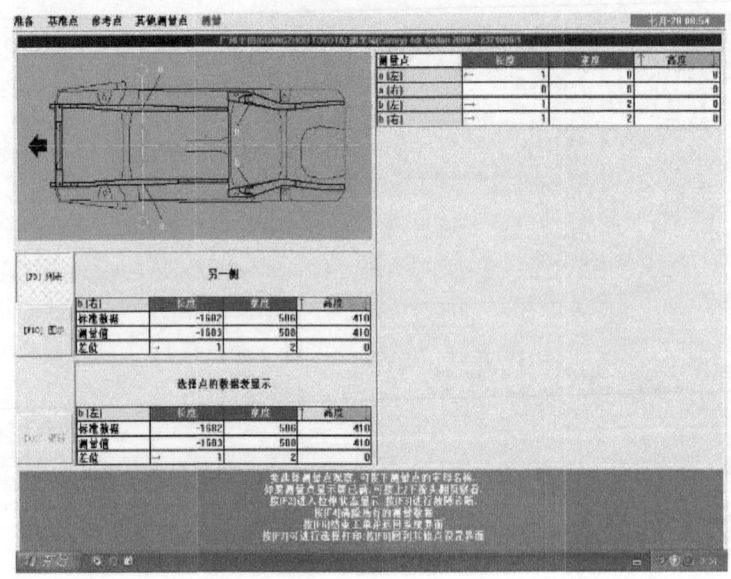

图 7-33 测量基准检验

续测量实时监控模式后,系统会自动每隔很短时间发射一次超声波进行测量,并把最新的测量结果在显示器上实时进行刷新,从而在校正过程中使修理人员很直观地看到车身尺寸的变化情况。

8) 系统可以同时监控多达 12 个测量控制点,可以实时监控测量数据的变化。测量过程中,测量传感器不会相互干扰,系统每隔 1~2s 自动重新测量一次,从而把环境的影响减小到最小。测量过程中,不用进行调节水平等操作,计算机可以自动找正,而且不会因为发射器接收器的位置移动而改变数据。可以完成车辆碰撞修理前的预检测量、修理中的测量监控、修复后的数据存储打印等工作。

单元三　液压校正设备

> **知识点**：车身固定设备；液压校正设备；液压校正设备操作注意事项。
> **能力点**：了解汽车车身校正设备的发展，掌握台式车身固定设备的应用；掌握液压校正设备几种最常用的单一牵拉装置；掌握液压校正设备操作注意事项。

一、车身固定设备

车身发生大损伤时，车身壳体及其基础件（车身框架和梁柱）会产生弯曲、扭曲和挤压等严重变形，部分钣金件会产生严重的皱曲或撕裂。为使车身恢复性能，最有效的修复方法是先对损伤的车身进行必要的测量诊断，然后根据测量诊断结果对车身的变形进行整车校正，并视需要对部分钣金件进行更换或局部修理。

伴随着校正的进程，有时要对局部进行必要的修整，使之更好地复原。现代轿车车身的校正大多数放在车身校正仪上进行。因此，首先应将车身固定在校正仪的工作台上，再利用测量系统对规定的参考点进行测量，找出变形的部位、程度及方向，然后以工作液压缸为动力，通过拉伸索将变形的部位向与变形相反的方向进行拉伸校正。

对于车身的拉伸校正，必须保证车身固定，否则在拉力作用之下会产生整体位移，达不到拉伸校正的目的。车身校正台的类型包括固定到车辆的固定安装设备以及用于拉拔作业的拉拔工具等。常见的车身固定设备有以下几种。

1. 地锚式车身固定设备

地锚式车身固定设备利用地锚固定车身的底板纵梁和车架来校正车身（见图7-34）。这种方式可以防止因校正而造成二次损伤，拉伸力的方向和大小比较容易控制。由于可将车辆固定到地板上，因此可维修大型车辆。同时，由于车辆固定非常容易，此校正台也可用于维修存在小面积损伤的车辆。地锚与地面的固定方式有两种：一种是与地面位置相对固定的埋入式地锚；另一种是能与地面位置相对移动的滑动式地锚。前者施工简便、易行，但灵活性较差；后者虽然施工复杂些，但车身固定点的可选范围较大，灵活性好。

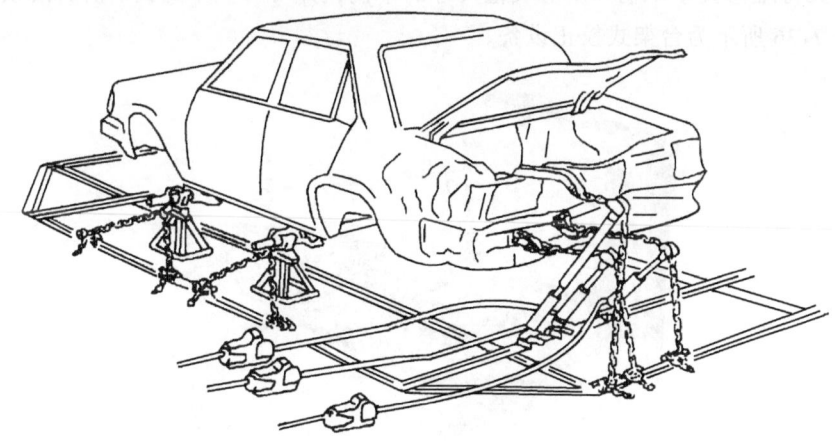

图7-34　地锚式车身固定设备

使用地锚式车身固定设备时，用车身固定器来夹持车身某一部位，且其底座能用螺栓固定在地板导轨上，使整个车身处于固定位置，其安装示意如图 7-35 所示。安装时，先用千斤顶将车身支起使轮胎脱离地面，然后在车身特定的位置安装固定支架并将此处夹紧；然后，将支架底部移动到底架系统适当的位置，初步安放地脚螺栓；最后，在车身的 4 个支点均已夹紧且高度调节合适之后，将所有地脚螺栓拧紧。这样，整个车身就被固定夹持住了。汽车固定好后，就可以沿任意方向、绕车身 360°进行牵拉。

应用这种方式固定车身时，应注意分力对校正作业的影响。由于固定点与地面存在着高度差，所以在进行水平方向的校正时，拉链受力后将产生一个向下的垂直分力。拉链与地面的夹角越大（拉链短），则垂直分力越大；反之，拉链与地面的夹角越小（拉链长），则垂直分力越小。因此，除非是较小的车身变形，否则都要拆除汽车底盘的悬架装置，改用可靠的刚性支撑。

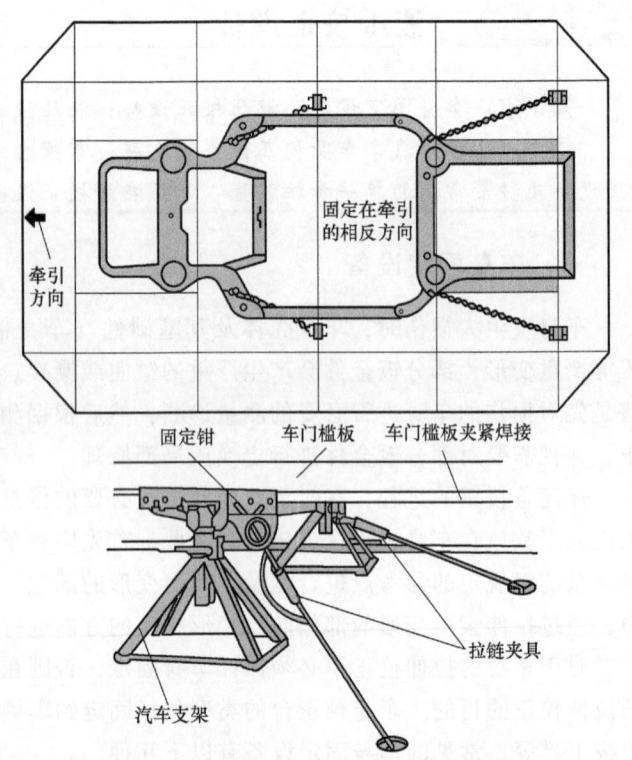

图 7-35　地锚式设备车身固定器的安装示意

2. 台架方式

台架方式可以同时进行任意方向的校正作业，能有效地使变形及其关联损伤一并得到校正。台架方式可维修大型车辆和所有其他尺寸的车辆，并可对从小到大的所有规模的损伤进行维修。图 7-36 所示为台架式校正设备。

图 7-36　台架式校正设备

整个设备由一个液压泵站作为动力,二次举升机、塔柱和平台升降仅用一个遥控器即可进行操控,可自由升降。垂直升降平台可升至 300~1020mm 的作业高度,使任何事故车均可方便上下,无需举升机,照顾到不同身高维修人员的操作习惯。专用夹具快速、牢靠地对汽车进行定位和夹紧。专用环型液压牵引塔柱 360°作业,自由灵活,液压缸垂直工作,无任何分力消耗,拉力强劲、准确。液压系统动力强劲、使用寿命长、故障率低。配备桥式测量系统对车体进行三维坐标测量,精确度极高。这种台架校正装置不仅可以方便地固定车身,还可以进行激光和超声波等电子测量。作业前的检测、校正过程中参数的校核和竣工验收的质量评价等测量工作,都可以在台架上依次完成。校正与定位都是在同一台架上进行的,故操作过程中一般不会发生位移误差。

非承载式车身汽车可以通过用适当的锚钩挂到车架纵梁的固定孔内或锚固到车架横梁接合处和交叉处来固定汽车。车身两侧都应该具有对称的锚钩。承载式车身的典型连接与固定方式如图 7-37 所示。在车门槛板上,采用 4 个车身固定夹具,夹具的下部与台架横梁固定,上端则通过夹板、螺栓与车身门槛下边缘牢固地连接在一起。为了适应不同的车身宽度,一般固定架可以沿车身的宽度方向水平滑动。如果车身的宽度与台架的差距较大,也可以借助贯通的中间轴和拉臂将车身固定在台架上。承载式车身上必须有至少 4 个锚固点,每个锚固点有一个夹具。根据不同车身结构的需要,可增加锚固点。

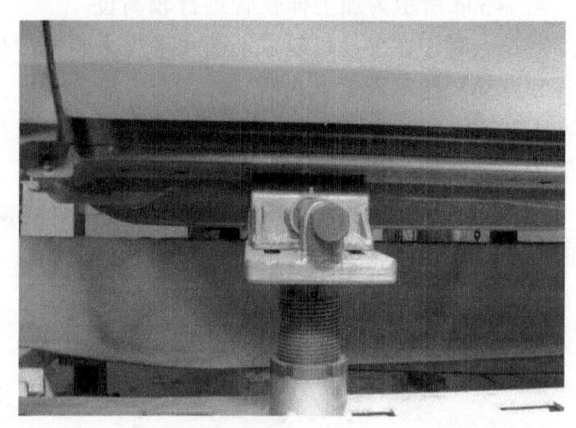

图 7-37 承载式车身的典型连接与固定方式

3. 国内汽车车身校正设备的发展

目前国内主要有两类车身校正设备供应商:一类是国外品牌中国区的专业代理生产商,如瑞典的 Car-O-Liner、意大利的 Car-Bench 和 Spanesi、芬兰的 Autorobot、美国的 Chief 和黑鹰以及法国的使力得等;另一类是国内碰撞修复设备的生产供应商和推广商,如规模和实力较强的麦特集团奔腾公司,还有其他一些厂家,如烟台三重、上海亚得利、上海和业、福州强仑、烟台渤腾、烟台特祥、烟台普利机械和烟台力狮等。另外,还有一些规模不大的专业生产焊接设备的企业,但品牌实力和技术水平尚待提高。目前国内市场上国产品牌已经占据了主流,但在精密测量系统和专用夹具方面,与国外先进品牌相比依然有较大差距。随着技术的完善,未来碰撞技术的发展方向将更加贴近实用化、自动化和集成化。

二、液压校正设备

固定好车身后就可以用液压校正系统进行拉伸、推压和扩张等校正工作了。图 7-38 所示为轻便的液压杆系统,它利用手摇液压泵提供压力能,通过液压驱动各种用途的液压缸,实现推、拉、顶、扩等动作。在液压杆两端装上适当的端头,可以满足车身内部两点间校正尺寸的需要。用于推压、展宽、夹紧、拉拔和延伸各种情形的端头形状是不相同的。

图 7-39 所示为几种常见的校正拉伸力的形成,可根据实际情况灵活运用。

图7-39a所示为向外直拉,使液压缸安置在与地面近似成45°角的位置,并且与固定点的高度相同,就形成一个垂直向外的拉力。

图7-39b所示为向下向外牵拉,使液压缸低于固定点并且接近地面,就形成向下和向外的拉力。

图7-39c所示为通过一根链条向下牵拉,需要汽车车架前端的向下拉力,可以用链条把车架向下拉向基座,并且应用千斤顶在前框架上向上施加推力而形成的。

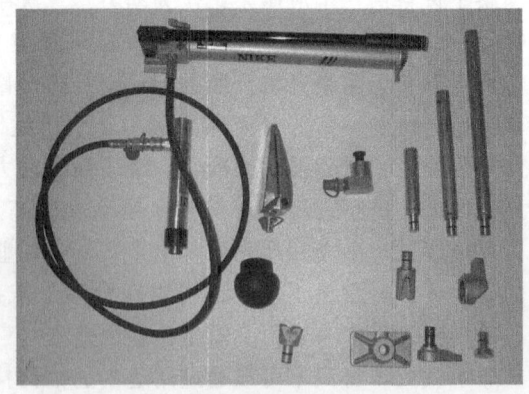

图7-38 轻便的液压杆系统

图7-39d所示为加上伸长管进行较高位置的牵拉,对于在发动机舱罩上的水平拉力装置,是在液压缸上安装足够长的加长杆,使链条头和发动机舱罩固定点在同一高度而形成的。

图7-39e所示为通过带有伸长管的顶杆在车顶上牵拉,向下和稍微向前的拉力是由一个牢固的并且可施加拉力的桥形链条形成的。

图7-39f所示为向上向外的牵拉,当液压缸安装上足够长的加长杆并置于图示的垂直位置时,一个向上和稍微向外的拉力就可以使用了。

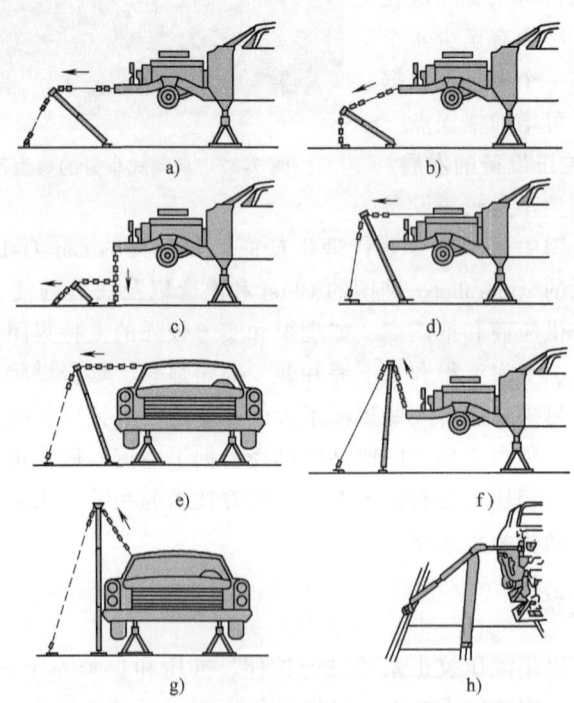

图7-39 几种常见的校正拉伸力的形成

图7-39g所示为车顶上的向上牵拉,液压缸和加长杆组合,按图示定位和锁止并且链条连接在车顶上,就形成一个在修理车顶时的有效的水平拉力。

图 7-39h 所示为典型的推压安装方式,在车顶的任何位置需要一个向上和向外的拉力装置,是由一根较长的链条和安装加长杆的液压缸组成的,它的高度比车顶部分的固定点要高出很多。

三、校正设备操作注意事情

1) 根据制造厂家的说明书,了解设备的性能及安全使用措施,正确使用校正装置。

2) 要对车身和车架进行校正操作时,应该将车架或车身板件上有裂缝的地方进行焊接,以避免进一步撕裂。在所有的焊接工作完成之后,应立即在高强度钢的焊缝上涂抹富锌涂料。

3) 车架、车身上的损伤一般按照其受到冲击的相反方向来消除。在大多数情况下,应采用拉而不是推的方法来消除损伤。

4) 当对一个车架进行拉伸时,一般应对零件进行稍微的过度校正以抵消回弹的影响。应该尽可能少使用加热方法,所有工作应尽可能在冷态下进行。当需要对车架零件加热时,应注意将要修理的区域加热到所需的温度。

5) 牵拉之前汽车车身要夹装牢固,检查底板夹钳和支架螺栓是否牢固。

6) 一定要用推荐型号和级别的金属链进行牵拉和钩吊。链条必须牢固地与汽车和支架连接,防止牵拉过程中脱落。

7) 使用大动力源对车辆的零部件进行拉伸时,不要将车身板件或车架零件撕裂。

8) 严禁操作人员与链条或牵拉夹钳处于同一直线,防止因链条断裂、夹钳滑落和钢板撕断而造成伤害。牵拉时,切勿用千斤顶支撑汽车。夹具牵拉时要防止滑脱,应使用安全绳。

在拉伸时,一定要缓慢而谨慎地进行,密切注视车身的运动。如果工作状态正常,就继续执行;如果不正常,则应找出原因,并调整拉伸的角度和方向,再试着进行。由于校正是一个复杂的受力过程,其计划的执行应灵活掌握,对于确定下来的安装点和拉伸方向可以在校正过程中做适当的改进和调整。当然,这种改进和调整是在校正过程中测出车身位移量大小与车身参考点的理想位置比较后按需进行的。校正工作的进度必须在拉伸过程中控制。由于车身金属板有弹性,所以即使车身被拉伸到规定尺寸也可能部分地回到损坏后的状态。因此,要预估回缩量,并在拉伸过程中留出余量。

单元四　车身校正

> **知识点**:车身校正的重要性;车身校正的基本原理;损伤程度的判断;车身固定与辅助支撑;夹具安装;拉拔作业。
>
> **能力点**:掌握车身校正的原理;能够判断车辆的损伤程度;掌握撞击力的分解;掌握车身的基本固定和辅助支撑;掌握典型的辅助支撑案例;掌握夹具的安装技巧;掌握拉拔作业的基础知识。

一、车身校正的重要性及原理

车身校正是将撞击时施加于车身上的变形(塑性变形)和残余应力(弹性变形)去除

的一种过程。这种过程也称为拉直，因为它可以将弯曲的车身拉直。

车身校正的过程需要使用能精确测量尺寸的车身校正台，因为它能将车身固定牢靠，然后精确地拉拔车身，如图7-40所示。

承载式车身是车身结构的主流形式，本章主要讲述承载式车身的校正。非承载式车身校正的基本操作和流程与承载式车身校正的操作和流程相同。

图7-40　车身校正

1. 车身校正的重要性

车身校正的重点是精确地恢复车身的尺寸与状态。因为车身（特别是承载式车身）是车辆的基础，汽车的发动机、悬架和转向系统等都是安装在车身上，如果这些部件安装点的尺寸没有校正到原尺寸，那么就会影响车辆的性能。

对于承载式车身而言，车身尺寸的精确度是车身修复过程中的一个关键因素。如果车身结构尺寸没有校正到位，仅仅通过调整或垫上垫片等方法把更换的钢板装好，把修整和其他机械方面的问题留给机修人员去做显然是不妥当的。机械的调整手段仍然是必要的，但是只能做一些微小的调整，车身修理人员有责任把基本结构全部修复，只将悬架系统和其他机械系统的微调留给这些领域的专门修理人员去处理。

如果无法将车身正确校正，则不仅会影响车辆的安全性，而且钢板也会组装不良。

车身校正的结果、完工的品质及车身校正后所需的作业时间，都会对车辆的安全性有很大的影响。此外，必须记住工作品质对顾客的信心有很大的影响。因此，必须采用正确的维修方法，以确保车身具有高质量、高精度、高强度及极佳的耐久性。

在车身校正时，消除由于碰撞而造成的车身、车架上的变形和应力是非常重要的。并不是所有的变形部件都可以校正后继续使用的，有些部件（特别是高强度和超高强度钢制造的部件）变形后内部的应力相当大，而且用常规的方法无法完全消除这些应力，所以不能校正而要更换。

2. 车身校正的基本原理

校正车身的基本原则是按与碰撞力相反的方向在碰撞区施加拉伸力。当碰撞很小，损坏比较简单时，这种方法很有效。但是，当损坏区域有折皱，或者发生了剧烈碰撞时，构件变形就比较复杂，这时，仍采用沿着一个方向拉伸就不能使车身恢复原状。这是因为变形复杂的构件在拉伸恢复过程中的强度和变形也随之改变,因此拉伸力的大小和方向需要适时改变(见图7-41),把力仅仅施加在一个方向上不能取得好的修复效果。车身校正时,拉伸方向应与撞击力和变形方向相反,由于车身各部分的刚度不同,有必要对拉力大小及其方向进行相应的调整,分步恢复车身形状,如图7-42所示。

因此,建议在拉伸校正的同时在损坏区域不同的方向上施加拉力。把力加在与变形相反的方向可以看作是确定有效拉力方向的原则。

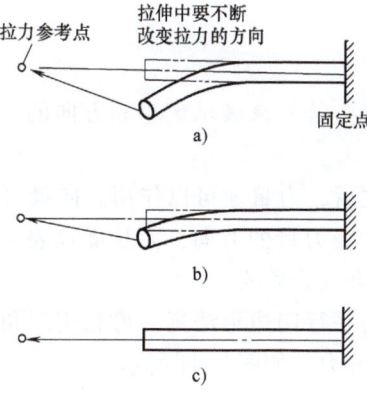

图7-41 拉伸中改变拉力方向

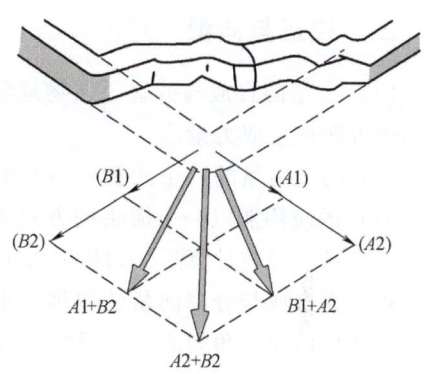

图7-42 拉力大小及方向调整

二、臆测损伤程度和修理作业

虽然因事故而损伤的车辆看起来都很相似,但是在每起事故中车辆撞击的部位都不同,且车身结构相当复杂,所以没有一辆损伤车是完全相同的。

复杂损伤的修理不能仅凭经验或直觉,而是要依据基本步骤来制作出明确的工作计划,这是非常重要的。制作明确工作计划的重要步骤是臆测损伤程度和臆测修理作业。

1. 臆测损伤程度

整理目视判断和尺寸测量所获得的资料,以正确判断车身三维空间的损伤程度(纵向、横向和垂直)。因为直接以目视判断车身损伤是非常困难的,所以首先分析二维空间尺寸(上视图、下视图和侧视图),然后将结果综合计算以后进行三维空间的分析。

如图7-43所示,为简化目视的过程,一个尺寸图可以画出一个草图以做二维空间尺寸的分析,而且此结果能当作车身的假设立体图形。

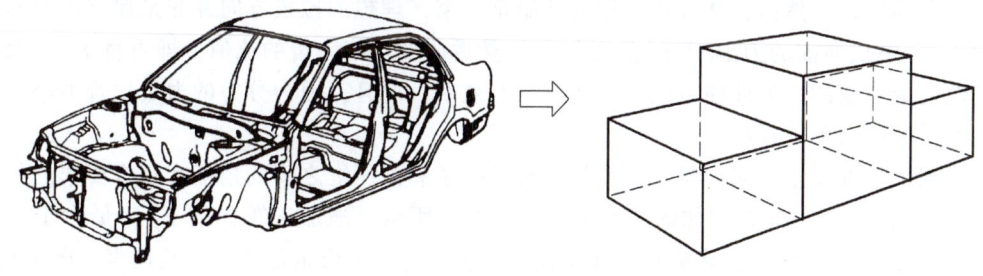

图7-43 判断损伤程度

2. 臆测修理作业

臆测修理作业是根据目视损伤程度留下的印象来臆测工作程度、工具、设备、修理作业、预估结果以及后续作业的一种过程。

与臆测损伤程度（整理相关资讯的过程）不同的是，修理作业的臆测是将修理作业内容组合起来的一种过程。以这种臆测修理作业的方法，可以将工作间断的可能性减至最小，如此钣金技术员便可执行精确且高效率的作业。而且，当下达工作批示或训练经验较少的技术员时，此种过程可以给钣金技术员提供更详细的解说知识。

三、校正与向量

（1）向量的合成与分解　在物理学上，向量是以箭头符号来表示大小和方向的，通常它用来说明速度或力量。

唯有确定力量的两个元素——大小（量）和方向之后，力量才可以作用。向量（大小和方向）的应用能以一个箭头的方式表示。箭头方向代表力量的方向，而长度代表力量的大小。而且，经过计算后，力量的大小和方向是可以接合或分离的。

被称为合成与分解向量的原理，也可以表示为力的平行四边形法则。可利用三角法计算，或使用两块三角规画出平行四边形图以获得合力与分力，如图7-44所示。

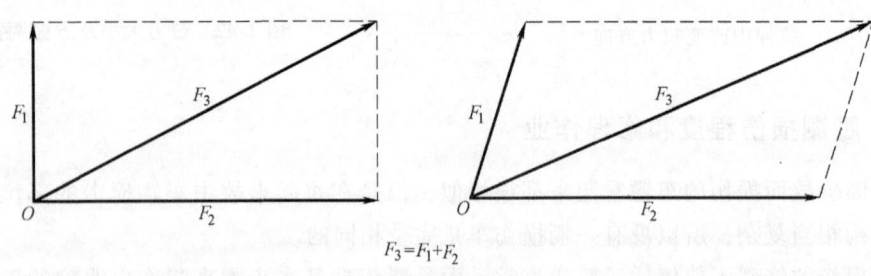

图 7-44　力的合成

将 F_1 和 F_2 加至 O 点，可得合力 F_3，将 F_3 分解至 O 点，可得 F_1 和 F_2 分力。

利用向量原理的拉拔工具称为向量型拉拔工具，如 Car-O-liner 校正设备。

（2）实际作业中向量的应用　向量的合成与分解理论应用在车身校正工作（固定或拉拔车身）上，就可实施最佳效率的修理作业。如果车辆如图7-45a所示遭受撞击，则施加于车辆上的力量为 F_3，且分力为 F_1 和 F_2。这样可以很清楚地知道力量是朝后方且向左的方向作用于车辆。实施修理工作时，理想的拉拔方向是依据现在车辆的位置和参考点的合适位置结合而形成的线。然而，从校正过程的开始至结束，理想的拉拔方向并非是保持不变的。可将力 F_3 分解成向前的力 F_1 和向右的力 F_2，然后改变这些力量的比值，即可将 F_3 的大小和方向改变成想要的，如此便可使校正过程很有效率。况且，因为分力的力量比合力小，所以夹具所受的应力可以最小。

为保证拉伸安全，对向量型车身校正台的链条和油压缸之间的角度大小有要求。如果油压缸的作用力量有10t时，如图7-46a中向量长度所示，施加于车辆的 F_2 力量大于油缸所产生的 F_3，这就意味着过多的负荷作用在链条上，这种情形很危险。一般而言，图中角度 a 和 b 应该都在45°~60°以内，如图7-46b所示是安全的拉拔形式。

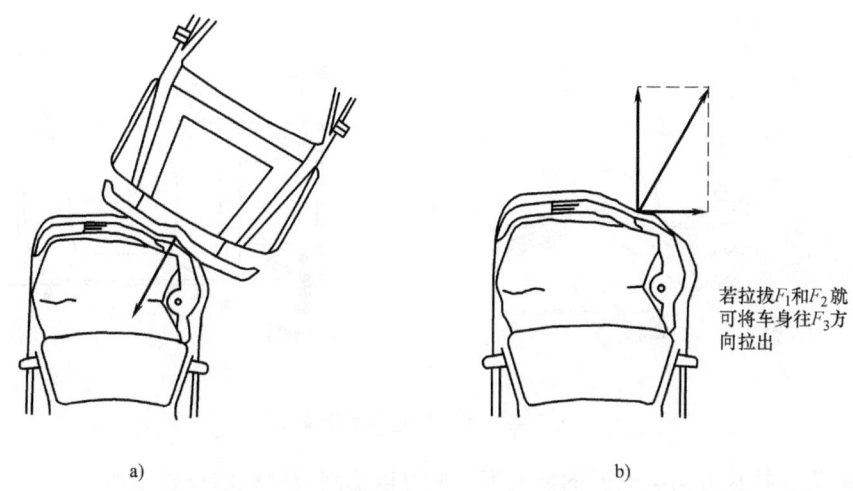

图 7-45 车辆的拉拔校正

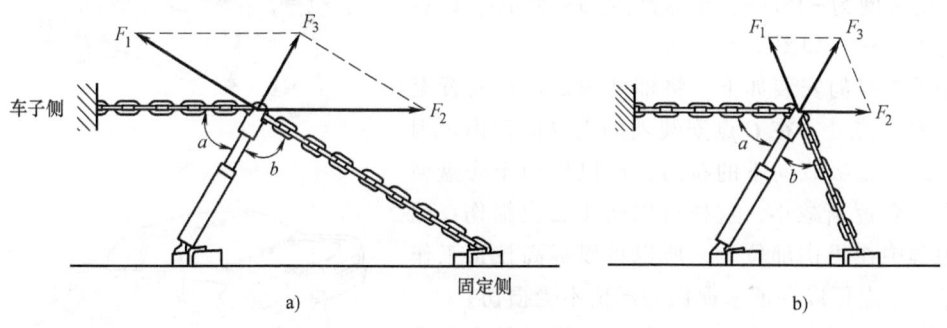

图 7-46 液压缸的作用力

四、安全与支撑

1. 车身固定及辅助支撑

当车身没有固定良好而要做车身校正时，因为车身和受损部位会移动，所以无法做有效的车身校正。因此，为使拉力集中在损伤部位，必须施加一个反作用力（来固定车身）以对抗拉力。

一般来说，如果驾驶室未损伤，则夹具会夹在车门槛板凸缘上的 4 个顶车点以产生固定车身的反作用力（只用于整体式车身）。这就是基本固定方法。

车门槛板不是专为车身校正而设计的，所以为了降低施加于车门槛的应力，必须固定其他部位，尤其是施加侧边或向下拉拔时应特别注意，如图 7-47 所示。这就是辅助固定（支撑）方法。经由辅助固定的帮助可以防止二次损伤的情形发生，并实现高效率的校正工作。

如果连接拉拔方向和固定方向的直线有偏位，则车身会远离想要拉拔的方向。

如果用链条的前拖钩来拉拔后翼子板，不仅车身会倾斜，拉拔方向会改变，而且拉力不会作用至钢板上，如图 7-48 所示。这是因为拉力造成悬架弹簧被压缩，而使拉力无效。虽然防止力矩产生是不可能的，但是可以固定其他部位以限制车身位置的改变。这样在没有任

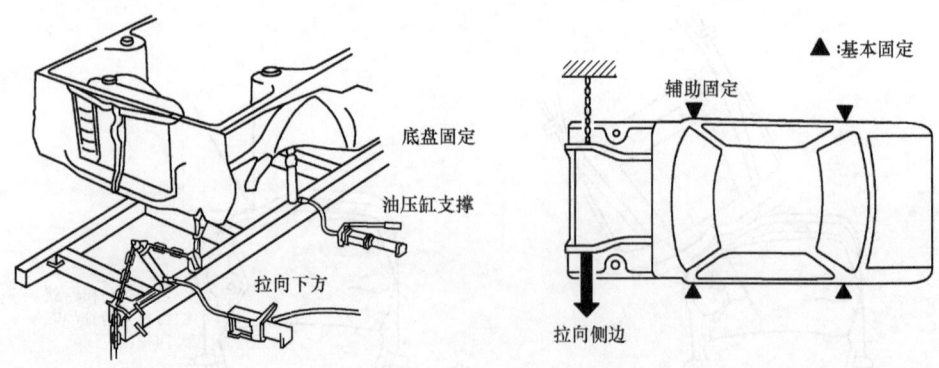

图 7-47 车身固定及辅助支撑

何拉力会损失或拉拔方向会改变的情况下,便可以达到有效率的校正工作。

2. 辅助支撑范例

(1) 高度受损的前侧梁　损伤部位的状况如下:A 点高度为 -15mm,B 点高度为 $+20\text{mm}$,C 点高度为未损伤,如图 7-49 所示。

辅助支撑的安装如下:将辅助固定装置安置至未损伤的 C 点处。在 C 点安装辅助支撑的理由:因为千斤顶可以吸收向下的拉力,所以作用于底盘夹具的应力会逐渐减小,这样可以防止二次损伤;因为拉力集中在损伤部位上,所以可以提高校正工作的效率;C 点可以保证未损伤的部位不受损伤。

如果没有固定 C 点,那么校正车身时就会造成一些损伤。如图 7-50 所示,在进行校正时,拉力(造成钢板变形的力)会作用至车身钢板并到达底盘夹具部位,而且此拉力会逐渐减小。二次损伤会发生在未损伤部位和底盘夹具部位,如图 7-51 所示。

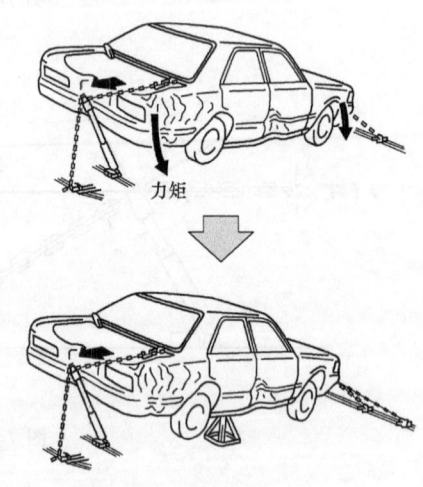

图 7-48 拉拔时的力矩

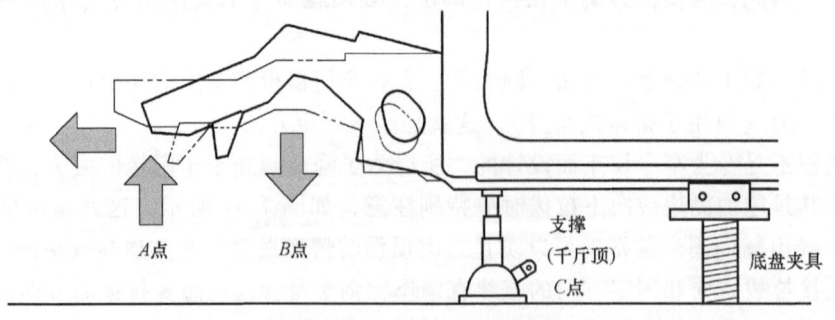

图 7-49 高度受损的前侧梁

(2) 前侧梁前端之一　损伤部位的状况:A 点的对角线长度多出 20mm,B 点后面的部

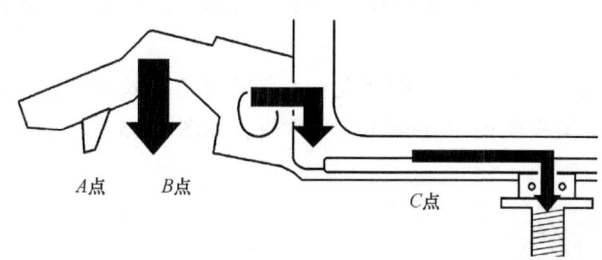

图 7-50　校正拉力的传输

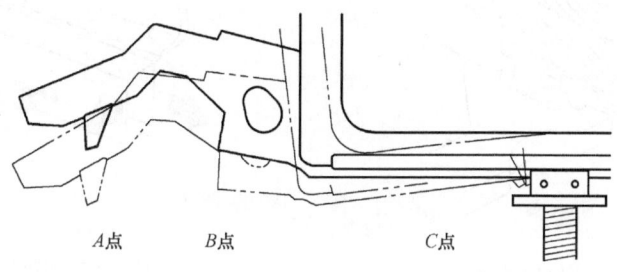

图 7-51　二次损伤

位没有损伤；在 B 点（弯曲点）之后的前侧梁有加强梁。

辅助支撑的安装：使用拉勾式夹具（见图 7-52）或油压缸（见图 7-53）施加侧向固定力至弯曲部位的支撑点 B。

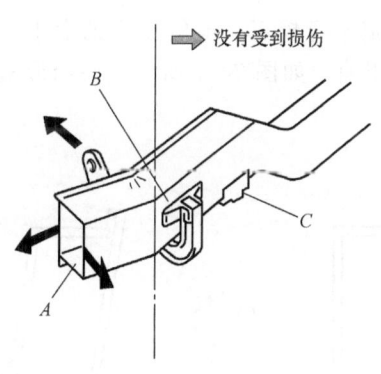

图 7-52　用拉拨的方式支撑

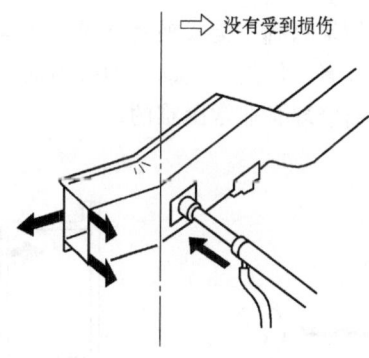

图 7-53　用推压的方式支撑

在 B 点安装辅助支撑的理由：B 点将分散侧向力而防止二次损伤；因为拉力可集中在损伤部位，所以会提高校正作业的效率；可以保证 B 点和 C 点未变形的区域不受损伤。

如果没有固定 B 点，那么进行校正时就会造成一些损伤，如图 7-54 所示。当有悬架横梁时，因为 C 点被悬架横梁固定住，所以当拉拨力量较小时，并不会影响正常区域的参考点，而能适当地校正车身。但是，如果拉拨力量很大，而不仅 C 点会移动，相对侧的前侧梁也会因悬架横梁所传过来的力量而变形。如果没有悬架横梁，则内侧有加强梁的部位不会产生变形。在校正时，拉拨力量会集中在车身较弱的部位，而使前侧梁和翼子板隔板的车身部位受损。

（3）前侧梁前端之二 损伤部位的状况：A 点的对角线长度多出 50mm，B 点部位后面没有损伤，前侧梁在悬架横梁固定处受到极度弯曲，如图 7-55 所示。

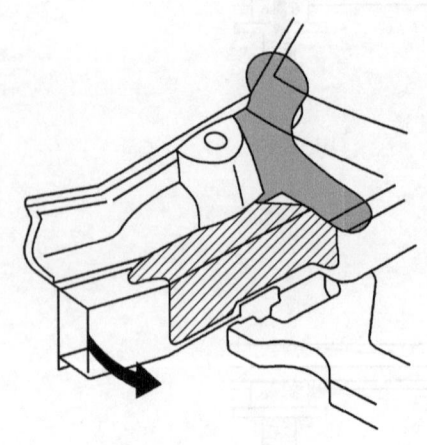

图 7-54　B 点未固定的情况

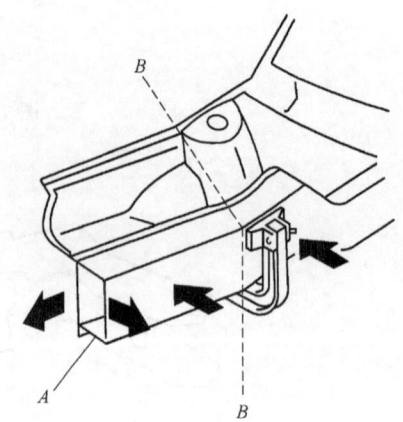

图 7-55　前侧梁前端受损

辅助支撑的安装：将拉钩式夹具固定在前侧梁的顶端，螺钉固定板固定在下端，在侧向施加一个辅助固定力，如图 7-56 所示。

在 B 点安装辅助支撑的理由：B 点将分散侧向力，以防止二次损伤；同时，因为拉力可集中在损伤部位，所以会提高校正作业的效率；可以保证 B 点及后面未变形的区域不受损伤。

如果只有拉钩式夹具支撑前侧梁的上半部，就实施车身校正，虽然 B 点的上半部被拉钩支撑着，但是下半部受到拉力而移动，造成横断面扭曲，如图 7-57 所示，而箱形横断面的扭曲修理是非常困难的。

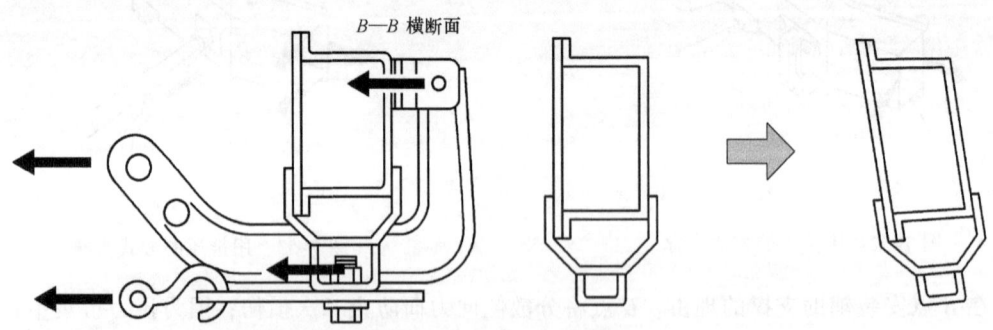

图 7-56　前侧梁前端的辅助支撑　　　　　图 7-57　横断面扭曲变形

（4）前翼子板隔板和前罩板 损伤部位的状况：前罩板尺寸缩短 5mm；前门开口尺寸和车门安装情形都正常，因此可以确定前柱后面的部位是正常的。

辅助支撑的安装：在前门的开口部位（前柱和中柱之间）安装门框校正器以作为补充

功能，如图 7-58 所示。在开口部位安装辅助支撑的理由：开口部位安装辅助支撑可防止二次损伤，因为拉力会分散至各个方向；可提升校正效率，因为可使拉力集中至受损部位；可保持未受损的部位不受损伤。

如果未安装门框校正器就实施校正，那么校正拉力会分散至前柱上、下部位并传导至后面，进而造成前车门开口部位变形，使前车门无法正常地安装，如图 7-59 所示。

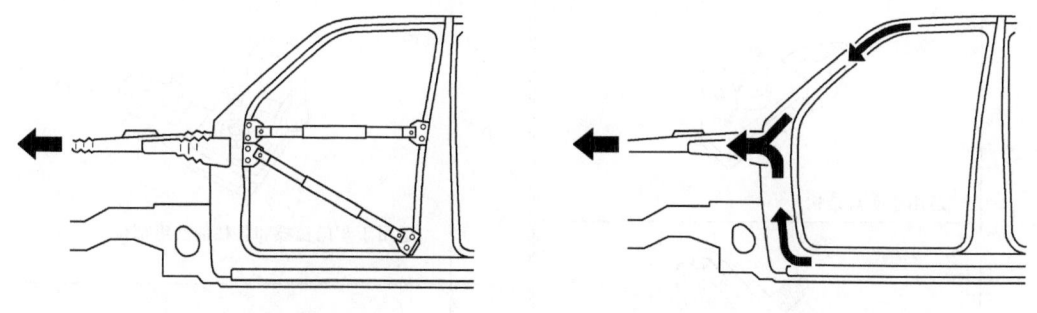

图 7-58 车门的辅助支撑　　　　　图 7-59 车门未辅助固定的情况

五、安装夹具

夹具是用来夹紧固定钢板的工具。在车身校正时，用来固定车身至车身校正台上（夹持车门槛板凸缘）的，称为底盘夹具；用来夹紧受损部位以方便使用链条拉拔的，称为车身夹具（或称为拉具）。虽然它们的适用部位各有不同，但是它们可连接车身和车身校正台，传送大作用力的特性是相同的。

1. 夹具形式

一般来说，底盘夹具是用来固定车辆至车身校正台上的。车身夹具的使用必须依据夹具的安装部位、作用力大小和拉拔方向的不同，做不同的选择，如图 7-60 所示。夹具类型及适用范围见表 7-2。

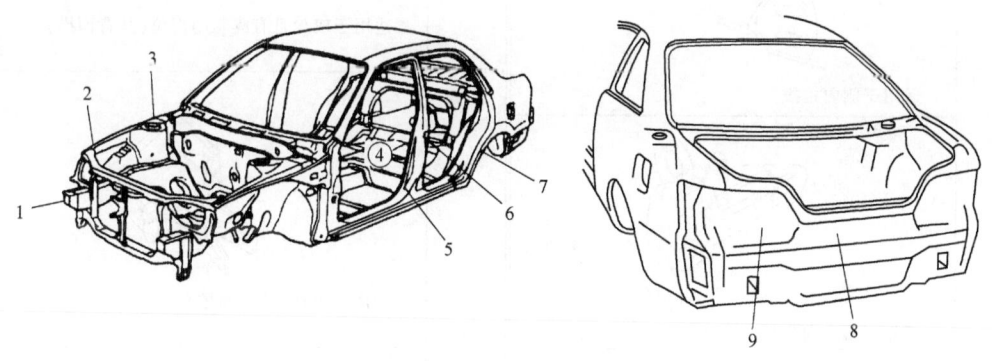

图 7-60 车身夹具的选择类型

2. 夹具的拉拔方向

夹具的拉拔方向可由夹具的齿面和形状来判定。一般来说，夹具齿面应和拉拔方向一致。如果未能适当配合，则夹具容易产生滑动并脱落。拉拔方向的外延长线必须和夹具的安装中心线交叉。如果交叉点偏移，则会产生一个力矩，这不仅会损坏钢板，也会使夹具容易滑动和脱落。如图 7-61 所示，拉拔方向的延长线和安装中心线交叉，不会产生力矩，此种情况夹具不容易滑动和脱落。如图 7-62 所示，拉拔方向的延长线和安装中心线未交叉，会产生力矩，易使夹具脱落。

表 7-2 夹具类型及适用范围

类型	夹具外形及使用范围	类型	夹具外形及使用范围
①	适用于底盘结构 适用于底盘结构，可同时拉拔两块钢板 适用于底盘结构，可拉拔弯曲部位	④	适用于车门槛板和各柱的凸缘部位
②	适用于侧向拉拔 适用于多方向拉拔	⑤	适用于较深且有隔阻的部位 适用于较深且有隔阻的部位（从背面推）
③	适用于前翼子板隔板（悬架上支撑座）	⑥	适用于中柱（从背面推） 适用于前柱和中柱（可拉拔车门铰链部位）

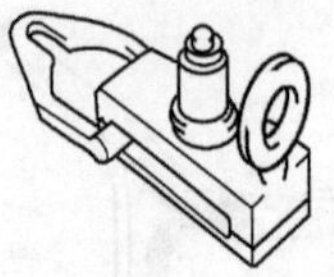

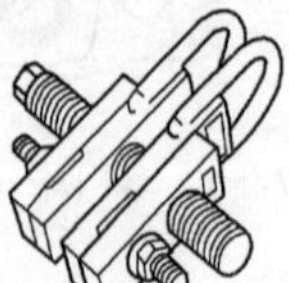

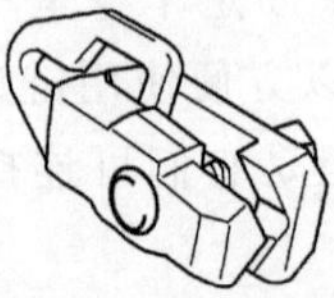

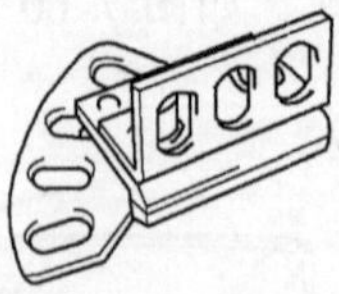

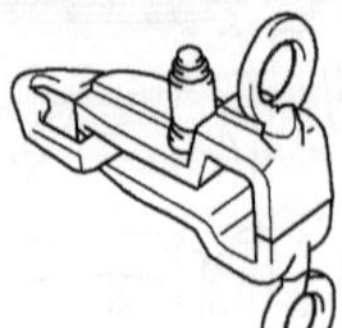

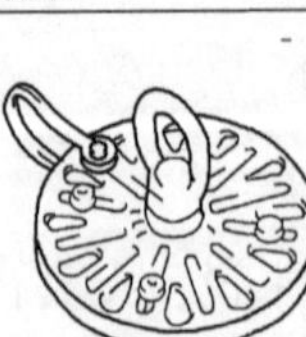

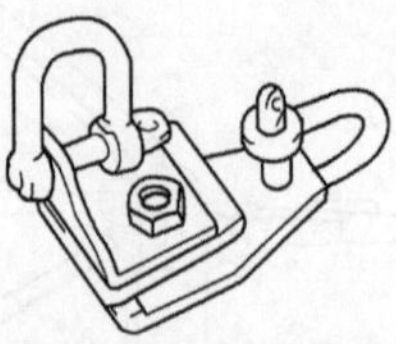

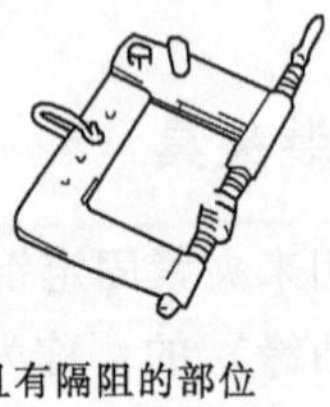

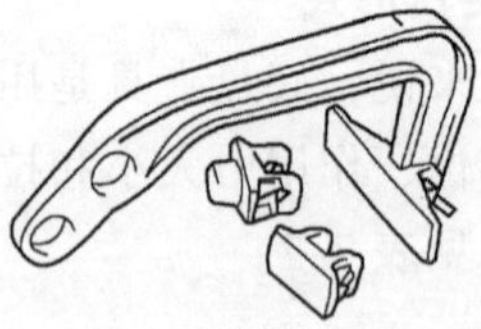

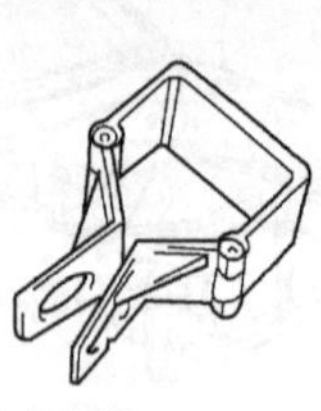

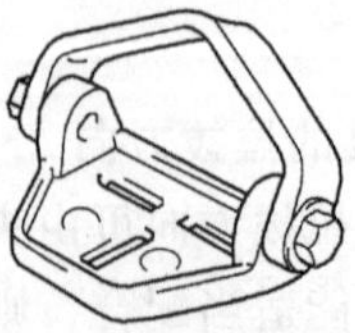

续表

类型	夹具外形及使用范围	类型	夹具外形及使用范围
⑦	适用于狭窄部位 适用于后轮弧部位	⑧	适用于较深且有隔阻的部位（从背面推）
⑧	适用于较深且有隔阻的部位	⑨	适用于外板（易安装于有孔的外板） 适用于外板（易安装于有孔的外板）

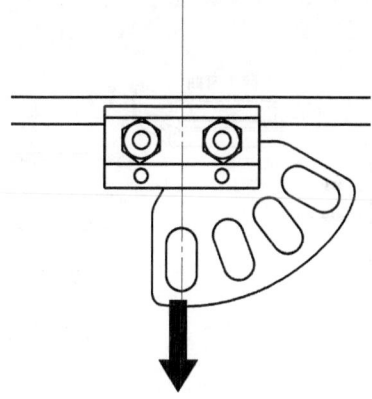

图 7-61　延长线和安装中心线交叉

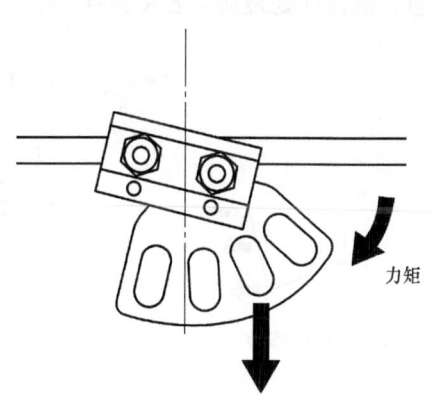

图 7-62　延长线和安装中心线未交叉

夹具外形和拉拔方向有密切关系。一般来讲，拉拔方向就是夹具外形自然延展的方向。不同夹具的拉拔方向如图 7-63 所示，◎表示正确的拉拔方向，其他的都是错误的拉拔方向。当拉拔夹具时，必须注意链条的拉拔力量是如何借助夹具传送至车体的。

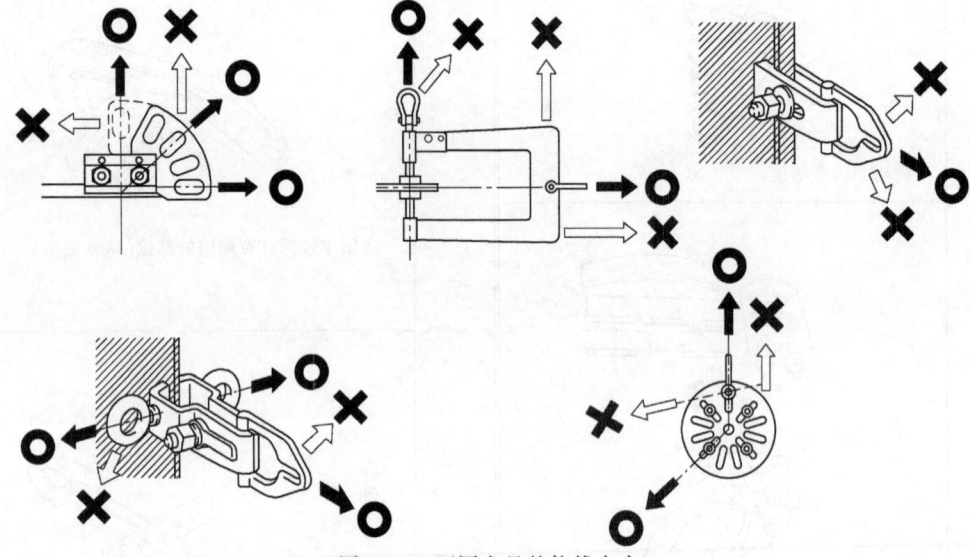

图 7-63　不同夹具的拉拔方向

3. 夹具的安装位置

钢板会因为吸收撞击力而溃缩。车身校正是对已经溃缩的钢板实施拉拔作业，使车身恢复至原有的外形和尺寸。虽然拉拔方向必须由尺寸的测量结果来决定，但是夹具的安装位置则必须参考目视评估弯曲和皱摺的状况来决定。

（1）平面的修整　通常，缩短部位（因为皱摺）最适合安装夹具。为了恢复钢板底部的受损部位，介于 C-C 的区域是最适当的夹具安装点（因为此处最短），可由受损处来拉拔，如图 7-64 所示。

（2）箱型校正　箱形是平面的组合，将箱形展开即可直接应用平面的校正概念。如图 7-65 所示，皱摺区域位于 B 面和 C 面，且介于 B 和 C 之间的分界线损伤最严重，故而此处最适合安装夹具。如图 7-66 所示，A 面和 C 面有摺皱产生，而且在 A 面和 C 面的凸缘处受损最严重，故而此处最适合安装夹具。

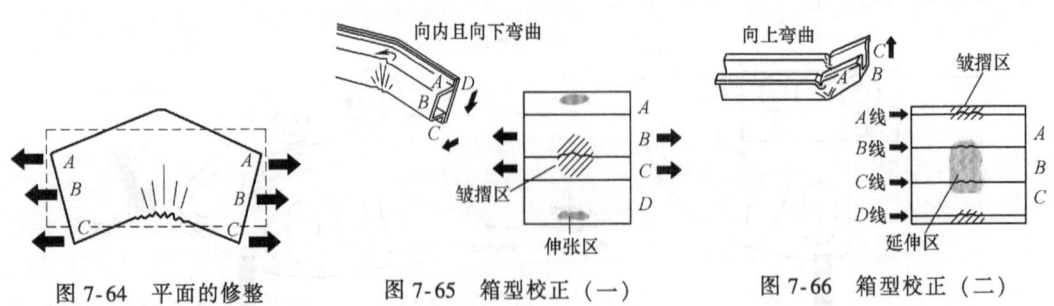

图 7-64　平面的修整　　图 7-65　箱型校正（一）　　图 7-66　箱型校正（二）

4. 夹具安装技巧

为了使夹具安装得到最佳的效果，在安装夹具时必须考虑受损部位拉拔力量的集中状况、拉拔方向的使用性和二次损伤的防止能力等因素,来选择最适当的夹具和安装位置。夹具的安装技巧对于校正作业是很重要的。夹具安装技巧见表7-3。

表 7-3　夹具安装技巧

类　型	图　例	使用说明
范例一	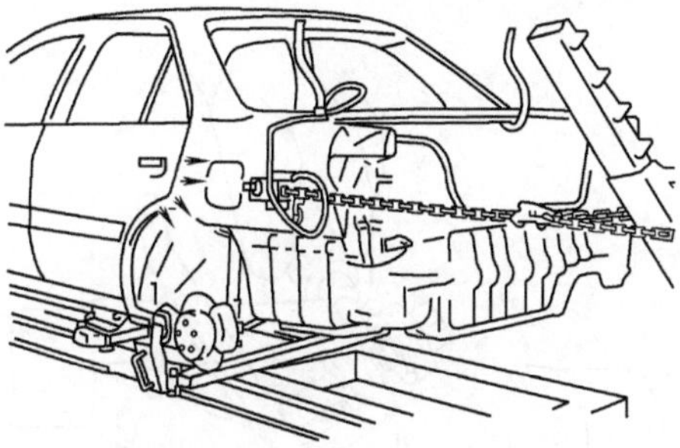	此法适用于后翼子板和轮弧的校正 应用此法时,切开后翼子板,这样夹具固定点能集中受损钢板的拉拔力
范例二	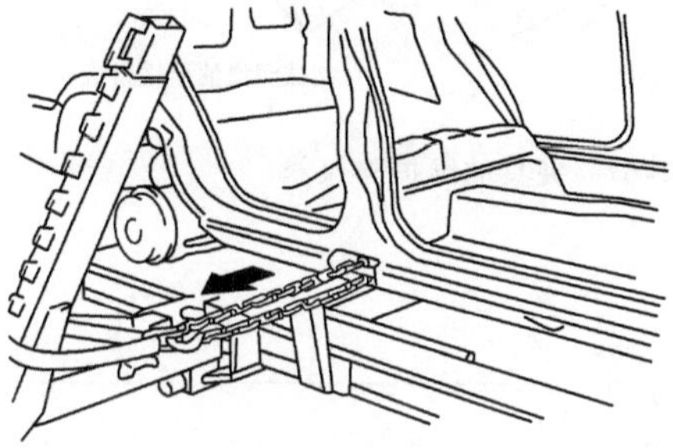	此法适用于车门槛板外板校正 应用此法时,切开车门槛板外板并插入铁棒,以拉拔车门槛板外板,此法可以均匀地拉拔大面积的表面
范例三	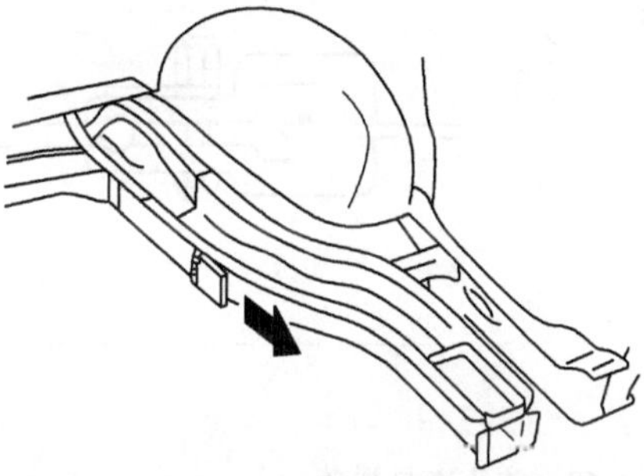	此法适用于后侧梁前端校正(后侧梁后端未损伤) 应用此法时,由于后侧梁没有夹具直接固定的适当位置,先焊接一块钢板至夹具安装点,再安装夹具
范例四	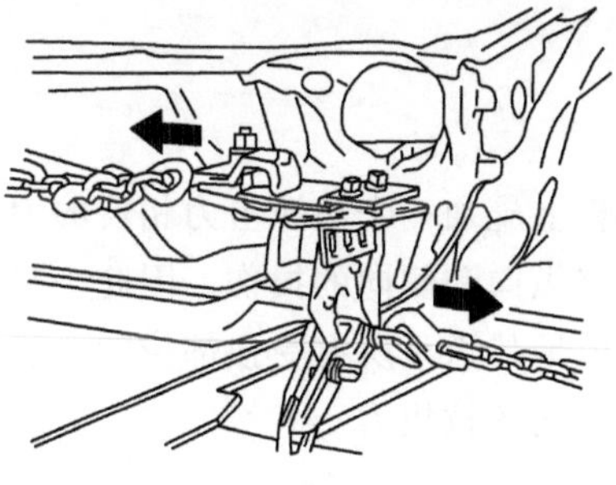	此法适用于前侧梁校正 应用此法时,由于拉拔方向上无凸缘可以安装夹具,在需要拉拔的表面上安装上一块钢板,再将夹具装在钢板上,以方便拉拔前侧梁

5. 夹具的维护与保养

夹具的夹紧部位具有锐利的齿面以夹紧钢板。当齿面因为磨耗或黏滞外物(密封胶或漆)而变钝时,将无法紧密地夹住钢板,而使拉拔力量无法有效地传至钢板。因此,夹具在使用前必须检查其齿面状况,必要时需做清洁。此外,如果螺栓和螺母的螺牙或是垫圈的接触部位因磨耗而损坏,则将无法使夹具夹紧。因此,为了防止接触部位磨损,在夹具使用前,必须在垫圈和螺牙上涂抹润滑油,如图 7-67 所示。

当拉拔力很大时,夹具可能会滑动而脱离钢板。此时,可使用 CO_2 焊接机在钢板上焊上一个高为 2mm、直径为 5mm 的焊珠,以防止夹具脱落,如图 7-68 所示。

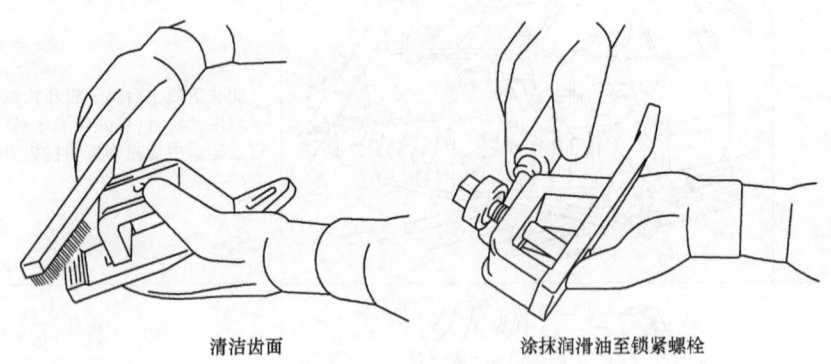

清洁齿面　　　　　　涂抹润滑油至锁紧螺栓

图 7-67　夹具的维护与保养

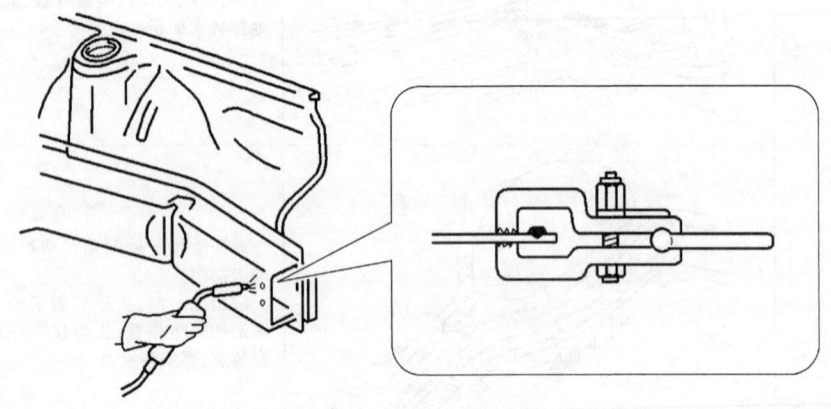

图 7-68　防止夹具滑落

六、拉拔作业

基本的车身校正作业是在损伤的钢板上施加一个与撞击力相反的力来修复。但是,车身钢板的损伤并不只在撞击方向,还包含有纵向和侧向的损伤。因此,只施加一个与撞击力相反的力做简易拉拔,是无法将拉拔力有效地传送至所有受损部位的。所以,为了将拉拔力传送至所有受损部位,必须在车身施加多方向的拉拔力。

1. 拉拔作业的基础知识

拉拔作业的基础是必须依据目测结果和实际尺寸测量结果,决定拉拔方向和夹具安装位置。在车身校正中,维修人员必须了解如何将拉拔力施加至车身钢板上。

(1) 使用向量杆来分析杆的修正情况(一片钢板受损)　要拉直弯曲的杆,必须将杆的两端向外拉。当拉拔点和接头中心点有偏离时,若在杆的两端施加向外拉拔的力量,则在接头上会产生一个力矩,力矩作用在接头和两端点,将使接头被拉直;当杆往复原方向移动后,偏离率会减少而使力矩随之变小,偏离率较小,力矩也较小。此时,为了使杆回复至原来的形状,拉力必须增加,如图 7-69 所示。施加作用力 F_0 直接将接头向内推,以帮助力矩的产生并使杆的两端往外延伸。施加作用力 F_0 将使接头的修正效率提升,且只需在杆两端施加较小的拉力即可将杆修正。这是车身校正的基本技巧,称为多点拉拔法。多点拉拔作业如图 7-70 所示。

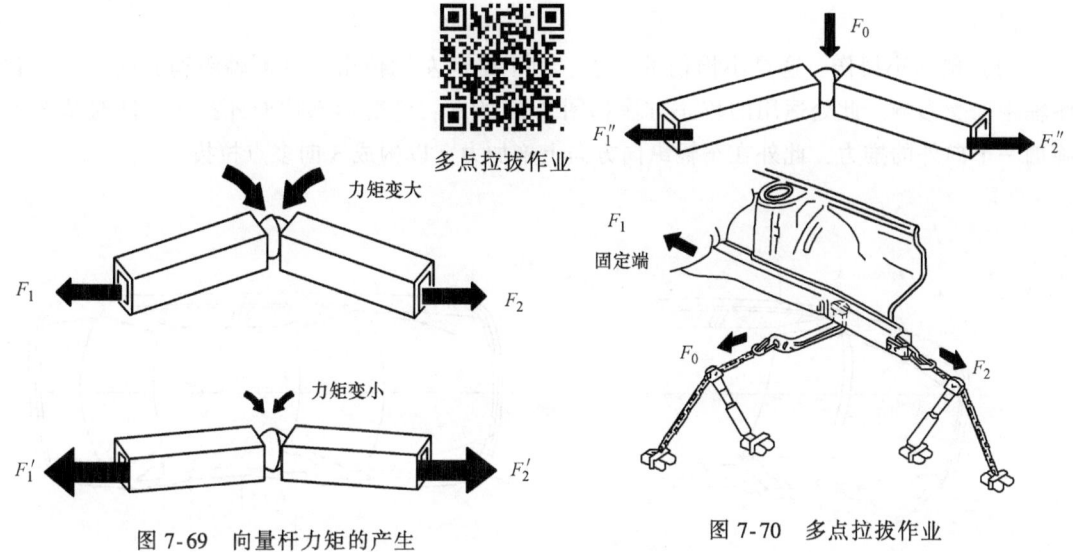

图 7-69　向量杆力矩的产生　　　　　图 7-70　多点拉拔作业

（2）使用向量杆来分析平面的修正作业（两块钢板受损）　平面是由 3 支杆组成的,其中两支已受损,而另外一支未受损。这种情况比单杆受损复杂多了,且较难决定有效的拉拔方向。首先将平面分解成 3 支杆,按照单杆的修复情况来确定各杆所需的拉拔方向。然后将分解的 3 支杆组合成一个平面,向右和向下的拉力可由端面的固定点来替代,在对角线方向并无拉拔力量,也没有合成的拉拔力量,如图 7-71 所示。在拉拔作业中,以对角线方向拉拔车身钢板,使夹具上产生大的力矩;同时,为了调整拉拔方向,必须改变拉拔和敲击位置等,从而使拉拔效率下降。

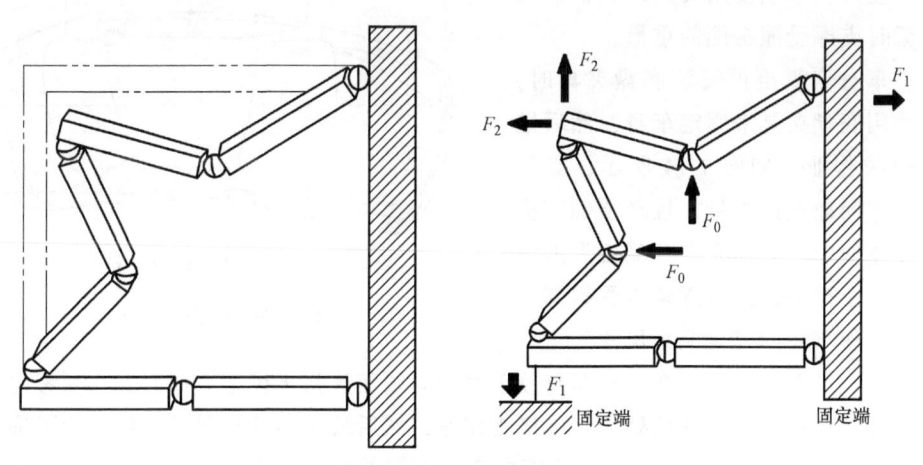

图 7-71　平面的修整作业

2. 拉拔作业范例

（1）车辆前翼子板隔板受损　车辆左前部位受到撞击，造成左侧明显损坏，且车辆右侧被拉向左侧。当车辆受到此种损伤时，其基本校正方式如图7-72所示。为了能够同时对多处施加拉拔力量，必须使用车身夹具，夹住点越多越好。但需要注意的是，车身右侧的向外拉拔只能当作辅助，因为右侧零件并不需要更换，所以在作业中必须特别小心，避免造成二次损伤。

（2）侧面小损伤　这是小损伤的例子。由于受到左侧撞击，左侧轴距稍微缩短，但右侧轴距未受影响。此处适用的校正方法如图7-73所示：将变形部位向外拉拔，同时从车内施加一个向外的推力，此外在车辆纵向方向上施加力，以构成3向多点拉拔。

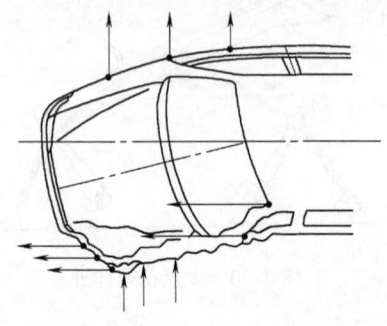

图7-72　前翼子板隔板受损的基本校正方式

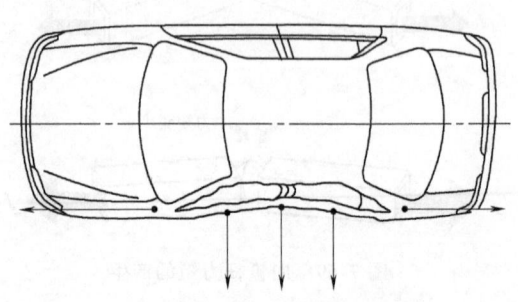

图7-73　侧面小损伤

（3）侧面大损伤　当车辆侧面受到较大的力量撞击时，车底板会损坏而使整个车身变形似L形。撞击效应将出现在车辆的另一侧而影响车门的安装间隙，甚至轴距也会受损。此种损伤形式即香蕉形损伤，当车辆受到此种损伤时，通常是全损。此种损伤常会造成车身校正台的底盘夹具无法安装。因此，在实施拉拔作业时，必须使用夹具或底盘模具等工具暂时支撑受撞击侧的重量。

一旦车身恢复至可安装底盘夹具时，即必须使用底盘夹具来固定车身，然后继续实施拉拔作业。如图7-74所示，必须尽可能多方向地施加力量，且必须确定推力点。在作业中，必须先在车辆变形的中心点施加一个推力，然后逐渐将受损部位向外拉拔，使车身回复至原来尺寸。

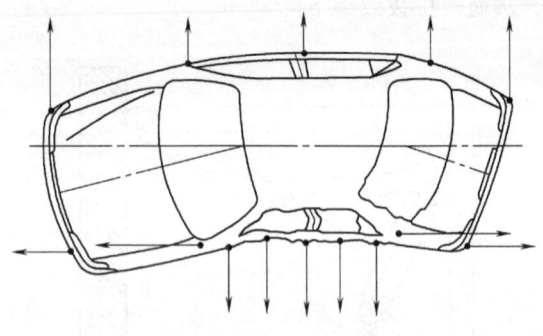

图7-74　侧面大损伤

所有形式的车身损伤，在实施车身校正时都必须实施初步校正。此时，必须考虑到受损部位中何处刚性最强，就从该处先实施修正作业，然后校正刚性较弱的部位。为了确保最终尺寸的正确性，务必依照此顺序实施车身校正，否则维修人员可能必须重复实施许多不必要的作业。

单元五　前后车身损伤修理

> **知识点**：前车身损伤修理；后车身损伤修理。
> **能力点**：掌握前车身损伤修理流程及各步操作方法；掌握后车身损伤修理流程及各步操作方法。

在实际的修理中，可能会存在夹具无法固定或无法取得标准尺寸的情况。因为在每个意外事故中，车辆的损伤状况均不相同，所以必须具备以基本方法为基础的检视能力。随着个人经验的累积，检视能力会随之提升，但在作业中发现与预期状况不同时，则必须考虑变更作业方法，这是很重要的。这方面的经验积累将有助于提升作业速度。本节将介绍两个车身校正案例。

一、前车身损伤修理

一辆 1.3L 双门车辆前车身受到严重损伤，撞击部位位于右前侧梁，右前侧梁已变形成 L 形，进而使右前翼子板隔板严重变形，前悬架弹簧有干扰，如图 7-75 所示。

图 7-75　前车身大损伤

1. 目视检查

（1）整车目视检查　由于右前侧梁受到强烈撞击，下隔板的密封胶产生龟裂；由于下隔板产生向内移位，使加速踏板升高 20mm；检查车门的装配情形，发现车门已经上移，依据经验判断前柱应该已经变形，但经目视检查无法察知。通过校正的程序即可逐渐修复前柱。在修理中可由车门的装配情形来察知修复状况。

（2）局部目视检查　拆下发动机和底盘的零部件，并检查车上局部零件的损坏情形。前侧梁前方的撞击部位已溃缩，发动机固定架后方已向下变形，如下隔板接合部位的密封胶已多处破损，如图 7-76 所示。车身前部的钢板结构和更换零件如图 7-77 所示。

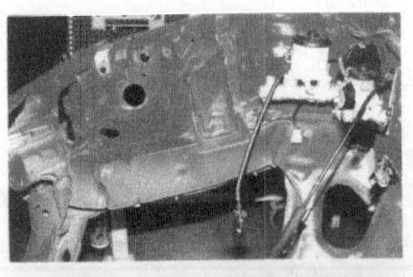
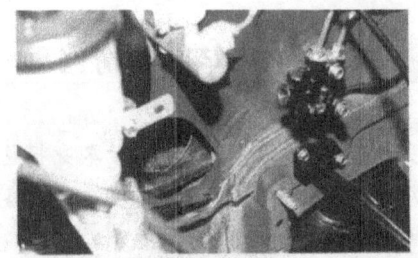
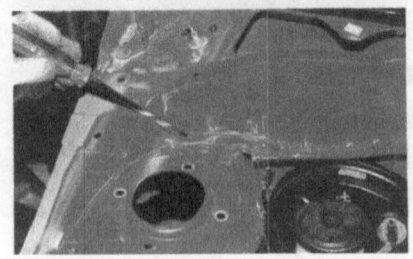
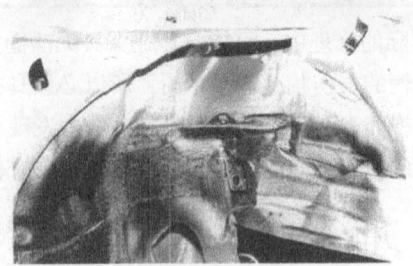

图 7-76　局部检查

2. 尺寸测量

调整车身校正台的 4 个固定夹具高度，使车辆与车身校正台平行，然后测量底盘和发动机舱的尺寸，如图 7-78 所示。需要注意：测量前必须先校正量具；必须使车辆平行于车身校正台，如果不平行，则将造成高度测量不准确。

3. 评估损伤情形和拟定修理程序

画一个简单的图，标上测量结果并以 +、- 符号来表示与标准值的比较差异，然后配合目视检查结果来评估损伤情形并拟定维修程序。图 7-79 所示为变形测量结果，悬架下架安装位置 F 点的高度比标准值高出 5mm。依多项零件的测量结果显示，左前侧梁和翼子板隔板的损伤并不严重，因此在修理右侧时即可将左侧恢复正常。

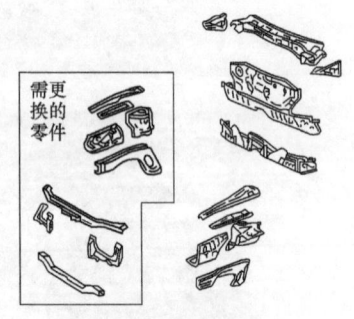

图 7-77　车身前部的钢板结构和更换零件

4. 拉拔作业

（1）拉拔前的准备　如图 7-80 所示，右前侧梁阶端溃缩严重，无法安装夹具，因此必须使用等离子切割机切掉前端部位。

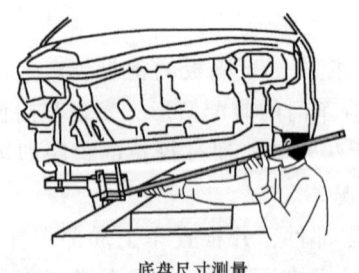
底盘尺寸测量

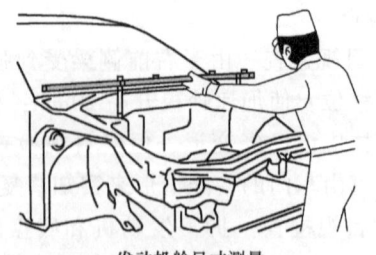
发动机舱尺寸测量

图 7-78　车身尺寸测量

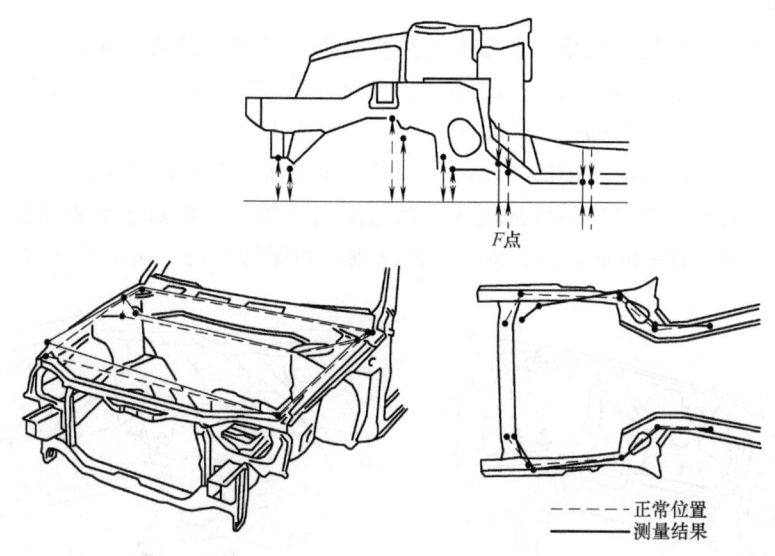

图 7-79 变形测量结果

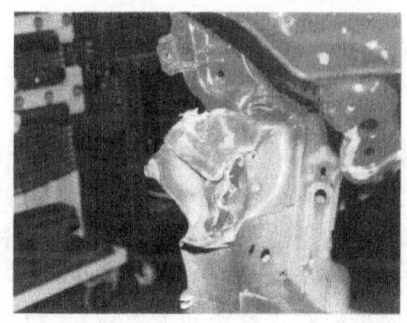

图 7-80 切掉前端部位

（2）拉拔作业　右前侧梁前端已严重变形（要更换），而左前侧梁前端只有轻微移位（校正修复）。对于右前侧梁前端，必须实施多项拉拔作业，包括使用拉力臂和棘轮链条实施前拉作业和使用液压缸实施下拉作业，如图 7-81 所示。在拉拔中需要注意：必须防止铁链扭曲；安装安全绳；不可站在拉拔方向的前方；必须做轴向拉拔，不可实施斜角拉拔作业；适时观察整个车身，并注意车身钢板的移动情形。

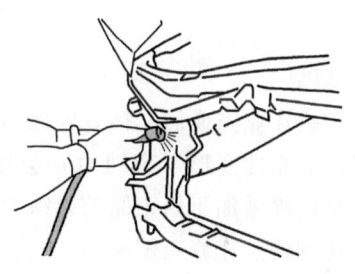

图 7-81 拉拔作业

5. 消除残余应力

在使用车身校正台施加拉拔和推压的负荷状态下，必须实施消除残留应力的敲打作业。敲打部位如图 7-82 中的箭头所示。敲打部位主要在钢板因弯曲而凸起的部位、钢板因弯曲而延伸的表面和钢板的焊接部位。经敲打而消除残留应力之后，即可释放拉拔负荷，并测量拉拔后的尺寸，如果残余应力消除的不够，则重复拉拔作业和敲打作业。

拉拔作业完成后，要更换零件的尺寸大致与原尺寸相同；而对于修正的部位，长、宽、高的误差都必须保持在±2mm 以内，对角线尺寸则必须保持在±3～4mm 的误差内。

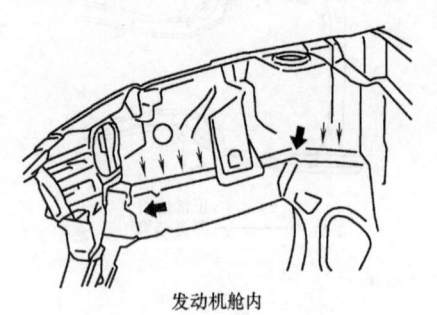
发动机舱内

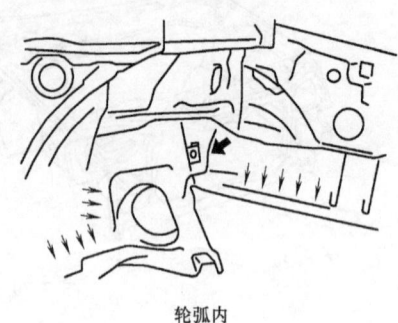
轮弧内

图 7-82 敲打部位

6. 初步切割

当初步拉拔作业完成后，接着要做的是最终尺寸修正和初步切割。在实施零件更换时，更换侧所残留的塑性变形（束缚力）会作用在主要结构零件上，如翼子板隔板。初步切割的目的之一是消除施加于修正侧的束缚力，它是利用初步切割程序中切开修正侧和更换侧的连接部位来达到的。让修正侧脱离束缚，才可实施最终尺寸校正。初步切割的另一个目的是更容易拉拔更换零件的接合部位（下隔板、转向齿轮箱支撑梁和前罩板）。初步切割完成后，尺寸可能会有些微变动。

使用气动锯或者等离子切割机切开前横梁，分开修正侧和更换侧。由于前侧梁前端已移向车辆中部，所以前横梁的切缝紧密地靠在一起，并无明显的间隙。更换侧完成初步切割后，预留拉拔下隔板时夹具的安装部位，如图 7-83 所示。

图 7-83 切割作业

切割前横梁时，要注意切割部位的位移状况，以作为拉拔最终尺寸的参考。对更换零件的初步切割，必须预留拉拔最终尺寸时的作业空间，切勿切割过度。切割的同时，应对车辆采取适当的保护措施，避免车辆受火花、铁屑和其他物品（尤其是燃油系统）的侵害。

7. 再次拉拔作业

初步切割后，再次测量修正侧的尺寸，测量结果显示侧梁前端只有3mm，而对角线尺寸为+。因此，必须如图7-84b所示实施横拉作业，拉住前侧梁的中央部位，以保持精确的尺寸，然后反方向拉拔末端部位，同时由于箭头所示下隔板部位刚性较低、容易摺损，所以前罩板只能用辅助拉拔的方式进行拉拔，不可实施太大的负荷。

下隔板的拉出作业，可对照新的前侧梁的外形来实施拉拔。在本案例中，可参考加速踏板高度的回复情形来了解拉拔状况。

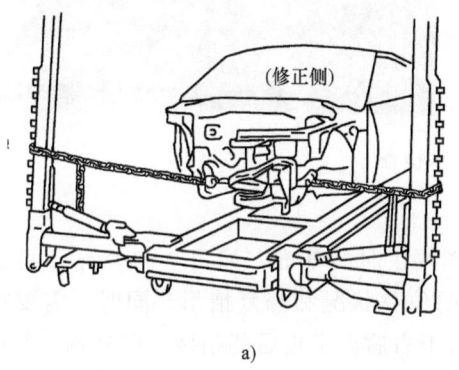
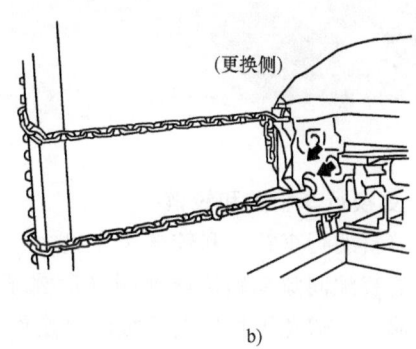

图 7-84　拉拔作业

二、后车身损伤修理

一辆丰田卡琳娜轿车的行李箱受到严重的损伤，使左后翼子板和后车门最大间隙只剩下约2mm，整个行李箱盖已向右侧倾斜，如图7-85所示。

图 7-85　后车身损伤

1. 目视检查

（1）整车目视检查　检查车底板部分，后车底板侧梁并未受损，但后侧零件稍微向前移位。虽然整个行李箱盖向右侧倾斜，但右后翼子板并未受到太大的影响，因此右后翼子板可用校正程序来修正。

（2）局部目视检查　举升车辆，检查局部零件的受损情形，后车底板侧梁波纹加工部位并无损伤，且密封胶也未龟裂，而轮弧外板和内板的接合部位则无法确认有无损伤，如图7-86所示。由于行李箱盖受到严重损伤，检查行李箱盖铰链的安装部位，结果发现已稍微受损（稍微凸起），但依受损程度判断并不需要修正。后侧钢板的组合和更换零件如图7-87所示。

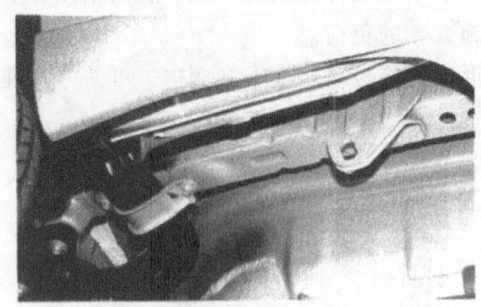 

图7-86　局部检查

2. 更换行李箱盖和铰链

安装新的行李箱盖和铰链至车辆上，以当作校正时的基准，如图7-88所示。可利用行李箱盖的装配间隙来确认修理侧（后翼子板）的位移状况和修复情形。同时，需要拆下后风窗玻璃，以避免干扰后翼子板的更换作业。由于右后翼子板后侧稍微移向外侧，所以在校正前，后翼子板和行李箱盖的后端间隙稍大于前端间隙。

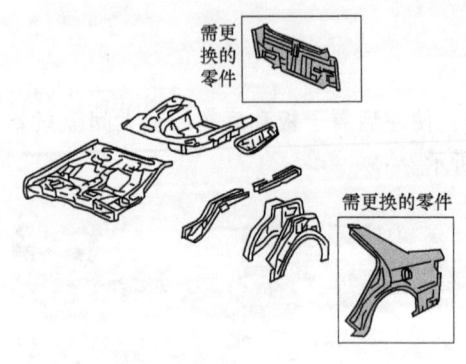 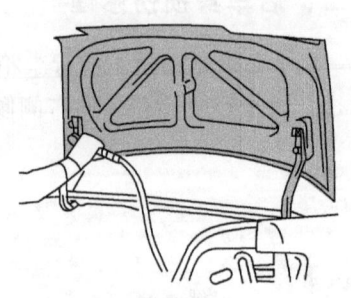

图7-87　后侧钢板的组合与更换零件　　　　图7-88　更换行李箱盖

3. 尺寸测量

调整4个固定车门槛板凸缘的固定夹具高度，并将车辆放置在车身校正台上。用测量工具测量后车底板后部尺寸，发动机未拆下而将车辆放至车身校正台时，必须支撑车辆前端以保护安装底盘夹具的车门槛板，如图7-89所示。

测量结果如图7-90所示，后车底板侧梁的长度已向内缩短约2mm，且后端向上弯曲8mm，而右边侧梁向下移位3mm。

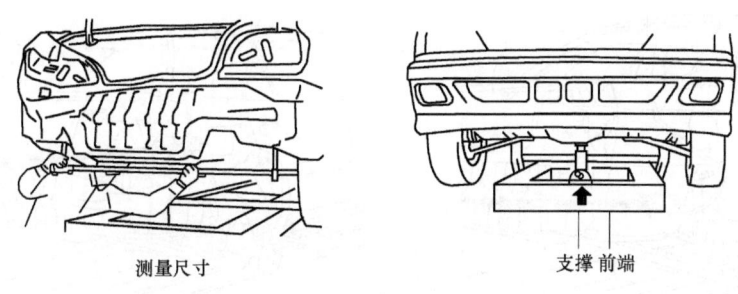

图 7-89　车身尺寸测量

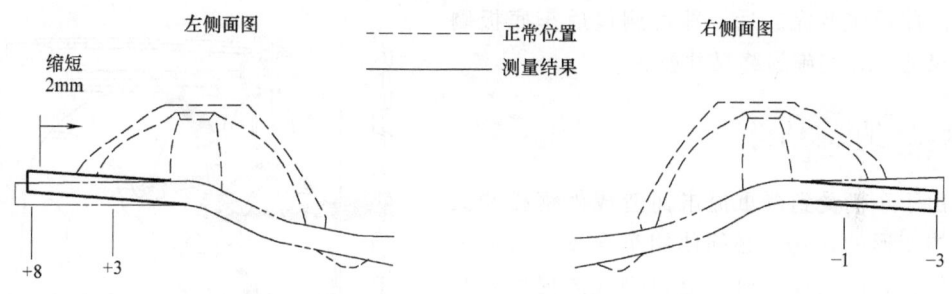

图 7-90　测量结果

4. 拉拔作业

（1）初步拉拔　在进行拉拔作业时，可利用下围板上的后尾灯总成安装孔拉拔和利用交替拉拔下围板下方以完成初步校正。校正时可观察新行李箱盖和后翼子板的装配间隙对比修正状况，如图 7-91 所示。在此阶段，应可将右后翼子板的变形恢复至正常状况。

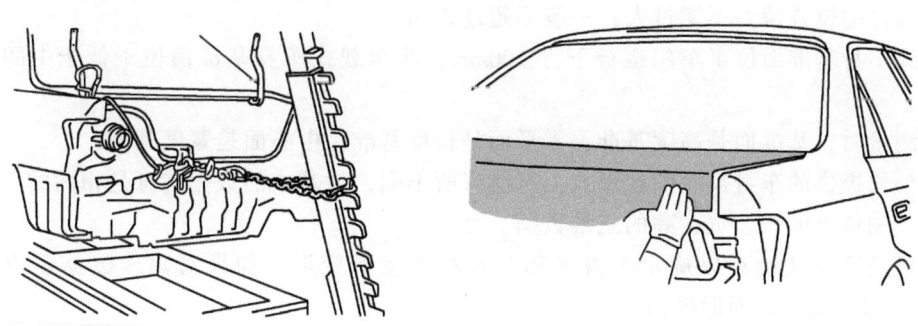

图 7-91　初步拉拔

（2）再次拉拔　为了增大左后翼子板和左车门的装配间隙，可使用钢板切割刀切开左后翼子板，并钻一个固定孔来安装车身夹具，然后实施拉拔作业，如图 7-92 所示。依照后翼子板切开部位的不同，其移位情形也会不同，因此必须依照间隙的大小来改变拉拔位置。

（3）最终拉拔　将右后翼子板的位移和左后翼子板轮弧的间隙修正后，拆下要更换的后翼子板和下围板，然后直接拉拔车底板部位，并用铁锤和手顶铁修整其形状，如图 7-93

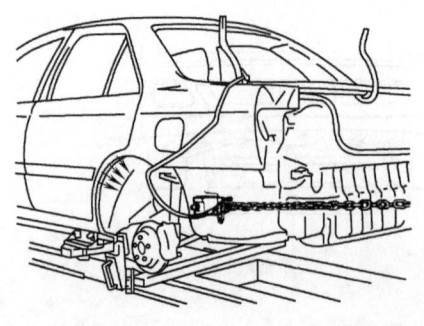
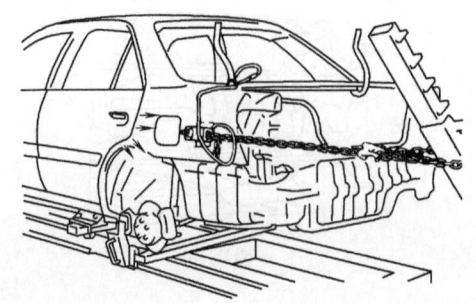

图 7-92　左后翼子板拉拔

所示。此项作业完成后，即可测量后车底板侧梁的尺寸，并实施最终尺寸校正。

 归纳总结

由于车辆受到严重撞击而造成外钢板和大梁结构变形的损伤，必须使用车身校正台来校正车身，并使用焊接机来更换钢板的损伤修复属于大损伤。

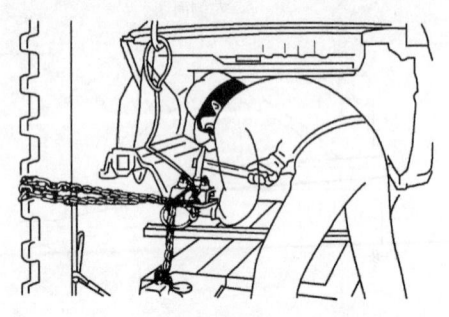

图 7-93　用铁锤和手顶铁修复

损伤评估的目的是正确地掌握受损车身的部位和程度，以便决定适当的修理方法和程序。

车身钢板的组合间隙必须是车辆四轮全部在地面上时才能做检查。

车架和车身碰撞的损坏可分为侧弯、垂直弯曲、皱曲、菱形损坏和扭曲损坏。

整体定位参数是指那些对汽车发动机、底盘和车身主要构件的装配位置有着直接影响的基础数据。

车身构件的位置偏差不能过大，一般不超过 3mm。

承载式车身基准面位于车门槛板下方 100mm，非承载式车身基准面位于低于中间梁上部 300mm。

车身测量时，基准面是高度基准，零平面是长度基准，中心面是宽度基准。

不同公司提供的车身尺寸图在形式上可能有所不同，但基本的数据信息是相同的，都要反映车身上测量点的长、宽、高的三维数据。

对车辆进行交叉检查以确定车身下部是否存在菱形变形，如果对角线数据至少存在 6mm 差值，那么就存在菱形损伤。

车身尺寸图中有直接尺寸和平面尺寸两种。

钢卷尺可较为精确地测量点与点之间的距离，可以用来测量车身和车架尺寸，也可用来测量车身尺寸图中的高度尺寸。

中心量规可以通过目视确定车身、车架的弯曲和扭曲量，以此来判断车身和车架是否存在损伤，但损伤程度无法以数据表示。

通过测量工具的测量方法有标准值测量法、中心测量法和左、右差异测量法。

标准值测量法是将车身尺寸图上已知点的直接尺寸（标准值）与车身各个点的测量值

做比较，从而判断损伤程度的方法。

严禁操作人员与链条或牵拉夹钳处于同一直线，防止因链条断裂、夹钳滑落和钢板撕断而造成伤害。牵拉时，切勿用千斤顶支撑汽车。夹具牵拉时要注意滑脱，应使用安全绳。

车身校正是将撞击时施加于车身上的变形（塑性变形）和残余应力（弹性变形）去除的一种过程。

校正（拉伸）车身的基本原则是按与碰撞力相反的方向在碰撞区施加拉力进行拉伸。

确定施力方向后，把校正设备安放在使施力方向与碰撞区域相垂直的位置。拉伸中改变拉力方向的方法是把拉力分解为两个或多个方向的力。

平台式校正仪是一款通用型的车身校正设备，可以对各种不同类型、型号的车身进行有效校正。配备有很好的通用测量系统，可以指导拉伸校正工作准确、高效地进行。

车身校正的基本程序是目视检查、部件拆除、尺寸测量、评估损伤情况、拟定修复程序、拉拔作业及消除残余应力。

在每次拉伸校正过程中，尽量要找到两个或更多的拉伸点和方向。

承载式车身必须用多点固定的方式，至少需要 4 个固定点。

在修理整个车身时，要用从里到外的顺序完成修理过程。

在修理过程中要防止过度拉伸。

拓展提高

1. 怎样使用钢卷尺进行点对点的测量？
2. 怎样使用轨道式量规进行点对点的测量？
3. 超声波测量系统的特点是什么？
4. 超声波测量系统使用的基本步骤是什么？
5. 三维测量的基准面有哪几个？
6. 找一辆汽车使用点对点的测量方法测量发动机舱的数据。
7. 找一辆汽车使用三维测量系统测量出车身的数据。
8. 当使用钢卷尺测量两个直径不同的测量孔时，应该怎样测量？
9. 车身的基准点一般在车身的哪个位置？
10. 平台式车身校正仪主要由几部分组成？
11. 拉伸校正中的安全操作注意事项有哪些？
12. 在拉伸时要一次把损坏的部位拉伸出来吗？应该怎样操作？
13. 如果纵梁向右弯曲，则校正时要在哪个部位夹紧拉伸？
14. 若前纵梁在长、宽、高 3 个方向都有变形，修复顺序是什么？
15. 拉伸操作时，在什么时候应该停止拉伸然后放松应力？
16. 在车身拉伸校正过程中，其修复程度由什么决定？
17. 前纵梁因压缩变形而产生的应力该怎样消除？
18. 一个部件拉伸时总会发生回弹，怎样来减小回弹？
19. 车身部件在拆除时，应注意哪些事项？

模块八

钣金工具和设备

学习目标

在车身维修过程中要用到各种各样的工具和设备，小到螺钉旋具大到车身校正仪，这些工具有些是动力的，有些是手动的。动力工具和设备利用了电力、压缩空气或液压动力，钻削工具、砂光机、切割工具、空气压缩机、车身校正设备和车轮定位仪都利用这些动力来完成工作。为了提高工作效率，必须熟练掌握动力工具、设备的技术和使用方法。

通过本模块的学习应该能够：
➢ 识别车身维修厂中常用的动力工具。
➢ 说明各种动力工具的用途。
➢ 总结如何安全地使用工具。
➢ 识别车身维修厂中常用的设备。
➢ 在作业中选择正确的动力工具或设备。

学习任务

动力工具和设备主要有电动和气动两种。由于气动工具具有操作方便、速度可控、安全可靠、稳定性好等优点，已成为车身维修设备的首选。通过本模块的学习应能识别车身维修厂中常用的动力工具和设备，在作业中能正确地选择动力工具或设备，掌握这些动力工具和设备的安全使用。

单元一　气动工具

> **知识点**：气动工具安全使用准则；常用的气动工具；气动工具的维护。
> **能力点**：了解气动工具安全使用准则；能够正确使用气动工具；掌握气动工具常见的故障原因及维修措施。

一、常用的气动工具

在维修车间大量应用了气动工具，因为气动工具重量轻、体积小，可减轻修理人员的劳动强度。气动工具包括气动扳手、气动锯、气动钻、气动錾锤等。

1. 安全使用准则

动力工具和设备若使用不当，会非常危险。一定要按照工具或设备的用户手册中的指导进行操作。本单元给出的为一般通用信息，不能涵盖所有的工具类型。

为保证气动性能，延长气动工具的使用时间，在气动工具开始工作前先滴入1~2滴气动工具润滑油，并空转约30s。使用任何气动或电动工具时，都要求佩戴护目镜或面罩。另外，不能穿松垮的衣服，因为松垮的衣服可能会被绞到工具里。在打磨、焊接或进行其他任何可能伤到手的作业时，应当戴上皮手套。

2. 气动扳手

在汽车车身维修中，涉及螺纹紧固件的拆卸时使用气动扳手可以提高工作效率，减轻工人的劳动强度。常用的气动扳手有两种基本形式：机动扳手和棘轮扳手。

（1）机动扳手 机动扳手是一种手提式可反转扳手，如图8-1所示。当起动时，装有机动套筒的输出轴以2000~14000r/min的转速自由旋转，转速快慢与牌号和型号有关。当机动扳手遇到阻力时，靠近工作面一端的一个小弹簧锤触击驱动轴的支块，驱动轴上装有套筒，每次触击都推动套筒微转，直到力矩达到平衡，气动扳手离开紧固件或者扳机脱开为止。

使用机动扳手时，只能使用专用的机动套筒和接合器。如果使用其他类型的套筒和接合器，可能会产生破裂或飞出，危害操作者和其他人员的安全。所以，在使用这种气动工具时，应查明套筒和接合器是否清楚地标明"为机动扳手配用"或"机动"等字样。

机动扳手的输出轴既可以顺时针旋转，也可以逆时针旋转。旋转的方向通常以开关或双向扳机控制。但要注意的是，当扳机处于起动位置时，不要改变旋转的方向。

安装螺母或紧固件时，将开关置于顺时针旋转位置。用手将螺母旋在螺栓上或将螺栓旋入螺纹内，这样可以避免螺扣错位，损坏紧固件。在松开螺母或紧固件时，螺母或紧固件落入套筒中。

使用机动扳手时，要注意以下几点：

1）一定要检查机动扳手是否正确地制动着；使用机动扳手要防止人身伤害；若机动扳手有销钉制动器，不要用弯曲的销钉或金属丝代替。

2）如果气动扳手在3~5s内没有松开螺栓，则不能继续操作，要换用一个较大的扳手。

3）如果要拆卸的螺母或紧固件已经锈蚀，则在使用扳手之前，先用螺栓松动剂浸泡已经锈蚀的螺母或紧固件。

4）定期检查离合器中的润滑脂。典型的1/2in气动扳手在离合器机构中应有14g的润滑脂。如果润滑脂不足，则需要按照说明书中规定的牌号和数量加注润滑脂。

（2）气动棘轮扳手 气动棘轮扳手和手动棘轮扳手一样可在狭小位置作业，如图8-2所示，呈直角的施力方式使其可深入到空间狭小的部位松开或拧紧紧固件，在这些位置用其他的手动或气动扳手是不能作业的。

气动棘轮扳手可以用动力很容易地把螺母和螺栓退出。当拧紧时，在动力驱动下，将螺母或螺栓旋入，使之紧固。

气动棘轮扳手的旋转力矩不论多大，都没有反作用力，很容易握持，因而容易使人误解，在使用时不用紧握。其实，通过套筒吸入的气流非常强，所以还是应当紧握气动棘轮扳手。

值得注意的是，任何气动扳手都没有始终可靠的力矩调节器。如果需要精确地选定力矩，则需要使用标准力矩扳手。气动扳手上的空气调节器可以用来调整力矩。此外,紧固件的实际紧固力矩直接与接触点硬度、扳手的速度、套筒的状况及允许工具被冲击的时间有关。

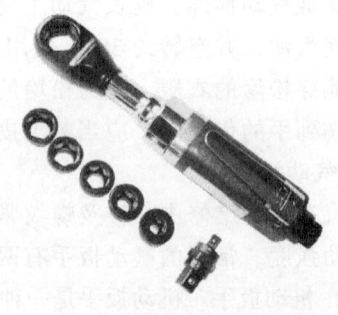

图 8-1　气动扳手　　　　气动钻　　　　图 8-2　气动棘轮扳手

3. 气动钻

气动钻通常选用的孔径范围为 1/4in、3/8in 和 1/2in,其操作方法与电动钻几乎一样。但它体积小、重量轻,在汽车维修的钻孔作业中更易于使用。由于旋转运动的反作用力会伤到手腕,应用双手握紧气动钻。图 8-3 所示为手握式气动钻,在钻孔作业时方便施力,作业效率好且省力,排气孔位于握柄下方,所以能防止切割屑飞散。使用气动钻时严禁佩戴棉手套。图 8-4 所示为焊点研磨专用工具定位钻,它用来研磨车身上的焊点,从而分离车身部件。操作中,钻机可以用夹钳紧固在焊接部位,通过调整钻头的进给量控制对钢板的研磨深度,易于掌握及操作。

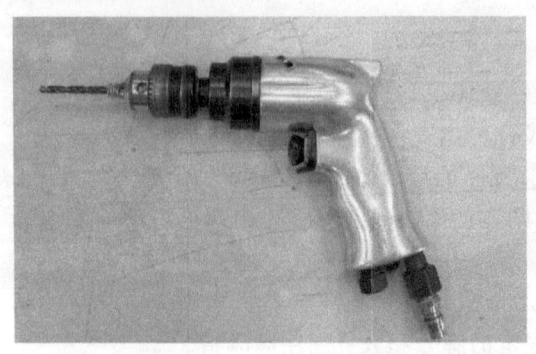

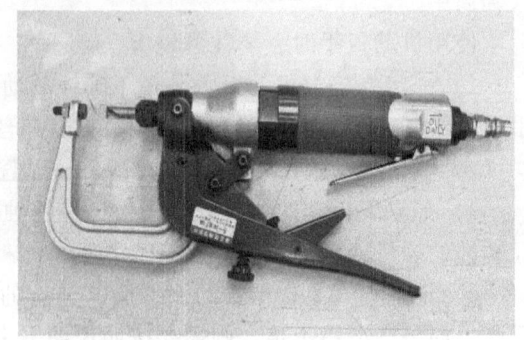

图 8-3　手握式气动钻　　　　　　　图 8-4　焊点研磨专用工具定位钻

在用气动钻钻入任何材料时,应注意以下几点:

1) 准确地对所钻的孔定位。用冲头或锥尖清楚地标明钻孔的位置,施加压力时保持钻头不滑离标记点。

2) 要弄清楚钻入材料另外一边是什么,不要钻坏电气配线或钻通装饰面板。

3) 除非工件是固定的或者是很大的,否则要把它固定在台虎钳或压板上。如果用手握着小零件,则当它突然被钻头卡住并急速旋转时,就会造成危险,这种情况在钻头刚要钻通工件底面的孔之前很可能发生。

4) 小心地将钻头置入卡爪的中心，上紧卡盘。避免将钻头插偏心，否则旋转时钻头将摆动并可能断裂。定中心后，将钻头尖端放置在准确的钻孔位置上，而后用扳机开关起动电动钻（切勿把正在旋转的钻头压向工件）。

5) 除非要钻一个具有角度的孔，否则应保证气动钻与工作面保持垂直。

6) 钻头的方向应与轴或孔的中心线对应在一起，并且只能沿此线用力，而不要有偏向或弯曲力。改变此压力方向将改变孔的尺寸，且可能卡断直径较小的钻头。

7) 对钻头施加的压力应以达到平稳钻孔为标准，不要过大。若施加压力太大，会使钻头过热或断裂；若施加压力太小，会使钻头离开钻孔。

8) 钻深孔时要用扭力钻，并要多次抽出钻头来清理钻屑。把钻头拉出钻孔时要使其保持旋转，这样有助于防止卡住。

平头钻可以安装在气动钻内用来钻除焊点或打孔，如图8-5所示。平头钻可提升钢板拆卸效率，其特殊形状的刀刃尖端可避免损伤下钢板，而且不会在钢板上留下焊点，使修饰作业更加容易。在钻除焊点时，如果使用了10mm的平头钻，则即使略微打滑也可钻除焊点。钻除重复使用的钢板上的焊点会形成孔，此孔可用填空焊焊接，使用8mm平头钻可减少焊接时的热变形。

在进行任何气动操作时，应注意以下要点：

1) 要及时清理卡盘爪，这样可延长其保持同心度的工作时间。

2) 要使用钻头锐利的钻，这样在钻孔时用力很小，其内应力也小。

3) 防止由于突然增大的钻透力矩造成钻头断裂的危险。应使用合适的、锐利的麻花钻和扩孔钻，并选定合适的钻孔速度。

4) 开始钻孔时用低速，并逐渐提高速度，防止在钻透时压力松弛而造成逆转。

4. 气动旋具

与电动旋具不同的是，气动旋具始终在冷态下运转，即使经常使用也不会烧坏。气动旋具可用于各种螺钉的装卸，包括一般机制螺钉、塑料件自攻螺钉、复合金属板自钻孔螺钉、精密度配件上的精密螺钉和合金压铸孔中的螺钉等。气动螺钉旋具有直柄和枪把式两种。

5. 气动研磨机

气动研磨机一般用于清除旧漆膜和研磨钢板。气动研磨机的类型比较多，主要有单作用研磨机、传动带式研磨机、圆盘式研磨机和滚轮式研磨机。

(1) 单作用研磨机　单作用研磨机配合不同型号的砂纸用于研磨漆膜、焊接痕迹、缩火痕迹及进行抛光处理等，如图8-6所示。

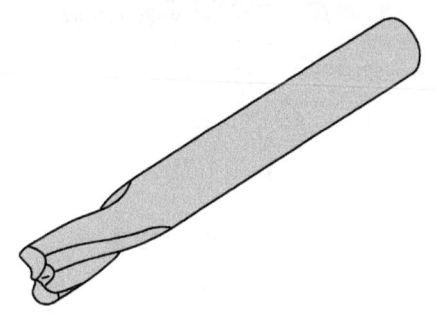

图8-5　平头钻

图8-6　单作用研磨机

(2) 传动带式研磨机 传动带式研磨机如图 8-7 所示。传动带式研磨机的作用：焊接前，用来磨除焊接部位的涂膜层；焊接后，用来进行焊接部位的修饰作业。

传动带式研磨机的使用特性：适用于较窄小或较深而无法使用圆盘式研磨机的部位；因为接触面积大，所以能较平整地研磨焊接部位。

(3) 圆盘式研磨机 圆盘式研磨机如图 8-8 所示。圆盘式研磨机用于焊接作业后修饰焊珠表面。

圆盘式研磨机的特性是体积小、重量轻，研磨盘能平顺地接触焊珠。

圆盘式研磨机在研磨时，正确的使用角度为 10°~30°。

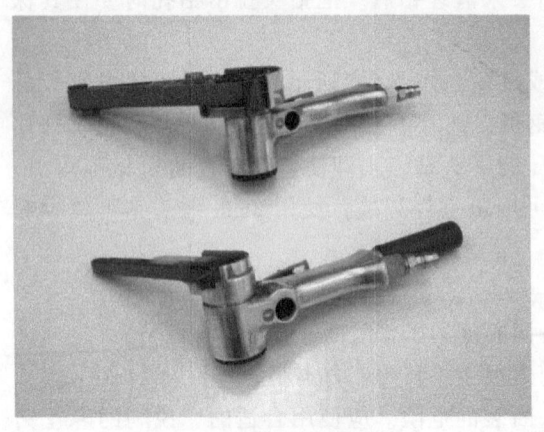

图 8-7 传动带式研磨机

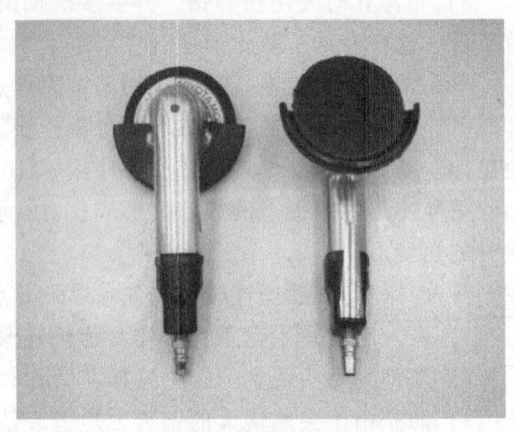

图 8-8 圆盘式研磨机

(4) 滚轮式研磨机和切割研磨片 滚轮式研磨机如图 8-9 所示。滚轮式研磨机用于磨除焊接区域的涂膜层及焊接后钢板表面的修饰作业，特别适用于二氧化碳电弧焊的焊接区域。滚轮式研磨机的特征是体积小、重量轻，所以省力。

滚轮式研磨机换上切割砂轮，能有效地切割复合部位的钢板，如图 8-10 所示。切割砂轮能切出较浅的切口，因此适合在狭小的空间进行切割，如内、外板和加强件之间的缝隙。

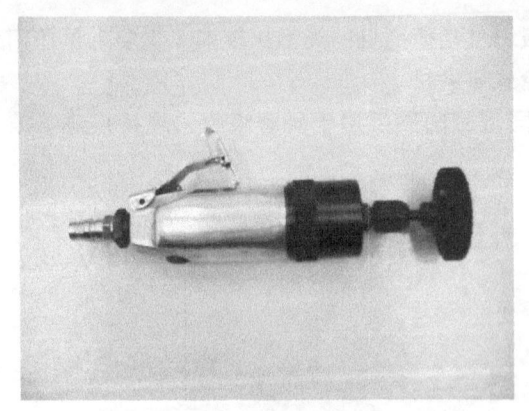

图 8-9 滚轮式研磨机

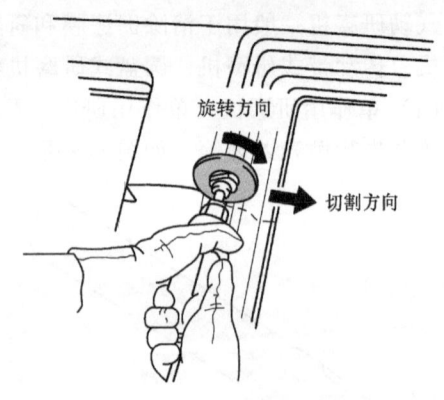

图 8-10 滚轮式切割机

滚轮式切割机的操作步骤如下：

1) 将切割砂轮片牢固地安装在滚轮式研磨机上。

2）在开始工作前先滴入 1~2 滴气动工具润滑油，并空转研磨机约 30s。

3）用双手紧握工具抵住钢板，开始切割时轻轻地按下研磨机再逐渐施加力道。当火花的喷溅量最大时，切割力道是最适当的。

切割中需要注意的是，不要切割太深，以免损坏内板和加强件。切割时，切割砂轮可能会沿旋转方向移动，从而伤到手腕，务必用双手握紧研磨机。同时，可将空闲的手放在钢板上以稳定钢板，以便于作业。在切割钢板时，要保护好车身，防止因切割时产生的火花损伤车辆。

6. 气动錾锤（钢板剪）

气动錾锤用于切割没有复杂车身线的薄钢板。由于切割面可能会变形，因此适合使用钢板剪对不要求精度的部位进行粗切割。气动錾锤端部可安装钢板剪、扁錾和气锤等，如图 8-11 所示。气动錾锤配合不同的工具头，具有不同的功能，不仅可以粗切割薄钢板，还可以铲除钢板。

钢板剪粗切割钢板（后车底板）如图 8-12 所示，其操作步骤如下：

1）将钢板剪牢固地放置在钢板上。

2）在开始工作前，先滴入 1~2 滴气动工具润滑油并空转气动錾锤约 5s（空转时，将钢板剪抵向木块）。

3）使用钢板剪先做一个导孔，使钢板剪的切割刃与钢板成 60°~90°，剪开一个口并将切割刃片插进去。

4）轻轻地下压钢板剪抵向钢板后开始切割钢板，使钢板剪的引导刃与钢板平行，用力向前切割。依据钢板的厚度施加适当的力道在钢板剪上，薄钢板力道轻，厚钢板力道重。

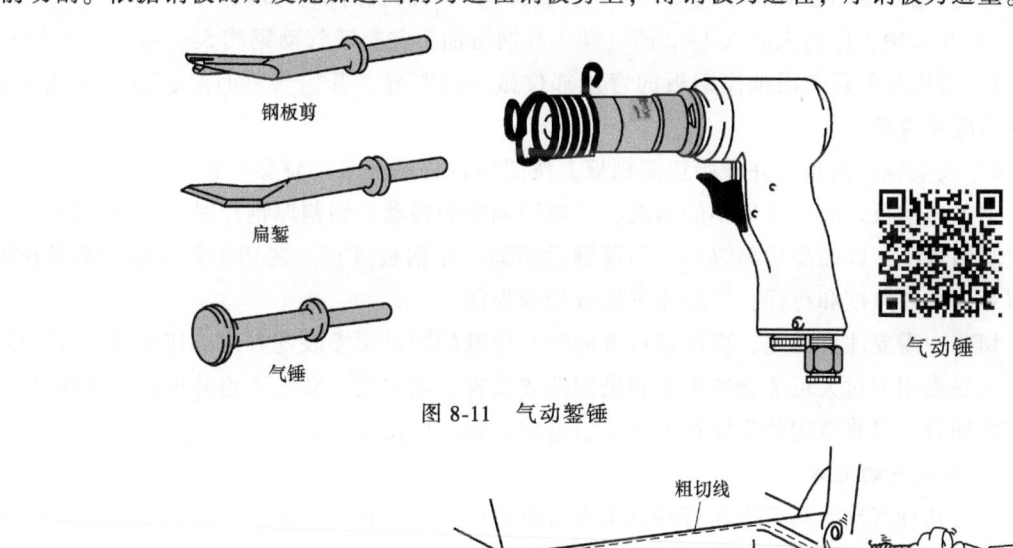

图 8-11 气动錾锤

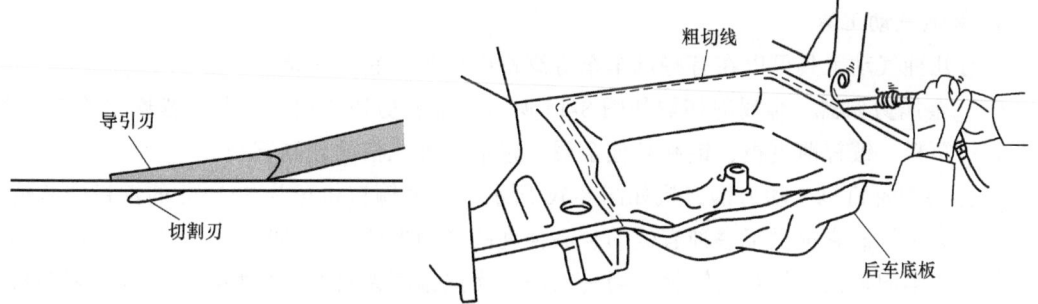

图 8-12 钢板剪粗切割钢板（后车底板）

切割中需要注意的是，更改切口方向时，应从钢板中移出切割刃，更改方向后重新插入切割刃进行切割。由于切割引起的冲击力很强，可能会伤到手腕，应用双手紧握钢板剪。使用时的振动会导致刀刃打滑，因此使用时刀刃尖不要指向人。

7. 气动锯

气动锯适用于所有的车身薄钢板，可用于切割整块钢板和粗切割薄钢板；也适合切割要求精度的位置，因为其切割宽度小，不会损坏要重复使用的钢板，可用于对头焊接部位的切割。气动锯如图8-13所示。

气动锯切割薄钢板如图8-14所示，其操作步骤如下：

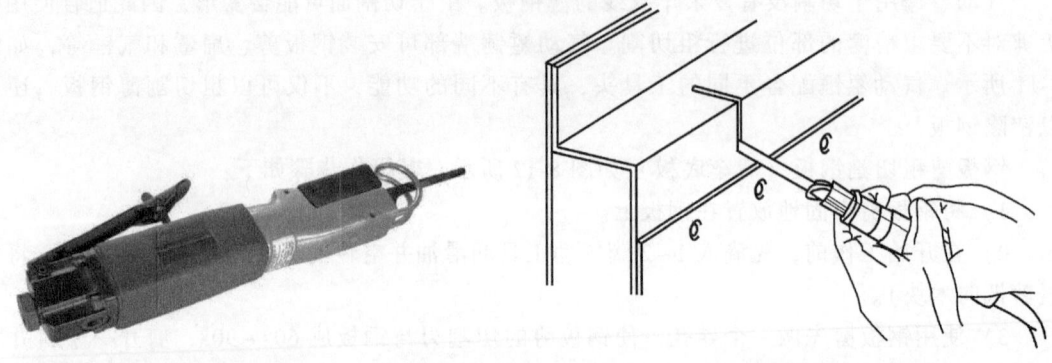

图8-13 气动锯　　　　　　图8-14 气动锯切割钢板

1）把锯片牢固地安装在气动锯上，将锯片的切割面朝向拉动方向。

2）在开始工作前先滴入1~2滴气动工具润滑油，并空转气动锯约5s。

3）将锯片的切割面抵住钢板的弯角部位做一切割缝。开始切割时轻轻地下压气动锯，再逐渐施加力道。

4）改变锯片的角度并开始切割钢板。按照钢板的厚度来调整锯片的角度。切割薄钢片时，锯条与钢板之间要成最小的角度，以减轻钢板的振动；切割厚钢片时，应增大锯条与钢板之间的角度，以提高切割效率，即薄钢板倾斜、厚钢板垂直。在切割复合层构造部位时，要留意锯片的角度和行程，以防止下钢板受到损伤。

切割中需要注意的是，更改切口方向时，切割的同时缓慢改变方向。切割时，气动锯与内板接触或用力过大可能会冲击手腕进而造成伤害，或导致气动锯飞出并可能造成伤害，在切割的同时，可将空闲的手放在钢板上以稳定钢板，以便于作业。

8. 其他气动工具

还有几种气动工具可以在有些汽车车身维修中用到，它们包括：

（1）金属剪切器　金属剪切器如图8-15所示。金属剪切器用于切断、维修和剪切车身，可以剪切塑料、镀锌薄钢板、铝和其他金属，包括多种规格的轧制钢板。

（2）动力铆钉机　动力铆钉机如图8-16所示。动力铆钉机可为3/16in的钢板安装铆钉或是封闭头铆钉。它提供了一种有效的、高强度的紧固方法。选择操作动力铆钉机时，将铆钉压紧，以牢固连接要接合的钢板。当一次冲压无法紧固铆钉时，可将抽芯装入枪嘴并再次扣动扳机。

图 8-15　金属剪切器

图 8-16　动力铆钉机

（3）双作用研磨机　双作用研磨机是适用范围很广的打磨工具。双作用研磨机及其打磨轨迹如图 8-17 所示。双作用研磨机的优点是易于操作、有吸尘系统，适用于打磨圆面和边缘部位，多用于打磨羽状边，但不能用于聚酯隔离漆的打磨。

双作用研磨机在使用时需要润滑，可以通过中心润滑系统来润滑或者手工润滑，详细内容参照相关设备说明手册。

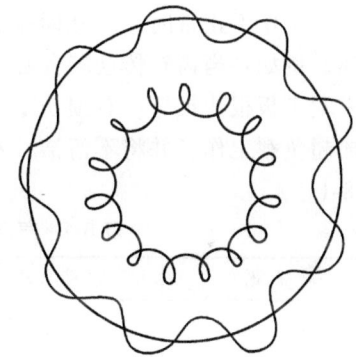

图 8-17　双作用研磨机及其打磨轨迹

（4）气动打孔器/折边钳　气动打孔器如图 8-18 所示。气动打孔器用于冲孔或压边。气动打孔器可一机两用，既可精确、快速地打出填孔焊接所需的孔，又可用来给薄钢板揳边，易于操作，加工速度快。气动打孔器需要润滑，可通过中心润滑系统或者是手动进行润滑。气动打孔器只限于加工薄钢板，板厚不要超过 1mm。

（5）气动密封胶枪　气动密封胶枪如图 8-19 所示，可以用来给车身钢板打密封胶。气动密封胶枪由压缩空气提供动力，可轻松完成大量的打胶工作，降低工作强度，提高工作效率。使用气动密封胶枪时，应参考厂家的说明。

二、气动工具的维护

由于气动工具的结构特点，气动工具很少需要维护。但是，如果这些少量的维护没有做好，那么也容易引起大的问题。例如：湿气集聚在空气管道中，则在使用时将进入工具；假如水分存留在工具中，则会产生锈蚀，导致工具的效率降低并将非常快地磨损。

图 8-18 气动打孔器

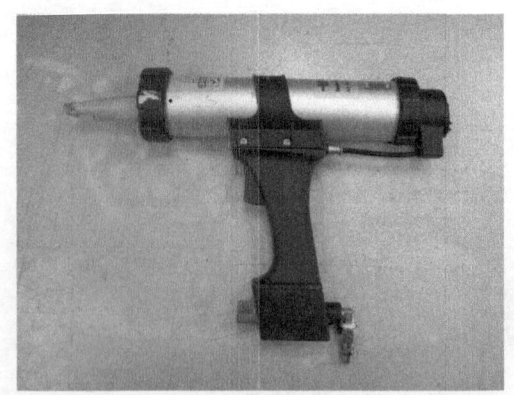

图 8-19 气动密封胶枪

为防止这种情况发生,大多数气动工具所用的空气压缩机需每天(或与使用次数有关)用优质的空气压缩机润滑油进行润滑。若空气管道上没有管道加油器或润滑器,可注入一匙油到工具中。润滑油可以注入工具的空气入口或喷入最靠近空气源接头处的软管中,而后开动工具。大多数气动工具制造厂家都推荐使用专用油脂。

气动工具允许的空气压力应参照相应的工具说明书。如果工具超载工作,则工具磨损将加剧。当工具工作不正常时,应立即停下来,如果不立即停止,则会发生连锁反应,导致其他部件损坏。例如:当齿轮传动装置必须进行更换时,不论以什么方式继续使用,其结果都是转子和末端平板很快损坏;有损伤零件的气动工具必将耗用更大的空气压力,空气压缩机将随之形成超负载工作,并将不清洁、不干燥的空气送入工具中。气动工具故障原因及防止措施见表 8-1。

表 8-1 气动工具故障原因及防止措施

	问题	可能原因	防 止 措 施
气动钻	工具不转或慢转,空气从排气口轻微流出,心轴转动自由	空气压缩机或气动钻的进、排气被灰尘堵塞	1)检查空气进口的灰尘积存情况 2)向空气进口注入足量的润滑油 3)连续短时间操作扳机 4)断开空气源,而后空转并用手闭合钻卡盘,再连接空气源 5)如果仍不起作用,则应由指定的检修中心对工具进行检查
	工具不转,空气从排气孔自由流出,心轴转动自由	空气压缩机的进气门阀被灰尘或漆黏住	1)向空气进口注入足量的润滑油 2)连续短时间操作扳机 3)断开空气源,而后空转,并闭合钻夹头,再连接空气源 4)如果仍不起作用,则应由指定的检修中心对工具进行检查
	工具锁住,心轴不转	空气压缩机的进气门阀片破裂、齿轮破裂或被外物卡住	由指定的检修中心进行检修
	工具不能关掉	节流阀 O 形环吹离原位	查看零件表找出零件号并更换 O 形环或送到指定检修中心检修

模块八 钣金工具和设备

(续)

问题		可能原因	防 止 措 施
气动锤	工具不转	往复阀或节流阀因灰尘或污泥堵塞,活塞被灰尘或锈蚀黏在气缸里	1)在空气进口注入足量的空气压缩机润滑油(检查灰尘) 2)连续短时间操作扳机(装上錾子并抵住硬面) 3)如果不转动,则首先断开气源,而后用塑料锤轻轻敲打锥尖或柱体,再连接气源重复上述步骤 4)如果仍不转动,则断开气源,插入 6in 长、3/8in 直径的杆在喷嘴中并轻轻敲打,使活塞向后面方向松动,连接气源并重复第 1)和第 2)步骤
	錾子黏在喷嘴里	末梢头敲击过头	送到指定的检修中心检修
气动棘轮扳手	空气压缩机转,心轴不转或转动不正常	棘轮或棘爪的齿损坏,棘爪压力弹簧弹力减弱或损坏,牵引弹簧弹力减弱以致当棘爪前行到另一点时不能握持心轴	由指定的检修中心来安装要更换的零件
	空气压缩机不转,棘轮头用手转换位置发脆	空气压缩机零件中有灰尘或污泥	1)在空气入口注入足量的润滑油 2)连续短时间关闭和打开风门 3)将套筒套在螺栓上反复地用手上紧和松开螺栓 4)加入空气压缩机仍然被卡,应由指定的检修中心检查工具
气动扳手	工具转动缓慢或停转,只有空气轻微地从排气口吹出	气流被聚集的灰尘堵塞,空气压缩机被尘埃颗粒卡住,动力调节器可能已完全振动到闭合的位置	1)检查空气入口滤网是否堵塞 2)在空气入口注入足量的润滑油 3)连续短时间操作工具,快速地转换旋转方向 4)按需要重复 5)如果这些措施无效,则应由指定的检修中心进行检修
	工具不转,排气气流正常	一个或许多空气压缩机片被污泥或漆黏住,空气压缩机由于生锈卡住	1)在空气入口注入足量的润滑油 2)连续短时间操作正、反方向转动 3)用塑料锤轻敲空气压缩机罩壳 4)断开气源,而后设法用手转动驱动柄末梢来活动空气压缩机 5)如果工具仍被卡住,则应由指定的检修中心检修
	套筒不能固定上	套筒保持环损坏或软支持环损坏	1)戴上安全眼镜 2)断开电源 3)用外保持环扁嘴钳取出 O 形环 4)用合适的呆扳手握持方形拖动器,用小螺钉旋具撬起旧的保持环并从槽中取出 5)一定要把环撬出来拿开,它可能在高速时旋转出来 6)以合格的零件更换 O 形环和保持环 7)将保持环放在工作台口,在摇摆运动中将工具柄末梢压入环中,用手将其急速置入槽中
	末梢过早磨损	用铬钢套筒或过度磨损的套筒	断续使用铬钢套筒,铬钢套筒具有硬的表面和相对软的内部。驱动孔将变成圆形,但仍然很硬。除去开裂的危险外,它将使扳手末梢过早地磨坏

205

（续）

问题	可能原因	防止措施
气动扳手	工具逐渐失去动力，但仍满速运转	离合器零件磨损，可能由于缺少润滑油；离合器的啮合凸轮由于缺乏润滑油而磨损或卡住	油润滑： 1) 检查离合器有无油（离合器专用油），移去装油塞，倾斜排出离合器中所有的润滑油，注入规定油量的润滑油 2) 检查离合器润滑油是否过多。离合器内只需要装50%容量的润滑油，超过应装入的容量会在高速离合器部件上产生阻力。一个典型的1/2in扳手，只需要14g离合器润滑油 润滑脂润滑： 振动和发热通常表明离合器中没有足够的润滑脂。在零件表中一般记录平均增加润滑脂的间隔时间。恶劣的工作条件可能需要经常地进行更换 1) 以手转动驱动末梢来检查润滑脂是否过量，它应当旋转自由，超量润滑脂通常会自动排出 2) 假如进行润滑需要分解工具时，则应小心地进行，以保持相配合零部件能安装复位
	工具不能关掉	节流阀O形环破裂；节流阀枢轴弯曲或被灰尘颗粒卡住	1) 拆开组装件并装上新的O形环 2) 用气动工具油润滑并敏捷地操作扳机，若不能恢复正常，应由指定的检修中心检修

单元二　电动工具

知识点：常用的电动工具；电动工具的安全使用。

能力点：能够识别不同的电动工具；能够正确使用不同的电动工具；熟悉电动工具的安全使用。

一、常用的电动工具

对于大多数汽车维修厂，最重要的电动工具是台式钻床、台式磨床、真空除尘器、热风枪和塑料焊接机。最常用的惰性气体保护焊机、点焊机和车身整形机也属于电动工具。

除这些专用的电动工具外，还有电动钻、抛光机和打磨机等，可完成与气动工具相同的作业。

1. 台式钻床

一些大的汽车维修厂使用固定式台钻，它可安装在地板上或是工作台上。台钻的速度可随材料和厚度的不同发生变化。

2. 台式砂轮机

这种电动工具通常以螺栓固定在工作台上。台式砂轮机以砂轮尺寸来分类，直径为150~300mm的砂轮在维修车间是最常用的，用于从磨锐刀具到打毛刺等范围较广的磨削作业。

使用台式砂轮机时要注意以下几点（也适用于手提式砂轮机）：

1) 所有砂轮的额定速度要等于或大于砂轮机的额定速度。
2) 一定要使用防护罩。
3) 在使用之前，检查砂轮的磨损或破裂情况。一定要使用符合作业要求的砂轮，并正确地安装到砂轮机上。

4）要戴上安全防尘眼镜或面罩，并保证砂轮机操作者的眼睛防护罩位置适当。

5）按需要调整支座，不论何时，它与磨轮之间的间隙都要超过 1/3in。

3. 热风枪

热风枪在汽车车身维修车间有许多用途。它用于几乎所有乙烯树脂车顶维修，也用于其他塑料件的维修；它可以用于有些面板的热压装配作业，也用于快速干燥。

4. 气体保护焊机

气体保护焊机如图 8-20 所示。气体保护焊机适用于车身面板的焊接，适用于对接焊和塞焊。气体保护焊机的焊接优点是焊接时间短，几乎不产生应力，操作简单。

气体保护焊机需要经常性地保养维护，并要经常清洁导电嘴。

气体保护焊机在使用时应注意，不要在风大的地方焊接，焊接后的堆高部分应打磨掉。

5. 点焊机

点焊机如图 8-21 所示。点焊机适用于车身面板的焊接，可用来焊介子、螺栓、螺钉及收火作业。点焊机的焊接优点是焊接时间短、不会产生应变变形、部件更换方便、焊接的效果等同于工厂制造的效果。

点焊机需要定期进行保养并整理电极头的形状。电极修整器如图 8-22 所示。

点焊机在使用时应注意检查焊接强度，因为目测难以确定焊点的强度。

图 8-20　气体保护焊机

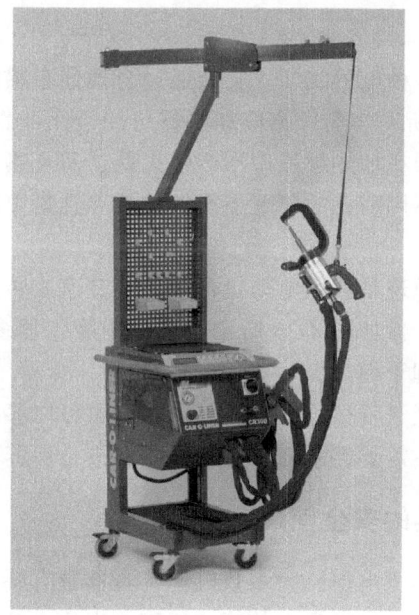
图 8-21　点焊机

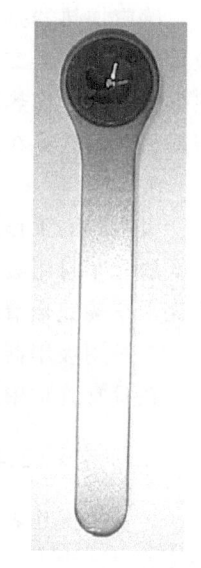
图 8-22　电极修整器

6. 车身整形机

车身整形机如图 8-23 所示。车身整形机适用于所有拉伸作业，可用来焊接垫圈、介子、螺栓及焊丝，也可用来收火。

车身整形机的优点是能快速、美观地将碰撞后的车身钢板进行复原，可以对一些小的损伤从外部进行维修。车身整形机有很多可供选用的附件供修复拉拔使用，如图 8-24 所示。

车身整形机在使用时应注意，需要有一块裸露铁皮以供搭铁。

图 8-23　车身整形机

图 8-24　车身拉拔附件

7. 感应加热器

感应加热器是一种电感线圈，它能通过合理分布感应磁场来满足各种加热工艺。车身感应加热器如图 8-25 所示。车身感应加热器可用于车身钢板的缩火作业，也可用于所有的加热操作。感应加热器在加热过程中不产生火花，而且热量可由热量输出仪表读出，方便对感应热进行确认，在不用明火的情况下能够较柔和且集中地进行加热。

8. 吸尘器

吸尘器的工作原理是利用电动机带动叶片高速旋转，在密封的壳体内产生空气负压，吸取尘屑。车身用吸尘器如图 8-26 所示。车身用吸尘器多用于吸收打磨时产生的灰尘，也可将完工车辆完全清理干净。

车身用吸尘器吸气管很长，主体可以固定也可以移动，可保持打磨区清洁。

在日常维护中，需要经常对车身用吸尘器进行保养、及时清理积尘袋。

二、电动工具的安全使用

为保护操作者不受电击，大多数电动工具都带有外部搭铁装置，即有一根导线从电动机壳体通过动力电缆到电源插头上的第三插脚。当这个第三插脚连到搭铁的三孔插座时，搭铁线将通过插座把泄漏的任何电流引入地下，而不会进入操作者的身体。多数现代电气系统的三脚插头都可插入三脚搭铁插座。不管使用哪种插头，工具电缆的绿（或绿黄相间）导线都是搭铁线。因此，搭铁线应当连接到插头上较长的圆头插脚上，切勿连接到较短的平插脚上。

有些新的电动工具自身绝缘而不需接地。这些工具仅有两个插脚，因为它们有不导电的塑料罩壳。在操作中切勿将三脚插头连接到两脚转接器插头上。

图 8-25 感应加热器　　　　　图 8-26 车身用吸尘器

电动工具有时需要加接导线。加接导线应当越短越好，太长或规格太小的导线将降低作业电压，降低作业效率，也可能导致电动机损坏。实际上使用加接导线只能视为最后手段。当必须使用时，对不同长度使用的导线规格建议见表 8-2。

规格越小，负载越大，以上建议的是最小导线规格。

使用三脚插头的工具只能用三线搭铁导线与正确搭铁的三线插座相连接。

表 8-2　不同长度的导线规格

长度/m	截面积尺寸/mm²	
	120V	240V
≤8	12	14
8~15	10	12
15~30	8	10

在使用加接导线时应注意：

1) 要在加接导线插入引出线盒之前，先将工具电缆与加接导线连接。在断开工具电缆与加接导线之前，先把加接导线从电源插座中拔出。

2) 加接导线应有足够的长度，使连线不会因绷紧而产生不必要的应力和磨损。

3) 防止加接导线与锐利物品接触，不允许扭结，也不应浸入或黏附油脂和化学物品。

4) 使用之前，要检查其有无松弛和绝缘损坏情况。如果有损坏，则必须更换。此建议也适用于工具的动力电源。

5) 使用中的搭铁导线应经常检查其是否有不正常的发热。当发现用手感觉导线绝缘外皮温热时，应立即进行超负荷检查。

6) 查看加接导线是否处于正确位置，以防止脱出和绊人。

7）防止在操作中工具电缆与加接导线突然分离。可打一个结或使用电缆插接器。

8）许多保险公司现在要求在电气设备上有自动断开开关。近年来有几种无电缆工具（电动钻和打磨机）在车身维修车间已获得应用，这些工具不需要压缩空气软管或电缆，但需要充电。

单元三 动力起重机和校正装置

知识点：液压起重设备；车身校正设备；液压工具的安全使用；液压起升机；空气压缩机。

能力点：了解液压起重设备的种类；了解车身校正设备的类型；了解液压设备操作中的主要故障；掌握液压起重机的安全使用；了解空气压缩机的基本类型。

一、液压起重设备

车身维修厂的液压设备包括各种起重装置和大的车架/面板蒙皮板件拉伸和校正装置。起重机只用于提升而不能用于支撑，因此只能用超重支架支撑汽车。

每个车身维修厂都配备若干个起重机，它们有气动的、液压的或是两者结合的，这要依照技师的选择而定（手动起重机实际上已过时，只有在有限的空间才有使用）。最普遍使用的起重机有以下几种：

（1）液压千斤顶 这种起重机是通用的，有多种功能，其起重能力为1.5~10t。当需要多台起重机时，用它很方便。

（2）检修起重机 这种四轮起重机有较长的手柄，提升能力范围为1.5~5t。这种起重机易于推动，可以方便进入汽车底下。目前已开发出许多小型移动式起重机，可适用于大型、中型、小型或微型汽车，也可用于路上的停车检查。检修起重机是汽车、农业机械和轻型货车的维修设备。

（3）汽车前端提升机 该机的提升器有气动的、液压的或手动的。像其名称的含意，它只能附着在汽车保险杠上来提升汽车的一部分，而不能提升汽车的边侧，提升能力的范围为1.5~7t。

（4）变速器起重机 在维修车身之前，经常需要从整车上拆下变速器、发动机或传动装置，这种起重机就是专门为此目的而开发的。起重荷载范围为0.25~1t，其动力可以是机械的、气动的、液压的或手动的。

在使用起重设备时，一定要在起重机额定吨位内使用。如果起重机额定升力为2t，则不得使用它起吊2t及以上的重物，否则对车身维修人员和汽车都是危险的。

二、车身校正设备

在市场上有许多种形式的车架和面板校正机，但都可归入两种基本类型：移动式校正设备和固定式校正设备。移动式校正机购置费用少，但它不能像固定式校正机那样在同一时间内进行许多种拉伸和推压动作。

车身起重机附件可与车架和面板校正机一起使用，也可以单独使用。它能完成许多不同的校正作业，包括推压、拉伸或夹持面板，以校正或定位。这类附件的品种很多，通常是成套销售的。

基本的液压起重装置包括泵（手动的、电动的或气动的）、液压软管和液压缸三部分。液压缸有不同的长度，平均长度为300mm。

每一个车身维修厂都必须具备有能力完成多种基本维修功能的车身维修设备。这些设备用于高精度地完成车身维修工作，从而可以保证所维修的车辆能够恢复到车身设计时所拥有的安全件。

到车身维修车间进行维修的车辆，75%~80%属于轻微碰撞，也就是剐蹭或轻微撞击。这样的碰撞对车身并无大的损伤，相应的只是车身附件（如前、后保险杠和车门）受到损伤，只需对轻微撞击的车辆进行快速检测和维修。这时，所需要的设备就是装夹方便、快速灵活的多功能维修平台。使用这样的多功能维修平台，不仅满足了对于轻微损伤的校正功能，还能高效率、低强度地完成维修后喷漆前的准备工作。

对于重大撞击、损伤程度比较严重的车辆，即损伤的程度已导致车身结构变形，进行车身维修工作时，就要利用高精度和多功能的车身测量系统、高精度和全功能的校正设备、车身夹具及多功能辅助支撑系统、多功能和全方位的拉拔装置。使用这些设备，再加上正确的车身维修工艺，才能确保完成高精度的车身维修工作。

要根据车身维修车间的事故车流量与实际情况，合理、有效地选用设备，使维修车间内的设备最大限度地满足事故车维修工作。

车身维修车间使用的车身校正设备结构有以下几种：地轨式、平台式、框架式、平台与框架结合式。前面在车辆测量与校正部分，重点介绍了在维修车间使用比较多的平台式和框架式，这里简单叙述一下拉塔多角度拉伸设备。

拉塔多角度拉伸设备是多功能、全方位的拉拔装置，如图8-27所示。拉塔多角度拉伸设备也是进行车身校正的重要设备之一。现在在轿车车身维修工作领域使用的拉拔设备一般都注明有9.8kN的拉力，在此要提醒设备用户，要具体分析拉拔设备施加到车身上的具体拉力，以便选用更好的拉拔设备。

图8-27 拉塔的多角度拉拔

三、液压工具的安全使用

1. 液压工具使用注意事项

1）液压工具应随手可取，且要有预防件的检修，以避免在关键时刻失效。

2）液压工具虽充满液压油，但并不意味着它有适当的润滑，其运动部件应定期用润滑油进行润滑。

3）灌装液压油时，不应装得过满。容器中必须有一定量的空气。若完全地充满液压油，会产生太大的真空，液压油将不能从容器中流出，从而影响正常工作。

2. 液压设备操作中的主要故障

1）弹性现象。空气聚集在液压系统中容易引起弹性现象。解决措施是将泵放在高于软管和液压缸的位置，目的是让空气漂浮上升，回到油箱。关闭阀门，使液压缸尽可能伸长；完全打开阀门，让液压油和空气回到油箱。重复此程序，直到手柄一开始动作液压缸就动作。通常用该技巧2~3次即可消除此现象。

2）液压缸不能延伸到全程。这种故障通常是液压油太少引起的。充油到油标尺的标记，但不要过满。应当完全缩回液压缸来检查油箱油位。如果没有油标尺，可参照制造厂家的加油说明。液压装置油箱中需要有一定量的空气，它使油箱在半真空状态下工作。

3）液压缸不能缩回。这种现象经常是由于系统中的油或气太多所致，需对系统进行排气，检查油箱油位并保持合适的位置。如果这些措施不能解决问题，则检查柱塞是否弯曲。如果还不行，则可能是快速插接器已损坏，应更换。

4）液压缸在压力下泄漏落下。应查明排泄阀是否完全关闭，如果排泄阀关闭而液压缸仍然泄漏落下，则可能是单向球阀中有灰尘。检查球阀，并用酒精或煤油进行洗涤。如果问题仍然存在，则是球阀损坏，整台装置应送到专业维修厂检修。

5）手柄反转。有灰尘在单向阀中，应进行清洗。如果单向阀损坏，则应送到维修厂检修。

6）正常工作一次，不能进行第二次工作。这种现象是阀门系统中有灰尘和气泡，清洗并重新注油。

应使用优质的液压油，不要用制动液、齿轮油或其他油，除液压油外，其他液体能损坏油杯和密封圈，腐蚀金属零部件。对于气动液压泵，可参考相关专业产品的使用手册。

四、液压起升机

车身维修车间经常使用的另一种液压设备是液压起升机。现在所有车身维修车间由于承载式车身的原因，都需要将车辆从地面升起，以便于对车辆损伤进行评估和维修。将汽车放在起升机上，更容易观察到汽车损毁情况。

液压起升机的使用极大地方便了车身维修人员进行工作。起升机是一种专用设备，使用者要准确地了解维修的对象，特别是要知道汽车质量是否在液压起升机安全提升范围内，要十分重视起升机产品的质量，同时要注意每种起升机所装有的安全装置的数量，一定要确保这些安全装置的可靠性。起升机发生的事故绝大多数都是由于操作者的操作错误或是拙劣维修造成的。

在操作起升机之前，要认真地阅读使用手册，并理解操作规程和维修说明。

地面起升机的维修项目较少，但十分重要。应当根据不同的起升机，对滑轮、枢轴连杆和轮子加注油脂；轴承、销钉和其他运动部件应当加油润滑；钢索和铁链应当检查有无磨损或破裂。

对侧柱起升机的后轮和中心柱应注入润滑脂；前轮轴应用润滑油。

起升机的一般维修包括定期检查缓冲器和减振垫。如果需要更换，则进行更换。要指定专人每天检查起升机的使用安全。

任何起重器和起升机一旦出现损坏，即发现已经严重磨损或是操作不正常时，应立即停止使用。

在起升机平板上，有一些专用的接触点均匀地支撑着汽车。汽车上正确的提升点可在汽车检修手册中查到。

将汽车起升到空中时，下列几点必须牢记：

1）切勿使起升机超载。起升机的限定载荷在起升机铭牌上有说明。

2）当指挥汽车驶上起升机就位时，维修人员应当站在汽车的一边。不要让用户或旁观者操作起升机或在操作过程中处于起升机的作业区。

3）汽车的定位和起升机的操作只能由受过训练的维修人员进行。

4）要保持起升机作业区没有障碍物、油脂、润滑油、废料垃圾和其他杂物。

5）在将汽车拖引到起升机上之前，定位好支架和杆臂，以保证有合适的空间。不要碰撞或越过起升机杆臂、插接器或轴支架，这样会损坏起升机或汽车。

6）将汽车装上起升机要小心，在没有起升到预期工作高度之前，按照使用说明书检查插接器或轴支架是否安全地与汽车接触。

注意：不安全的承重是很危险的。

7）汽车的车门、发动机舱罩和行李箱盖在起升汽车之前应关闭好。切勿提升载有乘客的汽车。

8）在车下工作时，起升机应当起升到锁定高度，并安全锁定。

9）在汽车起升到预期高度之后，一定要降低装置到机械的安全位置。

10）有些汽车部件的拆卸（或组装）可能引起严重的车辆质心改变，从而导致汽车不稳定。在进行汽车部件拆卸时，应参照汽车制造厂家的维修手册规定程序进行。

11）降下起升机之前，要先查清楚工具架和支柱等是否已从汽车下移开。

12）从起升机作业区移开汽车之前，定位好杆臂、插接器或轴支架，以保证汽车和提升机不受损坏。

13）要每天检查起升机。若起升机工作不正常或已经损坏，或者有零件损坏，切勿继续使用。

一台起升机如果发生下列现象，应密切注意：起升时有跳动或振动、起升后缓慢地降下、不用时缓慢地升起、使用时缓慢地下降、下降非常缓慢、排泄管中喷出润滑油、在密封垫处有渗漏。

如果液压起升机损坏需要维修，则只能使用原设备的零部件进行更换。

五、空气压缩机

压缩空气供应装置按照预定的压力值提供足够的压缩空气，以保障车身维修车间内所有气动设备的可靠运行。这种装置的大小差异很大,有小型的移动式空气压缩机,也有大型的固定式空气压缩机。

压缩机是所有气动系统的"心脏",它将空气的压力从大气压提高到更高的压力。空气压力的单位是兆帕(MPa)。在常压下,空气压缩机输出的空气压力可高达1.5MPa。

1. 空气压缩机的类型

空气压缩机有三种基本类型:薄膜式、活塞式和转动螺杆式。

(1) 薄膜式压缩机　在这种类型的压缩机中,一个耐用的薄膜横跨在很浅的压缩腔上。一个由安装在电动机轴上的偏心轮带动的连接板交替地将薄膜拉下、推上。尽管在每一次循环中压缩的空气量很少(压力为0.20~0.25MPa),但压缩机动作很快,转速可达1500r/min。

由于多数车身维修和表面整修作业需消耗大量的高压压缩空气,所以薄膜型压缩机在维修车间很少见。这种压缩机只能用在专门进行一般的喷漆和用喷枪喷漆的表面维修车间。

(2) 活塞式压缩机　活塞式压缩机通过一个做往复运动的活塞来产生压缩空气。根据所需的容量和压力,活塞式空气压缩机可分为单缸式和多缸式两种类型。

活塞式压缩机的优点是比较耐用,而且比薄膜式压缩机的容量大。因此,它更适合在重载条件下工作。然而,由于活塞在气缸内运动,摩擦是不可避免的。

近年来,出现了一种无油式活塞压缩机。这种压缩机用自润滑材料制成,不需要润滑油。无油空气压缩机排出的压缩空气都较为清洁。

(3) 螺杆式空气压缩机　螺杆式空气压缩机在工业上已形成标准,但由于漏油问题,它从未被汽车表面整修行业所接受。近来进行的革新已经在很大程度上甚至全部解决了漏油的问题,但除了在美国的某些地区以外,这种压缩机在汽车车身维修厂的应用还不多。螺杆式空气压缩机是一种效率高、可靠性好的机器。

2. 空气压缩机的性能

可用下列参数来衡量空气压缩机的性能:

(1) 功率　可用功率来衡量驱动压缩机的电动机或发动机的工作能力。一般来说,功率越大,压缩机的能力就越大。此外,在大多数情况下,当功率增加时,压缩机其他参数的额定值也会随之增大,如排气量(单位为m^3/min)。

排气量是单位时间内由压缩机输送到气动工具的压缩空气的体积,用它来说明压缩机的性能。排气量额定值较高的压缩机,在单位时间内能够向气动工具供应更多的压缩空气,因而更适用于较大规模的工作。实际上,压缩机有两种排气量额定值:理论排气量和实际排气量。

实际输出的空气量总是小于额定的排气量,这是因为压缩机的效率不可能达到100%。压缩机的效率指抽取的空气量和排气量额定值之比,用百分比表示。

(2) 压力(单位为MPa)　该参数表示压缩机输送给气动工具的空气压力。通常用两个数值来表示:额定的(即连续的)工作压力和最大压力。

(3) 储气罐的大小　在大多数活塞式压缩机中,空气被压入一个储气罐。只有当储气罐内的压力值大于气动工具所需的压力值时,气动工具才能正常工作。储气罐越大,在规定的压力下能够进行工作的时间就越长。由于储气罐起的是蓄气器的作用,所以气动工具的耗气在最短时间内可以超过压缩机的正常输出气量。储气罐的蓄气作用减少了压缩机的运行时间，因而使压缩机的磨损减轻，所需的维护也相应地减少。

储气罐通常为圆筒形，压缩机的电动机一般安装在储气罐顶部。储气罐可水平或垂直固定安装，也可以水平状态下安上轮子，成为移动式空气压缩机。

为保障气动工具的性能，延长气动工具的使用时间，应在气动工具开始工作前先滴入1~2滴气动工具润滑油，并空转约30s。

使用任何气动或电动工具时，都要求佩戴护目镜或面罩。
常用的气动扳手有机动扳手和棘轮扳手。
气动錾锤用于切割没有复杂车身线的薄钢板。
气动锯适用于所有的车身薄钢板，可用于切割整块钢板和粗切割薄钢板。
气体保护焊机在使用时应注意，不要在风大的地方焊接，焊接后的堆高部分应打磨掉。
基本的液压起重装置包括泵（手动、电动或气动的）、液压软管和液压缸三部分。
空气压缩机的基本类型有薄膜式、活塞式和转动螺杆式。

复习题

1. 气动工具安全使用准则有哪些？
2. 简述滚轮式切割机的操作使用规范。
3. 简述钢板剪粗切割后车底板的操作步骤。
4. 简述气动锯切割薄钢板的操作步骤。
5. 一台起升机在使用中发生哪些现象时应密切注意？

参 考 文 献

[1] 交通运输部职业资格中心. 机动车整形技术：检测维修工程师 [M]. 北京：人民交通出版社，2012.
[2] JE 道菲. 事故车维修基础 [M]. 吴友生，等译. 北京：机械工业出版社，2009.
[3] 胡建富. 车身修复：模块 F [M]. 北京：人民交通出版社，2012.
[4] 曾鑫. 汽车车身修复 [M]. 北京：化学工业出版社，2010.
[5] 顾平林. 汽车碰撞钣金修复技巧与实例 [M]. 北京：机械工业出版社，2010.
[6] 韩星. 汽车车身修复技术 [M]. 北京：人民交通出版社，2009.
[7] 郭建明，李占峰. 汽车车身测量与校正 [M]. 北京：人民交通出版社，2011.
[8] 李大光，冀鹏辉. 汽车车身修复技术 [M]. 北京：人民交通出版社，2012.